青ヶ島の神々

〈でいらほん流〉神道の星座

菅田正昭
Sugata Masaaki

創土社

目次

序に代えて――孤島・青ヶ島との邂逅《めぐりあい》――

本格的な意味での離島との最初の出会いは、昭和四十六年（一九七一）五月以降のことだった。しかし、その一年半前ぐらいからノートを作り始めていた。実は、〈島〉についての勉強を始めようと思ったのは、昭和四十三年三月に大学を卒業したあと、仕事をしながら独学できるものはないか、と探しているときであった。自分は日本のことを知らなさすぎる、と感じていた。もちろん、根《ね》が単純なものだから、日本は島国だから島のことを勉強すれば、日本のことがわかってくると考えた。

そこで、本屋へ出かけて島の本を探し始めた。ところが、大きな書店へ出掛けても、島の本はほとんど見つからなかった。否、見つけられなかったのだ。そうした中で、しばらくして、民俗学者の宮本常一（一九〇七～一九八一）先生の本（『日本の離島（第1集・第二集）』宮本常一著作集四、五巻、未来社、一九六九～一九七〇）と出会った。さらに、柳田國男《やなぎだくにお》（一八七五～一九六二）や折口信夫《おりくちしのぶ》（一八八七～一九五三）などの民俗学者が島のことを研究していることを知った。すなわち、島への興味は民俗学によって喚起されたのである。ちなみに、博物学者・粘菌《ねんきん》学者・民俗学者の南方熊楠《みなかたくまぐす》（一八六七～一九四一）については、なぜか柳田、折口より早く読み始めていた。

もちろん、民俗学は日本の固有信仰を明らかにしたい、ということから出発している。そして、柳田や折口の民俗学には〈新国学〉という側面もあった。すなわち、本居宣長《もとおりのりなが》（一七三〇〜一八〇一）や平田篤胤《ひらたあつたね》（一七七六〜一八四三）に代表される国学の延長線上に、民俗学も位置していたのである。

実は、わたしは離島についての勉強の第一歩を『古事記』の研究から始めた。それは大学二年のとき、たまたま読もうとして、イザナギ、イザナミの〈国土生み《くにうみ》〉神話のところで挫折してしまったことがあったからである。なにしろ、高校時代のわたしの〈国語（乙）＝古文〉の学力は、一学期と二学期の時点では一〇段階評価の三（赤点）だった。

答案の点数の下一桁を四捨五入した得点がそのまま反映された。三というのは三五点以下の成績である。三学期は五段階評価となり、二以下だと進級ができなくなるが、お情《なさ》けの二ということにされた。そういう古文力のため、『古事記』を読み始めて、すぐに放り出さざるを得なかった。

しかし、テストというものから解放されて、点数をまったく気にしなくてもよくなると、『古事記』は意外にすらすらと読めた。現代語に置き換えることなく、そのまま理解することができた。実存主義の哲学の言葉を借りれば、自分を、その文書《もんじょ》が書かれた時代へ《投企《とうき》》してしまえば、いちいち訳す必要なんかない、と思ったわけである。高校時代の国語の教科書なんか、とっくに廃棄してしまったが、その後『徒然草』や『枕草子』『萬葉集』…等々の古典や、国学関係の書物も平気で読むようになった。

では、島の勉強を始めるにあたり、なぜ『古事記』から始めたかというと、島々が生まれているのに、なぜ〈国土生み〉神話と呼ばれているのだろう、ということが挫折したときから、気になっていたからである。すなわち、本当は〈島生み〉神話というべきだ、という素朴な疑問がずっと心の奥深くに残っていた。そして、その問題がわからないかぎり、島々の本質、あるいは、日本という国が解明できないのではないか、と考えたのである。

さらに、『古事記』に執着したのは女性史学の泰斗《たいと》の高群逸枝《たかむれいつえ》（一八九四〜一九六四）が、その研究の確立を目指し、本居宣長の『古事記伝』だけを手懸かりに非アカデミズムの学究生活に入って〝母系性〟を発見したというひそみに習いたい、という気持ちもあった。『古事記』や『日本書紀』を丹念に読み込めば、島、否、シマの原像が視えてくるのではないか、と考えた。〈シマークニ〉の視座からの離島論を展開する必要を強く感じた。その作業は現在も続行しているが、その時点での〈離島論〉を書いてみたい気持ちになっていた。そのとき、ちょうど朝日新聞社の『朝日ジャーナル』が懸賞論文「私にとっての国家」を募集していた。わたしは「あえて離島・辺境に立つ」と題した小論を一息《ひといき》に書いて送ったところ、はからずも入選し、一九七一年二月十九日号の〈増大号・私にとっての国家〉に掲載された。

そうなれば、その入選の論理的帰結としても離島に住まなければ、格好がつかなくなる。そうした〈島〉への想いが高じていく中で、現実の島――それも〈島〉の典型＝原型のような、なるべく小さな、そして不便な島――に住みたいと思うようになった。そうした折、青ヶ島村役場が職員募集をしていることを知り、それに応募し、これも運良くその望みが叶えられ、昭和四十六年五月十日、青ヶ島へ渡ることができた。かつて「鳥も通わぬ」と謳われた八丈島の、さらに南方六〇数キロの太平洋に浮かぶ絶海の孤島である。東京都に属するとはいえ、そこはまさに、わたしにとっては、理想どおりの、孤島の中の孤島といった感じの島だった。そして、そこで〈でいらほん流神道〉と出会うのだ。

青ヶ島へ渡る数日まえ、わたしは東京・蒲田の書店で偶然、大間知篤三・金山正好・坪井洋文『写真　八丈島』（角川文庫、昭和四十一年）という本を手に入れた。それを読むと、青ヶ島には恐山のイタコや、沖縄のノロに匹敵する巫女さんがいることが記されていた。そして、昔ながらの祭りが今も行なわれている、と書かれていた。青ヶ島での最初の晩、宿のおばさんにそのことを恐る恐る質問すると、「まは、そごんどう人らはてっつもなっけふうだらら（今は、そういう人たちはまったくいないようですよ）」ということを話してくれた。おばさんは嘘つきだった。それから十ヵ月後、わたしは〈拝み仲間〉の青ヶ島社人《しゃにん》となったが、おばさんはもちろん巫女のひとりだったのだ。

そこに至るまでの話は詳しくは後述するが、わたしはおばさんの話をまともに受けて、もう、巫女さんなどをやっている人はいないもの、と勝手に思い込んでしまった。しかし、土曜日の午後や日曜日には、わたしは島のあちらこちらにあるイシバ（石場）へ出掛けた。イシバというのは、神社の境内にあったり、あるいは屋敷内や、じつに色々な場所にある瑞垣《みずがき》のことである。苔むした玉石で囲まれた空間に、尖がった石が立っている一種の磐《いわ》座《くら》である。青ヶ島では、そうした石の神々を総称してイシバサマと呼ぶが、イシバサマの中には、イシバを持たない神もいて、草ボウボウの、ちょっと見ただけではまったく何でもない場所に、ポツンと御幣が立つ、という神もある。そういう様々のイシバを、青ヶ島在島中、休みになると出掛けては、神々と無言の対話を続けてきたのである。そして、社人となってからは、祭りの夜の直会《なおらい》のとき、今はほとんど鬼籍に入ってしまった卜部《うらべ》、社人、巫女さんらに、それらの神々について訊ねてみた。ちなみに、その成果は『青ヶ島の生活と文化』（青ヶ島村教育委員会、一九八四年）所収の拙稿「第四章　宗教と信仰」（四百字詰め換算約百枚）として発表された。

実は、わたしは、青ヶ島の神々と出会うまでは、たとえば神社へ出かけても社前で手を合わせたり、拍手《はくしゅ》を打ったりしたことがなかった。遙か昔の自分の大学受験のときでも、そうだった。お蔭で、たしか六連敗ぐらいした。それが、それ以来、鳥居を見つけると、そこまで走っていって拍手を打つようになってしまった。

ところで、青ヶ島の神道には、明治維新の神仏分離以前の状態が遺っていた。八丈島までは神仏分離の令が届いていたのだが、青ヶ島にはそれが届かなかったらしい。ちなみに、八丈島の手前の御蔵島では、排仏毀釈があって、寺が打ち壊され、その代わりに祖霊社が創建されている。

なにしろ、昭和四十七年の夏、村営連絡船「あおがしま丸」が就航するまで、青ヶ島には東海汽船（のち伊豆諸島開発）の定期船が月に二〜三便しかなく、ちょっと沖が時化《しけ》たり、便船のスケジュールが狂い出すと、一ヵ月以上も船が来なくなるという、日本一不便な島だったのである。わたしは最長三十九日間を含めて、一ヵ月以上の船ナシを四回も経験している。ただし、現在は気象がよければ、定期船「還住丸」とヘリコプターが共に一日一便が就航している。さらに、昭和三十一年七月八日の参議院議員選挙のときまで、公職選挙法施行令（昭和二十五年五月一日施行）第百四十七条によって国・都制段階の選挙権を奪われていたほど、青ヶ島は中央から〈忘れられた島〉だった。明治維新のとき、神仏分離の令が届かなかったのは、なんら不思議なことではないのである。そして、その不便性が、わたしの体験的〈青ヶ島でいらほん流神道〉の研究に幸いした。

ところで、青ヶ島には、明治八年十二月二十八日付けで、時の足柄県令柏木忠俊《かしわぎただとし》（一八二四〜七八）から指定された村社が二社（大里《おおさと》神社、東台所《とうだいしょ》神社）ある。その頃の八丈三島《さんとう》（八丈島、小島、青ヶ島）の、八丈島五ヵ村では郷社が一社（優婆夷《うばい》神社・宝《たから》明神）、八丈小島《こじま》（昭和四十四年、無人島化した）二ヵ村では村社が一社（為朝神社）であったことを考えると、破格の扱いといえよう。それも、不便さが幸いしたのである。ちなみに、柏木忠俊は伊豆代官の江川太郎左衛門英龍《えがわたろうざえもんひでたつ》（一八〇一〜五八）の家老職だった人物だ。

明治四年、韮山県出仕《にらやまけんしゅっし》として官命《かんめい》を奉じ伊豆七島式内社官社の調査のため、萩原正平《はぎわらまさひら》（一八三八〜九〇）という国学者・神道家が伊豆諸島にやってきた。かれは、国学者の平田篤胤の没後門人で和方《わほう》（日本古来の医方）

の再興に尽力した権田直助《ごんたなおすけ》（一八〇九～八七）の弟子で、のち、伊豆三嶋大社の少宮司に就任している。明治四年五月、八丈島に渡り、神社・旧跡を巡見し、島役人・神主らと会見し、八丈島五ヵ村、八丈小島二ヵ村、青ヶ島一村の村長《むらおさ》から神社明細書を上申させた。これをもとに、正平は八丈島二十四社、小島二社、青ヶ島二社を選択して〈書上《かきあげ》〉を行なった。

もちろん、萩原正平は青ヶ島には渡ることはなかったのだが、おそらく、その無念さから発する思い入れなのであろうか、青ヶ島の二社を足柄県指定の村社として通してしまったようなのである。ただし、その二社が静岡県時代（明治九年～十一年の二年間）、東京府時代（明治十一年以降）にも村社の待遇を受けていたのか、定かではない。

にもかかわらず、現在の青ヶ島には、宗教法人は一ヵ所もない。公職選挙法施行令によって選挙権を奪われてしまうほど〈忘れられた島〉だったから、戦後の宗教法人法からも見捨てられてしまったことになる。少なくとも神社二ヵ所、寺一ヵ所の法人化は普通の市町村なら戦後すぐ自動的に認められても然るべきだったが、おそらく、その通知が届かなかったのであろうか、忘却の彼方へ置かれてしまったらしい。

かくして、法律上は、青ヶ島には一ヵ所も、神社や寺などの宗教施設は存在しない、という状態となった。そのせいか、宗教施設がないから、神々に奉仕する人たちは存在しない、と〈中央〉の人たちからは思われてしまう。しかし、イシバの神々は、たぶん百ヵ所以上は点在しているはず。逆説的にいえば、そういう青ヶ島だったからこそ、神仏分離以前の、青ヶ島で独自に発展した神仏習合系の〈でいらほん流神道〉が遺ったわけである。

I部

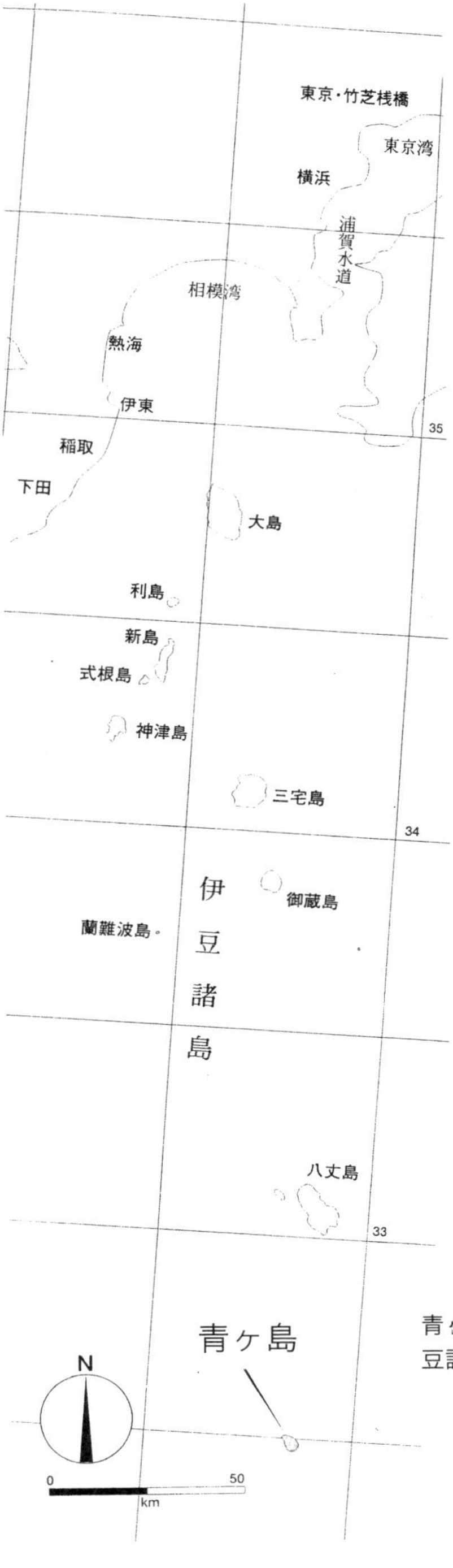

青ヶ島は東京から357キロ、伊豆諸島の最南端に位置する

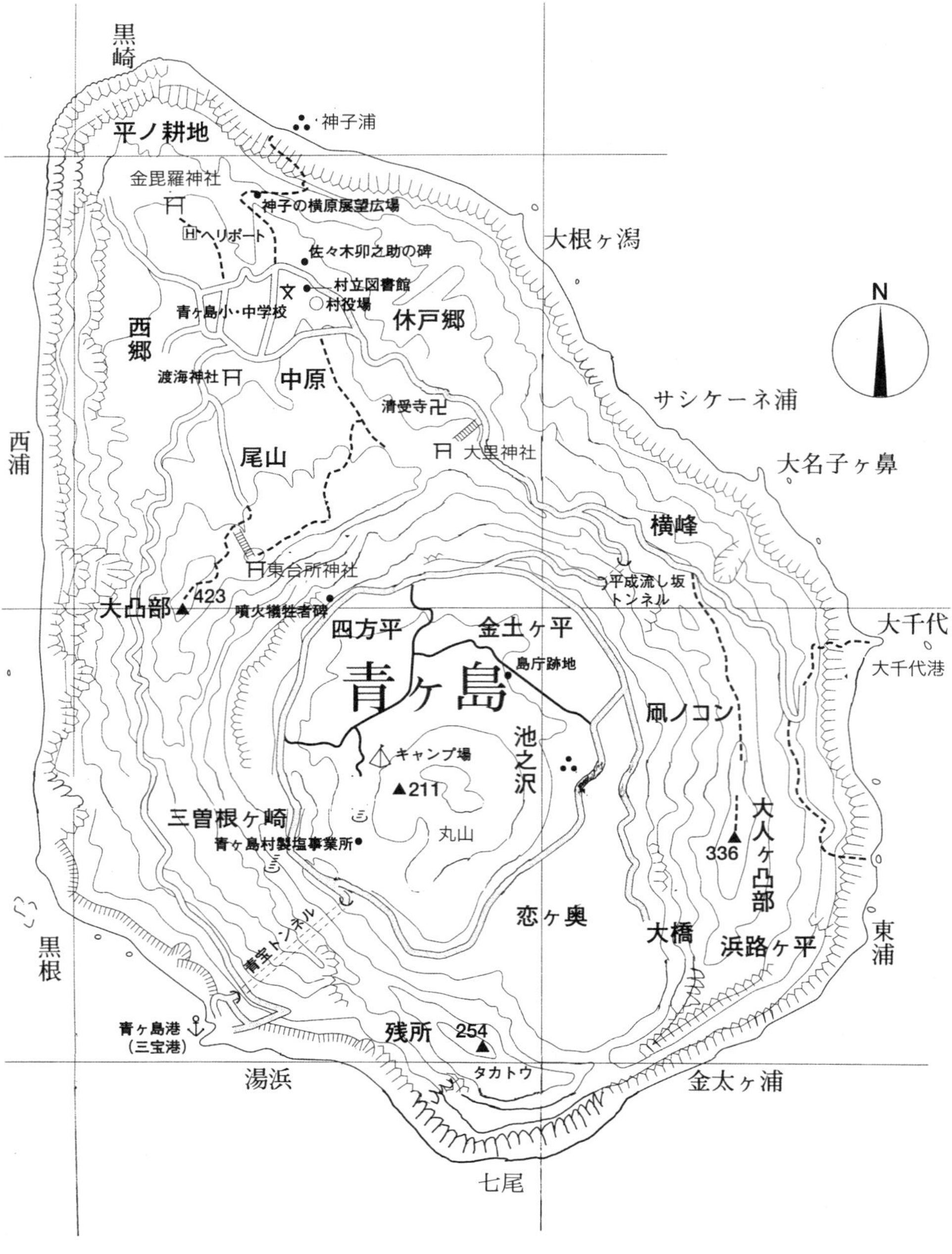

N
黒崎
神子浦
平ノ耕地
金毘羅神社
神子の横原展望広場
ヘリポート
佐々木卯之助の碑
大根ヶ潟
村立図書館
村役場
青ヶ島小・中学校
休戸郷
西郷
渡海神社
中原
サシケーネ浦
清受寺
西浦
大里神社
尾山
大名子ヶ鼻
横峰
東台所神社
平成流し坂トンネル
423
大凸部
噴火犠牲者碑
四方平
金土ヶ平
大千代
大千代港
島庁跡地
青ヶ島
凬ノコン
池之沢
キャンプ場
211
三曽根ヶ崎
大人ヶ凸部
336
丸山
青ヶ島村製塩事業所
恋ヶ奥
大橋
東浦
黒根
青宝トンネル
浜路ヶ平
青ヶ島港
（三宝港）
残所
254
タカトウ
湯浜
金太ヶ浦
七尾

ぼくがシャニンになれたわけ

青ヶ島ではシャニン（社人・舎人）・ミコ（巫女）になるためには、カミソウゼ（神奏〔請〕ぜ）という入信儀礼を通過しなければならない。いわゆるイニシエーションである。誰もがすぐ受けることができるかといえば、そうではなく、ミコケのあることが条件になる。ミコケというのはミコ（神子・巫女）ケ（気）のことで、その人が先天的、あるいは後天的に持つようになったと推定される、神から選ばれて付与される、ある種の霊的体質のことである。だが、どんなにミコケが強くても、一度でカミソウゼに合格できるかといえば、必ずしもそうではない。何度目かで、ようやく成就という場合もある。女性マルチタレント篠原ともえさんの母方の曾祖母の、かつて青ヶ島の最高巫女といわれた廣江のぶゑさん（一九〇二〜二〇〇一）は三度目のカミソウゼで成就したという。

男性の場合の卜部（社人の中から家系や実力を勘案して選ばれる）・社人も同様である。しかし、ごく稀にカミソウゼを経ないでも、シャニンになることができる。神事の下働きを手伝っているうちに、卜部から御幣の切り方や、その際の称え詞などを伝授されれば、晴れて社人ということになる。わたしの場合は、青ヶ島の神様に気に入られた、ということでシャニンの列に加えられた。

わたしが村役場に勤めるため青ヶ島に渡ったのは昭和四十六年五月十日のことだった。すでに書いているように、その数日前、角川文庫の『写真　八丈島』本を手に入れて、渡島の前に読んでいた。そこには、神懸かりする巫女が青ヶ島にもいることが記されていたので、とても期待をしていた。

　繰り返しになるが、「まは、そごんどう人らはてっつもなっけふうだらら」と言った民宿のおばさんは、わたしが「拝み仲間」の一人になってからわかったことだが、巫女の一人だった。ちなみに、そのおばさんとは、前村長の佐々木宏さんのお母さんのキクミさんで、おばさんはわたしの母や女房の母、そして島で生まれた長男の面倒を一時期みてもらった廣江八千代さんと同じ大正五年生まれであった。みんな鬼籍に入ってしまっている。

　とにかく、わたしはキクミおばさんの「今は、そういう人は、まったくいないようですよ」との言葉を信じて、巫女探しをしなかったのである。その代わり、役場が休みのときは神社や、石積みのイシバと呼ばれる聖所を訪ねては、苔やマメヅタが付着した祠や石を持ち上げたりひっくり返したりして独りで遊んだ。当時の都政は美濃部都政の時代だったが、美濃部亮吉知事にあやかって石のカミガミと「対話」をしたわけである。というよりも、マルティン・ブーバー（一八七八～一九六五）の『我と汝』における「人と人、人と神」との〝対話〟の宗教哲学を、青ヶ島のカミガミの前で実践した。おそらく、そんなことから霊感が開発されたのかもしれない。

　昭和四十六年十一月八日（土）のことだった。午前中で役場が退《ひ》けたあと、午後、渡海神社へ参拝した。その翌日、廣江次平さん（一九〇三～八九）がわが家を訪ねてきた。わたしがきのう、渡海神社へ参拝しなかったか、を確認しに来られたのである。

　この渡海神社はチョーヤ（廳屋＝神の声を聞く場＝の義、社殿）のないイシバだけの神社だったが、当時はその神域の周りが鉄条網で囲まれ、しかもそれを隠すように竹藪で覆われていて、じつは、まったく内側には入れない状態になっていた。その竹藪が渡海神社であることを知らないかぎり、たんなる竹藪にしか視えない状態になっていた。わたしにとって、渡海神社はまさに未踏の神社だったのだ。

その日、わたしは絶対に、この辺りに渡海神社があるはずだ、と考えてやってきた。十一月も初旬を過ぎる冬枯れの頃になると、草木の勢いも若干弱くなる。竹藪の隙間からイシバのようなものが見え隠れする場所があった。そして、その近くには鉄条網が切られたところもあった。そこから入り込むと、かなり立派なイシバがあり、「渡海様」と彫られた祠や石もあって、そこがずっと探していた渡海神社であることがわかった。そこで、わたしは持参した線香と蝋燭で参拝した。青ヶ島では明治初年の神仏分離以前の信仰が残っているが、蝋燭《ろうそく》を燈《とも》し、その火を線香にうつしてお祈りするのである。そうした風があることは、神社やイシバめぐりをしている中で、その燃え残りの痕跡から自然とわかったことだった。

廣江次平さんによれば、きのう（旧暦九月二十一日）がトカイサマの、本来の例祭日だった。ところが、もう数年前からイシバに立ち入ることもできない状態になっていて、そのため参拝ができず、巫女や社人は神様に対して心苦しかったという。朝、廣江のぶゑさんが次平さんの家にやってきて、神様に怒られるからと、奥さんの静江さんと三人で出かけたら、どうもきのうあたり先に参拝にきている人がらしい。シャニン・ミコの仲間に問い合わせてみたところ、「菅田さんらしい」というので確認に来たというのだ。そして、きのうが祭りの日であることがよくわかった、と褒められてしまった。もちろん、まったくの偶然の、というより神様の計らいだ。

ちなみに、渡海神社がそのころ、竹林と鉄条網で外部からは見えなくされ、内側へ入れない状態になっていたのは、その鎮座地を自分の家の庭の一部だと勘違いしていた女性の、因習を強く嫌う熱情から発したものである。これには後日談はあるが、別の箇所でふれてみたいと思っている。

さらに、年末の十二月二十五日（火）、わたしは大里神社の「下の石場」へ出かけて、五寸釘で作った刀子《とうす》を奉納した。二十三日（日）、突然、五寸釘を叩きたくなり、七輪に炭を熾《おこ》して五寸釘を入れ、それを鍛えて小さな刀を作った。それをヤスリと砥石で磨き、柄の部分には紐を巻いたものを、イシバにある多数のカミサマの一つの前に適当に差し込んできたのである。そうしたら、その翌日、また廣江次平さんがやってきた。

じつは、その年の十二月二十五日は、旧暦の十一月八日のオボシナ祭りの日であった。正しくはカナヤマ祭りといい、この日、金山様を祀っている家ではカナヤマ祭りを、シャニンやミコでカナヤマサマをオボシナ（守護神の義で、語源はウブスナ＝産土）としていない場合は自分のオボシナ祭りをする。もちろん、カナヤマサマは鍛治屋の神だが、鍛冶をやっていた家や、オボシナとしてカナヤマサマを祀っている家では、昔は刀子を作ってお祭りしたという。しかも大里神社の「下の石場」にはキダマサマ（木玉様）とか七首明神《ななしゅ》・三嶋様・縁談神《えんだん》・鼠《ねずみ》神様…等々の、じつに夥《おびただ》しい神々が祀られているが、わたしはその中のカナヤマサマの祠の前に、その神がカナヤマサマであることを知っていたかのように、五寸釘の刀子を正確に差し込んでいたのである。

これも全くの偶然性の所産だったが、かくて卜部の廣江次平さんと最高巫女の廣江のぶゑさんに認められて、カミソウゼ無しで社人の一員に加えられたのである。以来、昭和四十九年一月三十日に青ヶ島を離れるまで、年間二十を超える神事に参加するようになった。ちなみに、島を離れる数日前、次平さんに神子ノ浦で拾ってきた石に神様を籠めていただいたが、そのとき、わたしが「ぼくのオボシナサマって、テンニハヤムシサマ（天野早耳者様）とカナヤマサマでしょう」と訊ねると、「自分のオボシナサマがわかる人はそう多くはない」と褒めていただいた。そのとき籠めていただいた石は今も東京・大田区のわが家の庭のイシバに祀られている。

話が前後するが、わたしが初めて祭りに参加（出席）したのは、昭和四十七年三月八日（旧暦一月二十三日）のサンヤサマ（三夜様）のときだった。その日、たしか、のぶゑさんから「けひ《ケイ》の夜はテウ《チョウ》サマで祭があろんて、おじゃりやれよーい」(今日の夜はチョウサマで祭があるから来なさいよ)と声を掛けられていたのである。当時、わたしの妻は長男を出産するため上京しており、わたしはインスタントラーメンを食べたあと、午後六時半ごろ金毘羅神社へ急ぎ足で駆けつけた。ところが、そこには誰もいなかった。そこで、さらに東台所神社へと走った。しかし、ここにも誰もいなかった。狐に鼻を抓まれたような気分になった。

なぜ、それらの二社に出かけたのか、というと、金毘羅神社の場合、鎮座地はの長《ちょう》ノ凸部《とんぶ》と呼ばれる地にあったからである。現在、青ヶ島へリポートのある地をの長《ちょう》ノ平《たいら》(チョンテーラ、チョンダイラともいう)の裏(北側)の樹木で少しこんもり盛り上がった場所がそうである。チョウという地名に引きずられて、かなりの自信を持って駆けつけた。

次いで向った先は東台所神社である。青ヶ島へ渡った当初は大里神社ばかり出かけていたが、在島半年目ごろから東台所神社が気になり始めていたからである。西郷《にしごう》の一番西外《はず》れの、四百メートルを超える外輪山の頂上に鎮座する神社である。急勾配の約千九百個の丸石から成る石段を懐中電灯を片手に駆け登った。否、途中の壁のような箇所では懐中電灯を消し、両手も使って攀じ登っていき、チョウヤの雨戸を恐る恐る開けた。しかし、そこには誰もいなかった。「けひ(今日)ではなかったのかもしれない」と不安にかられた。

最後に出かけたのは青ヶ島の総鎮守の大里神社である。途中、中原《なかばら》(休戸郷《やすんどごう》の地名)の発電所の前にある杉ノ沢(中原の地名)の民宿に確認のため立ち寄った。キクミさんは民宿のお客のユウケ(夕食)の世話で、まだ出かけてはいないだろう、と思ったのである。わたしが「金毘羅様とトウダイショへ出かけたものの、どちらにも誰もいなかった、今日のチョウサマって、どこの?」と訊ねると、「テウノトンブとトウダイショげぇ、おじゃろうか、ふじゃけなー、けひはオホサトサマどうじゃ」と大笑いしながら教えてくれた。

青ヶ島には青ヶ島火山の外輪山の縁《へり》の、通称オカベ（岡辺・岡部）と呼ばれる、海抜二五〇～三〇〇メートルの僅かな平地（実は若干の傾斜地）に休戸郷《やすんどごう》、西郷《にしごう》（旧・末吉郷《せいしごう》？）の二集落がある。村の東に位置する大里（古くは大里居《おじゃてい》）は休戸郷に属しているが、ここには大里神社のほか旧名主家、清受寺《せいじゅじ》などもあり、かつては村の中心地だった。しかし、もう、この時点では、村の一番東外れということもあって、寂れかけていた。その大里の、外輪山の頂上に位置しているのが大里神社で、階段を上り始めたころ、上のほうから太鼓の音が聴こえてきたので、こんどは大丈夫と確信した。やはり、青ヶ島村の総鎮守だから「長《ちょう》」様と呼ばれているのだ、と得心した。こうして、自宅を出て一時間後に、ようやく〈けひのチョウサマの祭の場所〉に辿り着くことができた。

だが、総鎮守だからチョウサマである、というのは早合点だった。実は、大里神社も、東台所神社も、金毘羅神社も、みんなチョウサマと呼ばれていたのである。八丈島でもチョウサマと呼ばれる神社があり、チョウヤ（チョーヤ）のある神社のことだといわれている。しかし、卜部・社人・巫女らに訊ねると、青ヶ島にはチョウサマと呼ばれる神様が七つぐらいはある、というのである。すなわち、大里、東台所、金毘羅のほか、渡海神社、大《おお》根ヶ山《ねがやま》の神明宮、池之沢の弁天神社などもチョウサマだった、というのである。しかし、先の三社以外の神々はチョウヤがない。いうならば、イシバだけの「神社」でもチョウサマと呼ばれる場合もあるわけだ。

実は、青ヶ島の神社には、厳密にいうと、社殿や拝殿はない一ヵ所もない。信仰の対象はイシバに祀られている神々である。青ヶ島のチョウヤは国地《クニ》の感覚では単なるお籠り堂であり、そこには素朴な神棚はあるものの、チョウヤ自体は神社建築ではないのである。巫女や社人は祭りのとき、卜部が読み上げる祭文（経文《きょうもん》ともいう）にあわせて踊ったり舞ったりするが、かつてはチョウヤのない神社でも、莚《むしろ》を敷いてそこで踊ったという。のちに詳しく述べるが、大里神社の「御酉様の祭」「でいらほん祭」や「えんだん祭」はチョウヤではなく、イシバで行われていた。つまり、チョウヤがあるからチョウサマと呼ばれるわけではないのだ。

　チョウサマ、あるいは、チョウヤの〈チョウ〉に漢字を当てると、「庁」である。すなわち、都庁、県庁、警視庁、神社本庁…等々の「庁」である。正字だと「廳」――その意味は「民の声を聞くところ」（『角川漢和中辞典』）である。おそらく、民のために、神の声を聞く斎場《ユニハ》が「廳」の本義であった、と思われる。青ヶ島の民間信仰の形態からいえば、チョウサマとは〈民のために神示を伝える〉場所だった。それは社人として、青ヶ島の神々と接してきた、わたしのそこばくたる体験からも言える。チョウサマへ行けば、本来は神々と出会えるのだ。そうした聖なる斎場がチョウサマなのだ。

　ちなみに、わたしが初めて参加したサンヤサマの三日後には、東台所神社に場所を移して旧暦正月二十六日のロクヤサマ（六夜様）が行われたが、もちろん、それにも出席した。サンヤサマ・ロクヤサマは旧暦七月にも行われるが、これらの祭については神社のところで後述したい。

〈でいらほん〉とは何か？

〈青ヶ島でいらほん流神道〉とは、わたしが仮に付けた名称である。実際のところ、青ヶ島に伝わる極めて神仏習合色の濃い、民間信仰に基づく神道の呼び名はまだ定まってはいない。しかし、この「でいらほん」という名そのものは、旧暦十一月二十五日の大里神社で行われる「でいらほん祭り」に発している。すなわち、大里神社の大祭《おおまつり》（大里祭）の中の「特殊神事」の名称である。現在、この「でいらほん祭り」は途絶した状態となっているが、大里祭を「でいらほん」と称したり、さらに、大里神社や東台所神社、金毘羅神社で共通して行われている通称「読み上げ祭り」のことも「でいらほん」という呼ぶこともある。かつて、その「読み上げ祭り」を行なうことを「デーラホンを、やろごん」（でいらほんをやりましょう）という言い方で、社人や巫女が話しているのを聞いたことがある。その意味では、本来は大里祭の一部でしかない「でいらほん祭」が突出して青ヶ島の祭り全体を象徴する名称へ昇華しているといえよう。

この「でいらほん祭り」は大里神社の「上の石場」で行なわれた。大里神社は約千三百個の丸石から成る石段（イシバシともいう）を登りつめた場所に鎮座する。チョウヤの裏側には約三十の神々を祀ったイシバ（斎場）がある。さらに、その先を右側に曲がると約二十社の神々から成る少し高い位置にある「上の石場」が続いている。かつて、この「上の石場」前のニハ（斎場）で「御酉様の祭」と「でいらほん祭」が、「下の石場」の前で「えんだん祭」が行なわれた。

では、この「でいらほん」の語源は、何なのか。わたしは、そのことについて、今までに二つの小論を発表している。『でいらほん通信』創刊準備号（一九七一年十二月六日）と『アオガシマニュース（青ヶ島村広報）』第二九号（昭和五十六年九月十七日）の二つである。

前者はわたしの第一回目の島暮らしのとき、ハガキに謄写刷の個人通信として刊行したもの。当初はたしか二十五部でスタートし、最大時は七十部を超えた。月一回の刊行だったが、時には月に二回、さらに号外も発行し、離島後の最終号も含めて合計二十九回出している。三ミリ方眼の原紙に鉄筆でガリ切りをして、毎号一五字×一六行×三〜四段（七〇〇〜九〇〇字）で青ヶ島の出来事を綴った。その第〇《ゼロ》号に個人通信のタイトルにもなっている「でいらほん」の語源について書いたのである。しかし、その十年後、自説の撤回を、当時、青ヶ島村教育長の松原和史さんが編集発行していた藁半紙にタイプ印刷の青ヶ島村広報紙『アオガシマニュース』に載せた。

1966年、大里神社で行われた「でいらほん祭り」。巫女は女面をつけて舞っている（青ヶ島教育委員会・青ヶ島村勢要覧編纂委員会編『青ヶ島の生活と文化』青ヶ島村役場、1984年、から）

「でいらほん通信の《でいらほん》とは、かつて青が嶋の鎮守たる大里神社で旧暦十一月中ノ酉日に行われていた祭礼《えんだん祭》

《でいらほん祭》という神楽から採ったものである。

でいらほんの語意・語源は村人に尋ねてみても、八丈諸島の民俗学・郷土史研究者の著作にもまったく不明となっているが、僕はこれを《デイラ坊》だとの確信を持っている。

苔とマメヅタで覆われた丸石のすべりそうな急勾配の石段を登って行き、陰うつといってもいいほどの、うっそうたる木々に囲まれた社で、朽ちかけた木製の鳥居とたくさんの石製の小さな祠をみていると、大里神社の祭神の鐘鬼はでいらほんとはデイラ坊のことなるぞ》と、木玉のように呼びかけてくるのが聴こえてくるのである。デイラ坊とはすなわちダイダラボウシのことである。そして、吾が嶌《しま》のデイラ坊は想うに八丈＝青ヶ島の、否、沖縄・伊豆諸島に共通の伝説的人物である為朝のことである。馬琴の《椿説弓張月》の為朝には、正にこのダイダラボウシ的巨人としての面貌が随処にあらわれているのだ。

大里神社にひっそりとおかれてある男面（鬼面）と女面を眺めていると、僕には、でいらほん祭はデイラ坊・為朝の永遠の《生》を祈った蘇生の祭であり、えんだん祭は七郎三郎長女《しっちょうさぼりのにょご》との婚姻をえがいた祭であったろう、夢想されてくるのである。

僕は、この夢想事を《でいらほん通信》創刊準備号の発刊のことばとしたい。」（『でいらほん通信』第〇号、一九七一年十二月六日）

「でいらほん」語源考

〈でいらほん〉の語源については諸説があるが、定説としてほぼ確定しているのが法華経の陀羅尼品《だらにほん》である。これは、青ヶ島の祭文や神事に法華経的、あるいは修験道的要素が混入している事実から、可能性としては最も確立の高い推論である。

しかし、ぼくは、この定説が定説であるゆえに疑問をもった。そして、ぼくは、在島時代にだした葉書による個人紙『でいらほん通信』の創刊準備号（四十六年十二月発行）の中で、でいらほんとはデイラ坊がなまったもの、と独断した。

このデイラ坊とは、列島各地の民話にしばしば登場してくる、いわゆるダイダラボウシ（ダイダラボッチ）のことである。ひじょうに大きな神で、山をかついだり、川をせきとめたり、歩いた足の跡が池や窪地になったりした、と伝えられている民譚《みんたん》上の国造りの神である。ちなみに、東京・世田谷の代田という地名も、このダイダラボッチに由来したものである。

ぼくは、大里神社の境内で為朝の面貌《かお》を想像しながら、でいらほんはデイラ坊の転訛《てんか》との発想を得た。そして、かなりの確信をもって、それを吹聴してきた。というのも、でいらほん祭文を読むと、でいらほんという言葉は、人間（あるいは神）にたいしての呼びかけのように使われているからである。

しかし、その後、ぼくは次第に陀羅尼品説に傾いていった。というのは、でいらほん祭文を声をあげながら注意深く読んでいくと、祭文が〈生〉と〈死〉の二つの要素に分けられいることが改めて再認識できたからである。すなわち――

〈死〉ねほれ　でいらほん／しんらけれや　でいらほん／しなれたれや　でいらほん

〈生〉きろおれ　でいらほん／いきたけれや　でいらほん…

すでにふれたように、ぼくは最初、この〈でいらほん〉を、デイラ坊を元気づけるための呼び声と誤解したが、この祭文で蘇生してくるのは、卜部の扮する女である。つまり、もしデイラ坊であるなら、女面ではなく鬼面（男面）のほうがふさわしいのである。そして、ここでぼくは、山伏（修験者）の験《ごん》くらべ（術くらべ）を想ったのである。

験くらべというのは、一種の力だめしのことで、山伏が神通力を競い合うことである。つまり、これを〈でいらほん祭〉に即して考察すると、尸童《よりまし》（憑人）となる人をはさんで、一方の山伏が〈死ね〉と呪文をかけると、他方が〈生きろ〉と応酬し、その際、陀羅尼品を誦んだのではないだろうか。それが簡略化され、かつ儀式化あるいは芸能化された形がでいらほん祭ではなかったか、というように思えてきたのである。

ところで、でいらほん祭は、蘇生の意をもつといわれている。というのは、ゴザの上に横臥《おうが》した、つまり死んでいる状態の女が祭文にあわせて再び甦るからである。では、これは何を意味しているのか。

このことについては、かつて佐々木宏さんが〃スナックでいらほん〃を開店したおり、一枚の紙にしたためて、その語義や意義について書いたことがあるが、ここで簡単に再論しておきたい。

ぼくは、この祭を冬至祭ではないかと考えている。というのも、この祭が旧暦十一月二十五日に行われているからである。すなわち、この日は、太陽暦だと半月弱の誤差を生じてくるが、ほぼ冬至と重なるからである。つまり、ぼくが注目する点は、一日の日照時間が一番少なくなる冬至を境として、一度死んだ太陽は再び翌日から日照時間を延長し、蘇生してくるという事実である。そして、卜部の扮する女は、まさにこの場合の太陽を意味しているのではないか、ということである。

神道では冬至のことを一陽来復というが、古代から冬至の日の太陽には自然を再生する力があった、と考えられている。

いいかえれば、冬至を契機として自然そのものも生まれかわり、植物の芽立ちの準備を徐々に開始する。この視点に立てば、〈でいらほん祭〉は、翌年の豊穣を祈念するための、春を寿ぐ祭ということができる。

ちなみに、北欧の本来のクリスマスや、我国の〈天岩戸開き〉も、こうした冬至祭の一種であったと考えられている。その意味でも、青ヶ島の〈でいらほん祭〉は、ひじょうに重要な祭である。ぜひ、有志の手によって、この貴重な〈でいらほん祭〉を蘇生させていただきたい。（一九八一年三月十四日）」（『アオガシマニュース』第二九号、昭和五十六年九月十七日）

「でいらほん」の語源に関する二つの小論の間には約十年が経過しているが、『でいらほん通信』創刊準備号に書いた時点では、まだ青ヶ島の祭りを一度も見ていないころだった。その後、社人の一員となったものの、でいらほん祭は途絶したままで、大里祭は「でいらほん祭」と「えんだん祭」の部分を抜いて行ってきたのである。なぜ行われなくなってしまったのか、については後述するが、在島期間中は残念ながら、その箇所を知ることができなかったのである。すなわち、〈でいらほん＝デイラ坊〉説は、見ることなしに想像だけで書いたものだった。

実物ではないがフィルムの〈でいらほん祭〉を、わたしが初めて見たのは、昭和五十年か五十一年の冬のことだった。たしか『朝日新聞』夕刊の文化欄の催し物の案内欄を偶然眺めていると、「青ヶ島」の文字が目にとまった。場所も正確な日時も忘れてしまったが、その場所（私学会館か学士会館）へ夕方、出かけてみた。漫画家で民俗学者、江戸風俗研究家である宮尾しげを（一九〇二～一九八二）さんが東京港区愛宕山のＮＨＫの放送博物館に所蔵されていたＮＨＫ放送ライブラリーから借りてきた『牛とかんもと神々の島』（昭和四一年九月二四日放送）の映像資料（たしか一六ミリフィルム）を見せながら解説するものだった。

その日の宮尾氏の話では、昭和二十九年十一月の東京都派遣の学術調査団（十八日間滞在）にイラストを描くため同行した縁で、昭和四十一年のＮＨＫ取材班のときも同行したという。宮尾氏は誰某は元気か、とか、誰某は今も青ヶ島に住んでいるか、などど、わたしに問い、それに答えていると、「解説のほうは君にまかす」ということになってしまった。その会で、初めて〈でいらほん祭〉を見たのである。それを契機に「デイラ坊」説は、わたしの中では次第に影が薄くなっていき、やがて、わたしは急速に「陀羅尼品」説に傾いていった。

実は、わたしはその映像は、当然のことながら、昭和四十一年の旧暦十一月二十五日に撮影されたものと、その後しばらくは思い込んでいた。ところが、昭和五十五年九月刊行の小林亥一《いいち》氏の『青ヶ島島史』（青ヶ島村役場発行、緑地社製作発売）には、次のように記されていた。

「（昭和四十一年）七月四日黒潮丸が来島したが、風浪が激しく三宝港《さんぼうこう》が使用不可能なので、修学旅行の一行は危険をおかして神子浦《みこのうら》から艀代《はしけ》りにカヌーを使って本船に乗船した。その船でＮＨＫ文化財ライブラリーの取材班が来島上陸した。このたびの目的は、島の無形文化財を主として取材し、永久保存とする意義深いものであった。青ヶ島に遺るユニークな神事（でえらほん、縁談の祭）や歌などを中心に、島の人々の積極的な協力で撮影が行われ、十一月に入って、『牛とカンモと神々の島』と題されたその番組はテレビを通じて放映された。それが島のテレビによって視聴できるようになったのは、発電事業の完成を見たからであった。発電事業が着手されたのは七月からである。七月、八月中にはＮＨＫの取材の外に、水路部の職員が人工衛星の観測撮影に従事した。自衛隊衛星班員が学校に宿泊、島民の診療等に当った。また、民俗学者宮本常一は漁船で来島、調査研究を行った。

中学生十九名の修学旅行団は、予定のスケジュールを終え無事に七月二十三日に帰島した。…」（小林、五五二

～五五三ページ、一九八〇年）

ここで補足すると、小林氏は『牛とカンモと神々の島』と書いているが、映像自体の表記では『牛とかんもと神々の島』となっている。一方、放送日はＮＨＫアーカイブスからの返事では、昭和四十一年九月二十四日だった。また、宮本常一先生の訪島は昭和四十一年七月二十七日～二十八日で、当時、青ヶ島中学校の国語教諭をされていた小林亥一（一九二四～二〇〇八）氏宅へ泊まっている。

わたしは、ＮＨＫ取材班は独自のプロデュースで取材したと思っていたが、実は、文化庁の委託調査での取材であることがのちに判明した。すなわち、原フィルムが文化庁に提出されている可能性が出てきたわけである。さらに、撮影期間が七月六日～十六日までであることも判明した。すなわち、ＮＨＫは七月四日に黒潮丸で来島しカヌーで神子ノ浦に上陸し、七月二十三日、三宝港から艀で黒潮丸に乗って出島したことになる。ちなみに、映像の最後の部分では来島のときの出港風景が描かれている。

わたしはＮＨＫ取材班の時の「でいらほん祭」が最後の「でいらほん祭」と思い込んできた。それというのも、卜部・社人・巫女らの〈拝み仲間〉の連中がそういうようなことを言っていたからである。実際、わたしが渡った昭和四十六年以降の、その後の昭和の御代では「大里祭」は行なわれていても、特殊神事にあたる「でいらほん祭」と「えんだん祭」などは一度も行なわれていなかった。それもあって、宮尾しげを氏の厚意によって拝観できた「でいらほん祭」の映像を再び見てみたいと想い続けていた。

その願いが通じたのか、平成十四年九月、その映像がビデオになったものが突然、わたしの手もとに舞い込んだ。実は、平成九年から始まった、千葉大学の普遍教育等科目の中の総合科目「伊豆諸島の文化と自然」の中で、年に一度だけだが、「青ヶ島の神々と祭り」と題して講義することになった。その講座は平成二十四年現在でもう十六年間も続いているが、映像を見せたほうが手っ取り早い。そこで平成十二年ごろからＮＨＫに問い合わせていたのである。ところが、たしか平成十三年暮れの時点で、愛宕山から川口のＮＨＫアーカイブスへ移転したとき、『牛とかんもと神々の島』の映像フィルムは失われた、ということであった。一時は保管されているので再放送を検討したいとメールしてきたのに、である。

そこで、そのことを、わがＨＰ『菅田正昭のシマ論　でいらほん通信拾遺』に書いた。たまたま、それを読んで下さった女流俳人にして人気ブログ『きっこの日記』の横山きっこさんが自分の俳句の会のメンバーの一人にＮＨＫのＯＢがいて、その人の友人が『牛とかんもと神々の島』のプロデューサーをしていたことがあるので、その人に連絡してみるとのことだった。わたしの記憶が正しければ、軍地さんという方で、その人が埼玉県川口市内のＮＨＫアーカイブスへ出かけて、半日がかりで倉庫の中から見つけ出し、一六ミリフィルムをビデオテープに映し直して送って下さったのである。

それを見て吃驚した。宮尾しげを氏から見せて頂いた映像は、わたし記憶の中ではモノクロだったはずなのに、実に、綺麗なカラーというか、わたしの語彙では総天然色であった。あらためて人間の記憶というものは、曖昧なものであることを思い知った。その映像を見て、ますます「でいらほん」＝「法華経陀羅尼品」を確信するようになった。御蔭で、その後、もう何十回も見ている。

映像『牛とかんもと神々の島』のナレーションは「でいらほん祭」について、次のように解説している。

「母親と子どもが旅をしていると、その途中で、母親が行き倒れてしまう。子どもが一心に母親の蘇生を祈っていると、水がほしいと思えば、天から水が与えられ、母親が生き返る話だと、古老は言っている。蘇生の祭りといえよう。」

映像を見ると、長卜部の異名を持つ卜部の奥山長作《おくやまちょうさく》翁（一八四七～一九七九）が祭文を独特の節回しで読み上げ、卜部の廣江次平さん（一九〇三～一九九二）が女面をつけ、もう一人の卜部（佐々木啓松さん）が太鼓を叩いている。御座の上に臥した「女」が「でいらほん祭文」の詞章に合わせて次第に蘇ってくる。すると、巫女の廣江のぶゑさん（一九〇二～二〇〇一）が次平さん扮する「女」にコップで水を飲ませる。

このとき、奥山長作さんが唱えている「でいらほん祭文」は、つぎのとおりである。

「しねほれ　でいらほん　しんらけれや　でいらほん　しなれたれや　でいらほん　いきろおれ　でいらほん　いきたけれや　でいらほん　いきられたれや　でいらほん　おきろおれ　でいらほん　おきられたれや　でいらほん　おきたけれや　でいらほん　いろおれ　でいらほん　いられたりや　でいらほん　いたけれや　でいらほん　たておれ　でいらほん　たたれたれや　でいらほん　たつたけれや　でいらほん　きれおれ　でいらほん　きられたれや　でいらほん　きつたけれや　でいらほん　ひやつてきれや　でいらほん　はねてきれや　でいらほん　はねたりきつたり　でいらほん　きたりとはねてきれ　でいらほん　でいらほん　でいらほん　でいらほん…」

すなわち、死んでいる状態の「女」が死んだかもしれない状態となり、次第しだいに蘇えり、起き上がり、立ち上がり、おそらく〈死〉神にたいして斬りつけ、跳ねまわって斬りつけ、〈生〉を確固たるものにしていく様子が描かれている。おそらく、ひじょうに霊力のある修験者二名が尸童《よりまし》（この場合は「女」）に向って、片方が〈死〉を、もう一方がそれに対抗する〈生〉の術を掛け、その験力《ごんりき》を競いあったのではないか、と思われる。そのとき、両者とも法華経陀羅尼品を唱えたのであろう。その二名の呪術くらべのゴンゼ（験者）の代わりに卜部が「でいらほん祭文」を読み上げる形式へと変化したのではないか、と推測する。もちろん、〈生〉が〈死〉を圧倒しなければならないわけである。でいらほん祭が〈冬至祭〉であるのは、冬至を境に太陽の光が蘇えり、大地に生命力が宿るからである。そして、そのあと、舞台を「下の石場」に移して、鬼面（男面）と女面との「えんだん祭」が行なわれる。

ちなみに、法華経陀羅尼品は法華経二十八品の第二十六番の経文で、この陀羅尼品にはいくつかの陀羅尼の祈祷文がある。『広辞苑』によれば、陀羅尼とは「（総持・能持と漢訳。よく善法を持して散失せず、悪法をさえぎる力の意）梵文の呪文を翻訳しないで、そのまま読誦するもの。一字一句に無辺の意味を蔵し、これを誦すればもろもろの障害を除いて種々の功徳を受けるといわれる。一般に短いものを真言、長いものを陀羅尼という。秘密語。密呪。呪。明呪」とある。「安爾《あに》　曼爾《まに》　摩禰《まね》　摩摩禰《ままね》　旨隷《しれ》　遮梨第《しゃりて》…」の呪で知られる法華経陀羅尼品には、「でいらほん祭文」と同じようなコトバは出てこないが、その音韻を聞いていると、似たような音の成り立ちを感じる。青ヶ島の話ではないが、法華経系新宗教の教師資格を取って土着宗教の巫女的振る舞いをしている人の中には、この法華経陀羅尼品の陀羅尼を神懸りのとき使うことが多いといわれている。

〈でいらほん祭〉では女（母親）は登場するが、子どもは出てこない。しかし、でいらほん祭に先立って演じられる「御酉様の祭」では、映像によると、廣江次平さんは素顔で赤ちゃんを負《お》んぶしていた。いうならば、「女」面を付けていないので〈男〉である。平成十四年秋、その映像を見たとき、わたしはそこに「石童丸」の精神を感じた。実は、青ヶ島では、「念仏（を）申す」というとき、「南無阿弥陀仏」ではなく、「帰命頂礼《きみょうちょうらい》　肥後国《ひごのこく》　哀《あわ》れなるかな　石童丸《いしどうまる》　父の行先尋《いきさきたず》ねんと　母諸共《ははもろとも》に旅仕度《たびじたく》…」で始まる説教節系の「石童丸《いしどうまる》」（「苅萱《かるかや》」ともいう）を和讃のように唱えるのである。

ここで「石童丸」の話を要約してみよう。

筑前苅萱荘博多に加藤左衛門尉《かとうさえもんのじょう》藤原繁氏《しげうじ》という若き領主がいた。その男には桂子御前という妻と、千里という側室がいた。二人は共に美しく、普段は平静を装っていたが、少し年上の桂子は嫉妬に狂っていて、千里を亡き者にしようと企んだ。しかし、家来の計らいで、千里は命からがら加藤家を離れ、夫は出家して高野山へ登り、苅萱堂で修行し、苅萱道心と呼ばれるようになった。

一方、千里は播磨国に逃れ、石童丸を生んだ。その石童丸が長じて、苅萱道心という偉い坊さんがいることを知り、繁氏の所在を教えてもらおうと、千里と共に高野山をめざす。しかし、当時の高野山はもちろん女人禁制で、千里は入山できず、石童丸はひとりで登ることになる。そこで、一人の僧侶と出会い、石童丸は身の上を話す。実は、その僧侶が苅萱道心だったが、名乗ることができず、苅萱道心は数日前に死んだと伝え、適当な墓を指差す。石童丸はその墓の前で泣き崩れる。そして、麓の母のもとへ帰るが、母も宿で急死していた。石童丸は母を葬ったあと、再び高野山へ登り、そのとき出会った僧侶の弟子となって苅萱堂で修行に励んだ。

シチュエーションは違うものの、ＮＨＫのナレーションと「石童丸」はどこか通底しているように思える。「石童丸」の無常観が全面に出た浄土思想と、「でいらほん祭」の復活の死生観とは、どこか共通した部分があるように見えるのだ。おそらく、その根底には〈生命力〉への憧憬があるのではないだろうか。

話がそれたが、このＮＨＫ取材班のときが最後だと思われた「でいらほん祭」がその翌年の昭和四十二年にも行われていた可能性が出てきた。実は、昭和四十二年には旧暦十一月二十五日が二度もあった。すなわち、一月五日と十二月二十六日である。厳密に言うと、前者は旧年、後者は当年の分である。ところが、昭和四十二年の撮影者は夏だったというのである。実際、そのとき一緒に撮った祭以外の写真は、夏の出で立ちだ。

ちなみに、その撮影者の伊藤幸司さんは当時、早稲田大学の探検部に所属し、のち宮本常一先生が所長されていた日本観光文化研究所の所員だった方である。わたしも観文研に出入りしたので親交のあった人だが、昭和四十二年の、おそらく、その時も七月（六月の可能性が大となった）だったらしい時期に、なぜ「でいらほん祭」が行なわれたのか、今となってはその理由がまったくわからないとのことだ。

ただし、大里神社や、東台所神社の例大祭が一〜二ヵ月遅れで行われることは、実は、さほど珍しいことではない。それというのも、青ヶ島は人口も少なく狭い孤島だから、島民に不幸があると、卜部・巫女・社人の大半は日数の違いはあるものの、喪に服してしまう。そうすると、当然のことながら、祭を運営することができなくなる。そういうとき、いわゆる「拝み仲間」の主《おも》だった人の判断（先輩格の卜部・巫女の合議）で例大祭を遅らせて行うことがある。しかし、それとは明らかに違うように思えるのである。

ミコケとカミソウゼ

青ヶ島では、ミコ（巫女・神子）になりうる素質（気質＝気《ケ》）のことをミコケと呼ぶが、このミコケは多かれ少なかれ、誰でもが持っている。ただ、それになかなか気が付かないだけである。一般的には、女性におけるミコケをさすが、男性にたいしても使われることがある。このミコケの気質は母から娘へ、伝達される。母親が巫女として優れた才能を持っていると、娘にもその才能がある場合が多い。巫女の血統はいわば母系性の血筋である。

もちろん、巫女の血筋にあるからといって、その人が巫女になれるかというと、必ずしもそうではない。カミサマ（神様）が乗《の》り憑《うつ》ってこないかぎり、たとえどんなにミコケの強い人でも巫女にはなれない。カミソウゼと呼ばれる一種の入信儀式（イニシエーション）を受けなければならない。

カミソウゼは「神奏（請）ぜ」の義といわれている。ミコケのある人が青ヶ島の祭祀集団へ加入するための儀式である。ふつう、神を巫女に付ける儀式と思われているが、実際は、ミコケのある人に憑《つ》いている神霊を引き剥がし切り離す儀式である。なぜなら、神が憑いたままだと、ミコケのある人の精神的、肉体的健康を保つことがきつくなるからである。いわゆる〈送り立て〉に近い儀式といえよう。

このカミソウゼに成功すると、ミコケのある人は、女性の場合は巫女に、男性の場合は社人になることができる。しかし、なりたくなければ、巫女や社人にならなくてもよい。それはカミソウゼの第一の目的がミコケのある人の健康の回復を目指しているからである。いうならば、古代的＝民間信仰的な意味での〈医療〉を目的としているからである。

ただし、神に選ばれないかぎり、カミソウゼがいつも一〇〇%成功するとはかぎらない。一度目で成巫する人もいれば、三度目でようやくという人もいる。だが、巫女としての霊的能力はカミソウゼの回数には関係しない。のぶゑバイ（婆）ちゃんのように三度目でも、青ヶ島の人から今までに一番の巫女と思われてきた人もいるからだ。

では、〈ミコケのある〉状態とは、どういうものなのであろうか。本人の自覚もあるが、大概は、他者の目には〈ミコケ状態〉がどう視えるか、という問題と密接に係わってくる。実は、〈ミコケのある〉状態というのは、一種の異常心理である。そのときの〈ミコケのある人〉の内なる心的現象を物語ることはできないが、すくなくとも己をミコとして受容できるか否か、の大いなる試練となるはずである。

ふつう、ミコケがあるという確実な証拠は、当事者たちは語りたがらないけれども、《半狂乱》という形で現われやすい。島言葉でいえば、ダンシンである。青ヶ島では、ラ行の音韻がダ行へ転訛する傾向が強いので、元の形はランシン（乱心）である。まさに、心が乱れる心的現象である。そのダンシンを、もっと単刀直入にキチガイと表現する人もいる。そして、そのダンシンの状態を、青ヶ島ではしばしば「カミサマになる」という言い方に置き換える。すなわち、ダンシン＝カミサマである。

昭和三十年代ごろまでの子どもは「あが母《かあ》ちゃん、カミサマになろんてダンシンにならら」（わたしのお母さんは神様になってしまったので気が変になってしまいました）と平気で言ったものである。あるいは、カミサマとダンシンが入れ代わって言われることもあった。すなわち、家族から眺めても異常に視える状態である。実際、もう、ほとんど神様に近い人もいたらしい。

どこが神様かというと、火を通した食べ物を嫌う、といった形で現出する。生米をパリパリ齧《かじ》ったり、生野菜をバリバリ食べたり、要するに神様に捧げる神饌のようなものしか口にできなくなる人もいた。この、火を通した食べ物を嫌うという行為は、神様になる準備としての、肉体的・精神的試練と考えることができる。いいかえれば、火を通さない神聖な食べ物を喰らうということで、その人は神と共食《きょうしょく》し、一般人と己を隔離し、神と同体になる。すなわち、カミソウゼをする前に、「神様になろんて」あるいは「神様にならら」（「らら」は現在完了形を示す動詞の語尾変化）という状態になることもある。

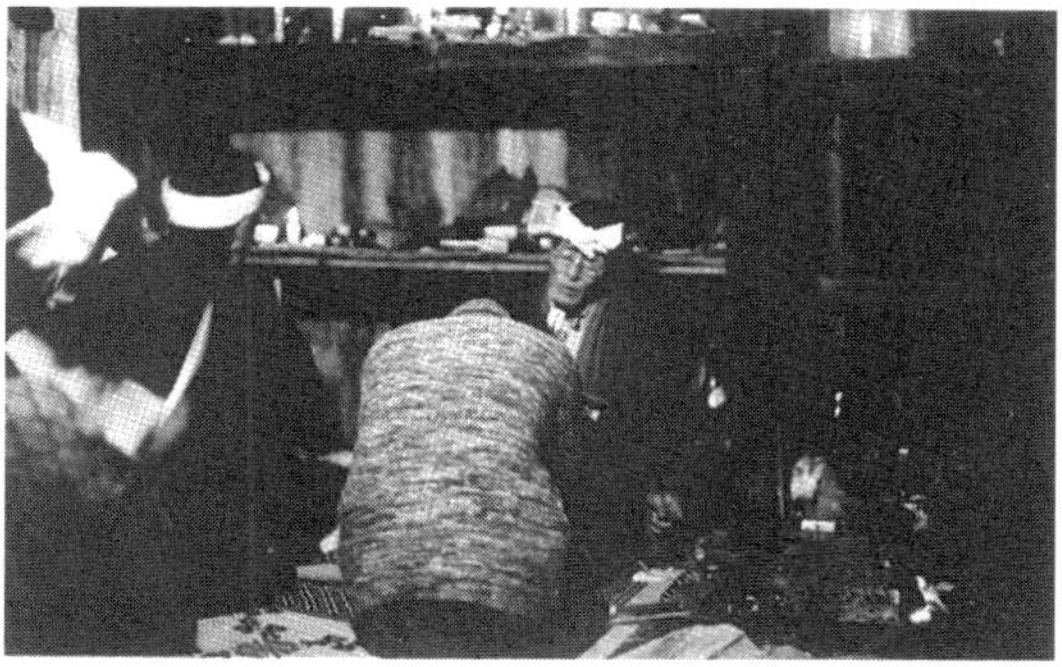
カミソウゼ、1979 年（前掲『青ヶ島の生活と文化』から）

カミソウゼは神社のチョウヤではなく、ふつう、それを受けようとする人の自宅で行われる。ミコケのある状態のある人を、祭壇の前の、部屋の真ん中で正座をしてもらって、合掌したあと印を結ばせ、正式には八人の巫女・社人が卜部の太鼓に合わせて舞い踊る。基本的にはいわゆる「読み上げ祭り」と同様な形で進行させる。

この八人という人数や、カミソウゼを受ける人を中央に置くという形態は、古代ヤマト王権の鎮魂祭や、明治の頃まで行われたという、白川神祇伯の《祝殿《はふりでん》》の行とどこかで通底しているのかもしれない。祭文が読み上げられていく中で、カミソウゼを受ける人の御魂が磨かれ、おそらく付着していた邪霊も清められていくのだと思われる。そして、カミソウゼを行う巫女や社人、とくに巫女はカミソウゼを受ける人の肩や、時には頭を、ハリセン（張り扇）状のハナと呼ばれる和紙を折ったもの（古くはアサと呼ばれ、麻の繊維を垂らしたもの）や扇子で叩くのである。まるで「坊さん坊さんどこ行くの」の最後のほうで「このカンカン坊主　糞坊主」と言って鬼になった子ども叩くように、である。巫女はシー、シィーッと言いながら肩などを打つ。

こうした所作は、一般の〈読み上げ祭り〉の中の、ノケモノのときにも行われる。ノケモノとはふつう〈除け物〉の意とされ、一種の呪詞とされる。ひじょうに呪力のある唱え言葉で、ガヤガヤ（ガヤガヤソワカ　天狗ジト　リトリシャクガ　千五六百夜《せんごろっぴゃくや》ノ　三十三デソロボウ）とか、法華経方便品《ほうべんぽん》の十如是《じゅにょぜ》（如是相《にょぜそう》。如是性《しょう》。如是体《たい》。如是力《りき》。如是作《さ》。如是因《いん》。如是縁《えん》。如是果《が》。如是報《ほう》。如是本末究竟等《ほんまつくっきょうとう》）、日天月天《にってんがってん》などのノケモノがある。

聴いている他の祭文の一部のように感じるかもしれないが、これでも独立した祭文の一種である。ちなみに、わたしは、このノケモノを〈宣《の》け物〉と考えている。繰り返し繰り返し唱えられるから、トランス状態に入りやすい。神懸りした巫女が翔《と》んだり跳《は》ねたりするのも、このノケモノのときが多い。チョウヤに昇殿した参拝者を祓う場合も、ノケモノのときに行う。巫女は参拝者の肩などを扇子などで激しく打つが、これで病気が治る人もいる。一種の〈祓い〉である。

わたしは昭和四七年か四八年の春ごろ、奥山長作翁の六男の隆男さんのカミソウゼの現場に立ち会ったが、長作さんは心配そうに廣江次平さんに「大丈夫だろうか」と訊ねた。「心配なっきゃだらら」と次平さんは答えたが、その直前、隆男さんの手がちょっと上のほうへ動き、身体がグラッと揺れた。巫女さんたちに、さんざん打《ぶ》ってぶってされたあとである。こうして審神《さにわ》役の卜部によって、「神が付いた」と認められると、その神をオボシナサマとしてミバコ（御箱、神箱）に入れて祀る。

オボシナというのはウブスナ（産土）の転訛で、八丈島や青ヶ島では守護神の義、マブリガミ（守り神）ともいう。カミソウゼに成巫すると、それ以降、オボシナサマが必要に応じて、巫女・社人に協力してくれるようになる。オボシナの数は、人によって異なるが、七つ付いている人もいれば、一つの人もいる。ふつうは二つ、三つのことが多いようである。多いほうがいろいろ便利なこともあるが、霊力という点ではオボシナ数は影響しないようである。ちなみに、わたしの場合はテンニハヤムシサマ（天野早耳者様）とカナヤマサマ（金山様）の二柱（青ヶ島では「二体」という言い方をする）である。

オボシナサマを祀るには、ミバコを作り、審神役の卜部（あるいは神主）に神名を書いてもらった紙（木札の場合もあり）を納め、自宅の神床で祀る。あるいは、既設あるいは新設の石場に自分のオボシナの祠を奉納して祀る。ただし、前者のほうが多いようである。

かつては八丈島でも青ヶ島と同じ信仰があったが、一足先に断絶してしまったらしい。八丈島の場合、オボシナには記紀神話に登場する神々が多いが、青ヶ島ではわたしのオボシナサマのテンニハヤムシサマに象徴される青ヶ島独特の固有神や、記紀神話の金山神（金山彦命、金山姫命）が土俗化したカナヤマサマや、仏教系の神々（たとえば観音様・お不動様）、あるいは葉山八天狗など極めて土着色の濃い民間神が多いのが特徴だ。

たとえば、廣江次平さんの奥さんの静江バイのオボシナの一つは熊野《くまの》権現《ごんげん》赤番《あかばん》不動《ふどう》である。熊野権現はわかるが、赤番不動のほうはよくわからない。しかし、次平さんによれば、熊野権現というか、熊野三宮を守護している赤い顔をした、たいへん威力ある御不動様ということになる。昭和四十八年ごろ、次平さんが三宝港へ釣りに出かけたとき、熊野那智大社の神札が流れてきたので「お前のオボシナサマだ」と言って、静江さんへのお土産のつもりで拾ってきたことがあった。その神札は、次平さんによれば、時化のとき船の安全を祈って流したか、あるいは、豊漁を祈念して流したもので、霊験あらたかなもの、とのことだった。それで、静江さんは仕方なくしばらく自分の御箱の横に置いて祀っていたが、「この御札の神様、あがオボシナサマと違う神様だらって、祀りほうがなっけどうて、もう、よっけが…」と言って大里神社の「上の石場」へ持って行ったことがある。熊野権現赤番不動は青ヶ島の土着神なのである。ちなみに、その神札を見せてもらったとき、わたしは「昔、支那から経文が流れ着いたから唐崎」という伝承を持つ青ヶ島の地名を思い浮かべながら、熊野灘から補陀落渡海《ふだらくとかい》をすると黒潮に乗って青ヶ島へ漂着することもあったのではないか、と想ったりした。

これにたいして、八丈島はやはり国地《クニ》（本土の義）の神話体系に組み込まれている。以前、千葉大学の国語学・言語学の教授で八丈島及び青ヶ島と、ウッナーのヤエマー（八重山諸島）をフィールドとしている金田章宏氏から、たしか八丈島の中之郷で撮影した御箱の写真を見せてもらったことがある。御箱の中には「手置帆負《たおきほおひの》命《みこと》」と「彦狭知命《ひこさちのみこと》」の神名が記されていた。『日本書紀』の「神代下」の「国譲り・天孫降臨」の段（第九段一書《あるふみ》第二）に出てくる工匠《たくみ》の祖神である。おそらく、その御箱の持ち主は大工であったろうと想像できるが、普通の人はこんな神様の名は知らないであろう。神道・国学か古典にかなり通じていなければ、この神を知らないはずである。こうした神々は、今後はどうなるかわからないが、青ヶ島ではオボシナにはならないのである。

ところで、カミソウゼをして巫女になると、お祭りのとき、卜部が祭文を読み上げながら叩く太鼓の音に合わせて踊るようになる。しかし、その踊り方はまちまちである。実は、オボシナの数で舞ったり踊ったりする形が違うのである。ステップの違いを見ていると、審神能力がある人は、オボシナの数や、場合によっては、その神名まで判別できる。今は駄目だが、なぜか、わたしにもそうした能力が備わっていたらしい。わたしがカミソウゼ無しで社人の一員に加えていただいたのも、次平さんがそれを見抜いて、その能力を引き出してくれたからではないかと思っている。

オボシナサマは自分では選べない。神のほうが人を選んでくるからである。たとえば、巫女にはならなかったが、ある女性の場合、自分にはミコケもないし、カミソウゼを受けることもないだろうと思ってきたところ、急にミコケ状態になってしまったという。青ヶ島の出身で伊豆下田へ嫁いでいた親戚筋の女性が下田で創価学会に入信したところ、その女性のオボシナサマが嫌がって自分に乗り移ってきたのだという。そこでカミソウゼをしたら、症状が治まったというのである。すなわち、カミソウゼは一種の〈癒し〉効果を持っているのだ。

話が前後するが、カミソウゼを受けて巫女になると、踊り方は神が教えてくれる。巫女の場合、その人のオボシナによって、踊り方が違ってくるのはそのためである。廣江のぶゑさんは「神様がとりでに教えてけろろわよ」という言い方をされたが、舞い方や踊り方などを含めて、オボシナサマがいろいろなことを教えてくれるのである。

それにたいして、男性の場合は、社人になると、先輩の社人や卜部などから御幣の切り方や、そのときの唱《とな》え詞《ことば》、巫女と一緒に踊るときの所作などを学ばなければならない。神主・卜部・社人は祭が始まる前に、各自、神前で、六根清浄祓詞、大祓詞、般若心経、三種祓詞を奏上するが、それは習うか書き写すか、『祝詞集』などを購入して勉強しなければならない。ちなみに、青ヶ島では、いわゆる神主さん調には唱えず、魔が入らぬように、ひじょうに早口で唱えるので、ちょっと聴いただけでは、まるで経文のように感じさせてしまう。しかし、時々、男性の場合でもオトコミコと呼ばれるような社人が登場することもあったらしい。

基本的には、オボシナサマはいろいろなことを教えてくれる。わたしの場合は、天候や船の来航の予測には、その能力を発揮してくれた。船が欠航しがちの時代、島民は廣江のぶゑさんに天候や、次ぎの船はいつ来るだろうか、というようなことを訊ねたが、ある時からのぶゑさんがわたしに訊ねられるようになった。

それはたしか昭和四十七年の九月ごろであった。天候と波の状態が好ければ「〇」と「五」の付く日には連絡船あおがしま丸が就航するようになったばかりの頃であった。その前日の時点で、翌日は天気予報も含めて、島民の全員が経験知によって一〇〇%船が来ることを予見していた。たまたま、のぶゑバイにあったとき、「明日は来んじゃあらぁてー」と口走ってしまったのである。実は、友人が来ることになっていて、わたし自身は無事な就航を願っていたのである。その翌日、多分、老齢福祉年金かなんかのことで、のぶゑさんを訪ねると「よけ天気だらら。船は何時に着くどうじゃ」と質問された。そのとき、わたしは「思わず、今、船のエンジン附近の、どこかのピンが折れた、船は引き返す」と答えた。のぶえさんは「ふじゃけなー」と言って高笑いをされた。

その十数分後、役場へ戻ると、船舶無線から船長と機関長が怒鳴っている声が聴こえてきた。連絡船が八丈島―青ヶ島の中間あたりに来たとき、突然、わたしが感じたとおりの事態が発生し、結局、船は倍以上の時間を掛けて引き返したのである。夕方、羽田空港発八丈空港行きのＹＳ機で部品が到着し翌日には無事就航したが、これを契機に、のぶゑさんはわたしに次の船はいつ来るか、と訊ねるようになった。「菅田さんは早耳《はやみみ》どうて、聞きが耳がよけどうじゃ」と言われるようになった。

これも昭和四十七年か四十八年ごろのことだったが、こんなこともあった。ある日の正午すぎ、昼食を我家で食べようとすると、突然、八丈島の方向が光ったのを感じた。「今、八丈空港に雷が落ちて滑走路に穴が開いた。」

わたしがそう言うと、女房がヲリ（溶岩を積み上げた暴風除けの石垣）の外へ見に行って「八丈島まで見渡せる好い天気よ。雷雲なんかどこにもない」との返事。そのあと、ＮＨＫのお昼のニュースを見ていると、その最後のところで「八丈空港に雷が落ち滑走路の穴が開き、現在、滑走路を閉鎖して点検中」とのテロップが流れた。わがオボシナサマは、そういう面が得意の領域だったらしい。

また、東京・大田区池上の我家の庭には、わがオボシナサマのテンニハヤムシサマとカナヤマサマを祀ったイシバがあるが、知り合いで青ヶ島や、天候によっては渡りづらい島へスケジュールどおりに行きたい人のために祈願をしているが、好結果を得ている。まだ昭和の御代の頃のことだが、知人がウッナーのミャークの大神島の男子禁制のウタキに行きたいというので、テンニハヤムシサマからキンマモン（君真物）大神へ、よろしく手はずを調えてくれるよう祈念したことがある。すると、知人は島尻港で一人の女性とめぐり合ったが、その人は大神島の最高ノロで、彼女に気に入れられ、そのノロの娘さんの案内で特別にウタキを案内してもらったのである。また、宗像の沖ノ島への参拝についても、絶大なる御魂《みたま》の恩頼《ふゆ》を何人も頂戴している。テンニハヤムシサマは青ヶ島の固有神で、世間的にはほとんど知られていない神だが、これらのことから、離島の神界ではひじょうに重要な位地にいらっしゃることが想像できる。

女たちの〝聖なる家〟他火小屋——その精神的遺産

青ヶ島にはタビヤマとか、タビノカドと呼ばれる地名がある。今は草で覆われたりして、そこにあった礎石すら失われているが、かつてそこに他火小屋《たびごや》があったことに因む地名である。（他火《タビ》）とは、八丈—青ヶ島方言で「月経」を意味する言葉である。すなわち、他火小屋とはいわゆる〈月経小屋〉のことをいう。民俗学では他屋《たや》（他家）と呼んでいる。わたしは『でいらほん通信』第五号（一九七二年五月十九日発行）の中で、この他火小屋について、つぎのように書いた。

「かつて青ヶ島の女童《めならべ》たちは（初他火《ハツタビ》＝初潮）を迎えると、血の穢れを嫌って他火小屋に入り、別火《べっか》の生活を送ったものである。そして、それいごも彼女らは月事が訪れると、必ず他火小屋へ入ったものである。

他火小屋の風習は、穢れた火で煮炊きすると諸々の災厄《さいし》が起こるという、日本古来の伝統観から発生してきたものだが、そこには日本人の信仰的（同一の火による共食の連帯的思想および血の禁忌観《きんきかん》）生活と同時に、若き乙女たちに対する共同体としてのこまやかな配慮があった。若き乙女たちはこうしてタビの期間中、家族から離れ、閉め切った女だけの神聖な部屋で伽《とぎ》とよばれる年配の婦人たちから女性としての知識を教授されたのだった。」

ところで、天明二年（一七八二）成立の『伊豆海島風土記』の八丈島の条に、つぎのような記載がある。

他火小屋（1967 年 6 月、撮影・伊藤幸司氏）

「他家と唱《とな》へて人家《じんか》を隔《へだ》て、山の側抔《など》に小さき藁葺《わらぶき》の床も無き小屋を、村毎《ごと》に数ヶ所つゝ《ずつ》造り置、婦人経水《きょうすい》の砌《みぎ》り亦《また》は産に臨《のぞ》める者を、彼《か》の他家に出し、家内の交りを禁して、経水の者は八九《はっく》日、産婦は五十日斗《ばかり》の家に帰る事をゆるさす」(ルビは菅田) 云々。(樋口秀雄校訂『伊豆海島風土記』緑地社、一九七四年刊)

この文章は、明治四十 (一九〇七) 年に編纂を終えた『古事類苑』に抜粋収録されているほど、産小屋《うぶごや》=他屋にかんする記述として知られている。同じく『伊豆海島風土記』には、八丈島だけではなく、小島・青ヶ島・大島・神津島・御蔵島の条でも「此島にも他屋といふ小屋を造り置き、産婦経水の女を是に移し置事」云々の記事が見られる。こうした習俗は、必ずしも伊豆諸島だけに遺っていたわけではなく、明治の国家体制が確立する以前は、弧状列島の各地にも広く点在していた。青ヶ島では、他火小屋は昭和四十年代までは名主の家の敷地内に遺っていたが、その習俗そのものは昭和三十年代には消滅してしまった。

以上で他火小屋についてのアウトラインはほぼ提出できたとおもうが、青ヶ島における実際の民俗はどうであったのであろうか。ここに、昭和二十八年八月発行の高津勉《たかつつとむ》編著『くろしおの子（青ガ島の生活と記録）』（新日本教育協会）と題する興味深い文集がある。そのころ、青ヶ島小中学校で教鞭を執っておられた高津勉氏が編集したものだが、その中に当時中学一年だった佐々木志津さんが、池之沢のおつえばいちゃんから聞き書きした〈他火〉についての記述がある。少し長くなるが、引用してみよう。

「昔は十二、三になろ（なる）おんなごがあろだいば、そこの家《え》は、二、三年前から、あわだのもち米だのあつめておこは。そごんしとってい、おんなごが〝はつたび〟にでとうだいば（出るときには）、三日目にもちついて村中にくばろうもんどうが（配るものですよ）。まには（今は）世のなかがすすもうどうて、だい（誰）もそごんどうことしんなか（そんなことしなくなりました）。のう（また）村人も、はつたびのおんなごのえ（家）に、ゆわい（祝）に行きんなか。

（他火小屋では）おんなごのつとめをしっかりおしえたら。礼儀はとてもうるさけんて、なぬしどののめえに（前に）でとうときの坐り方、ふつうの坐り方、たびの時の坐り方、お茶のだし方、さいほうなんか、そけえ、としよりがおじゃって（やって来て）おしえた。そいで、たびにでるおんなごには、二人のとぎのおんなごが七日つからあ。そいで、たびのおんなごをだれにもみせんのうごんしたら（見せないようにさせました）。かんじょうげえは（便所へは）、人のなっけいみて（人のいないのを見計らって）、ついていからあ。そいから（それから）一ばんはじめは、（他火小屋は）西郷と休戸郷とに一つずつしかなかろうが、いつだったかひっかすれども（忘れてしまったけれど）、政府のめいれいで、それいでいちくじょしとってい（きれいに壊してしまって）、こんどは、はたおり小屋だといって、おんなしところにつくろうが、それいもすぐくじょっさいて、めんな、えののき下げえ（家の軒下へ）、突き出しよしとうが、こねいだまでは、めんなでとうが（みんな他火に出たのだが）、まんははじがましがってなぶれて（今は恥ずかしがって隠れて）、あんまりでんのうじゃ。こまったことう。」

ここには、青ヶ島の他火小屋での民俗と、その歴史が実に簡潔明瞭に語られている。おそらく、中学一年とはいえ、すでにウイデ（初出）の祝いをした女童でしか聴けない内容である。ただ耳慣れない八丈─青ヶ島方言で語られているため、多少、理解しづらい点があるかもしれない。しかし、おおよその意味は、高津氏と、わたしが新たに補足した注釈で理解していただけたとおもう。

わたしの民俗学的関心からいえば、この話の前半および中間が興味深い。しかし、後半部の他火小屋の変遷について、とくに、その社会的─思想的背景について補足をしておきたい。わたしのそこばくたる知識によれば、明治維新政府は明治三年（一八七〇）と、同十五年（一八八二）の二回、他火小屋にかんする禁圧令を出している。それは八丈民謡のショメ節に「他火はお廃止恋路の話　どこでするかと苦労する」と歌われているように、江戸時代の時点で八丈島では、男子禁制の他火小屋に島の女童を求めて押し入り、小屋を男女の性の解放の場とする不届き者が出始め、伊豆代官が禁止していたからである。しかし、八丈島では明治三年のときは従う者がなく、明治二十年ごろになって、ようやく消滅したといわれている。

青ヶ島の場合は、神仏判然が徹底されなかったことに象徴されるように、その地理的条件もあって、明治政府が発布した諸々の下達文はほとんど伝達されなかったようである。

たとえ政府の命令が届いていたしても、それが実行されているかどうか、確かめることができなかったはずだ。他火小屋廃止政策は徹底せず、民衆の知恵というか、政府の命令は換骨奪胎《かんこつだったい》されて、おそらく同じ場所に同様なものが名称を変えて建てられたのであろう。

伊豆諸島で最後まで青ヶ島に他屋が遺ったのは、男子禁制の他火小屋の精神（信仰的基盤）が存続していたからである。八丈島や青ヶ島では、ハツタビ（初他火）を迎えると、ウイデ（初出）の祝いをしてから他火小屋へ向かった。女性の成人儀礼の一種と考えてよいだろう。そして、他火小屋へ入るとき、ホッカブリをした。すなわち、ある種の〈角隠し《つのかく》〉である。その姿は花嫁の出で立ちを想起させる。おそらく、そのとき女童は折口信夫流にいえば〈神の嫁〉になったのである。いいかえれば、〈神の嫁〉として、神に仕《つか》えるため、他火小屋へ籠ったのである。

おそらく、昭和十年以前に生まれた女性は、自分が体験したかどうか分からないが、他火小屋の生活を知っていたはずである。カミソウゼを終えて巫女となった女性が「神様がとりでにおしえてけろろわよ」と言うときの〈籠り〉は巫女の祭祀の精神的背景になっていたと思われる。すなわち、神に見定められて家庭から離れて、神《かむ》ながらの生活を送るため別火（他火）で籠った、というように考えることも可能だ。

別火という点では、青ヶ島の話ではないが、頭屋《とうや》神主や一年神主が籠る頭屋は他火小屋とは対極に位地すると考えられる。神の白羽の矢が当った人が一年間（あるいは、定められた期間）、頭屋（当屋）に籠って、家庭から離れて別火の生活を送り、祭のときの神事を行うものである。他火小屋の場合、女性の〈血の穢れ〉を忌んで、家庭から離れると考えられているが、〈別火〉〈神の嫁〉〈籠る〉というキーワードを当てはめると、〈他屋〉と〈頭屋〉は同じい構造を持っていることがわかる。青ヶ島の巫女が社人のような修行をしないのは、おそらく、こうした〈別火〉での〈籠り〉の精神が継承されてきたからであろう。

他火小屋に籠っている期間、その女性は男性の視線の外にいることになる。つまり、若い女性が集落内で見えないときは他火であった可能性が出てくる。それを知られることが、時代によっては嫌だとか、恥ずかしい《ハヂガマシイ》と思われたこともあったに違い。しかし、青ヶ島では男子禁制の他火小屋へ近づくことは共同体の掟を破る禁忌（タブー）であった。そのため、その風は厳守された。他火小屋は女たちの〈聖なる家〉であったのである。そして、亭主持ちの女性が夫の暴力や、セックスの強要から逃れるための機能も果たしていた。

青ヶ島で他火小屋の風が消滅したのは、戦後の民主主義教育や新生活改善運動、さらに四Hクラブなどの波が徐々に青ヶ島へ押し寄せてきたことも原因になっているようだ。それと、青ヶ島の神道を支えた民間信仰は本来、国家神道とはまったく関係がないにもかかわらず、伝統的なるものは因習（因襲）とのレッテルを貼られてしまったことも要因になっているのかもしれない。さらに、そこに、経済発展と時代変化が追い討ちをかける。

NHK取材班によって「でいらほん祭」の映像が収録されたのは昭和四十一年のことだが、その番組『牛とかんもと神々の島』の映像の中には、その五年後の昭和四十六年の時点ではもう消滅していた高倉や、その後もしばらくは残っていた他火小屋も映っていた。テレビといえば、実は、昭和三十九年十月の東京オリンピックのとき、文部省は全国の僻地の小中学校にたいし、東京五輪の感動を共有するためにテレビ受像機を一台ずつ送った。青ヶ島にも二台が送られてきたが、それを観るための電気がなかった。それを東京都教育庁に伝えると、二キロワットの自家発電機が送られてきて、数時間だけだったが辛うじて観ることができたという。その状態から脱却するため、昭和四十一年十一月、農協経営で発電所が建設されて一日六時間の送電が開始され、四十四年十二月には東電へ移管されて十六時間に増強され、昭和四十七年九月、二十四時間送電が実現している。

他火小屋の遺風が消失したのはそれ以前のことだが、こうした生活文化の変化が影響していることも否めない。しかし、その他火小屋が伊豆諸島では青ヶ島に最後まで遺ったのは、母系制の残存があったからである。青ヶ島は中世の『保元物語』から滝沢馬琴の長篇戯作『椿説弓張月』へ至る「鬼ヶ島伝説」＝「為朝伝説」の中で、八丈島が女護ヶ島《にょごがしま》、青ヶ島が男ヶ島《おんがしま》と呼ばれていることが象徴するように、歴史上、絶えず男性人口が女性人口を上回っていた。これは離島においてはひじょうに珍しい事実である。ところが、青ヶ島が一見、父系に見えても、その実態は母系制だったのである。たとえ家と家とが争っても、女性が出てきて「あがえ（家）とおめえのとことはオヤコどうじゃ」と言えば収束してしまう。すなわち、母系による〈オヤ―コ〉関係で仲直りしてしまう傾向があった。その関係を支えてきたのも他火小屋であった。ちなみに、現在では島外から嫁取りする傾向が多くなったことから、その関係はより崩れてきているといえる。

戦後の女性史学は他屋制度を〈血の穢れ〉の視点から捉えて〈女性蔑視〉の最たるものとして排斥してきた。たしかに、「えのき下げえ（家の軒下へ）つきだし（突き出し）」た形態の他屋は共同体の運営から疎外されている点で、そうした感もあったようである。しかし、最近では、男子禁制の《女だけの聖（＝性＝清）なる家》としての側面が逆に評価される傾向も出てきたようである。かつての青ヶ島の他火小屋では、裁縫や礼儀作法、機織《はたお》り（紬《つむぎ》の黄八丈《きはちじょう》）、調理や育児、家事全般…等々に関する島共同体の教育機関、保育機関、あるいは女性たちのネットワークの拠点としての役割も果たしたようだ。

他火小屋が一時期「はたおり小屋」になったように、他火小屋での機織りの光景は、記紀神話の、高天原《たかまのはら》に駆け上ったスサノヲの乱行をとりあげた箇所で、アマテラスが忌服屋《いみはたや》（記）＝斎服殿《いんはたどの》（紀）で神聖な衣を織ったという場面を彷彿とさせる。『記』によれば、このとき実際に神御衣《かみそ》を織っていたのは天服織女《あめのはたおりめ》ということになるが、スサノヲはその機織小屋の天井から天《あめ》の斑馬《ふちこま》を逆剥《さかは》ぎに剥いだものを落し入れ、それに驚いた天服織女が梭《ひ》（緯《よこ》糸《いと》を通す道具）で女性器を突いて死んでいる。女性器から血が流れているという点でも相似している。

ところで、巫女の多くは、いわゆる閉経期《へいけいき》にダンシン状態に陥るといわれ、書籍類にもそのように指摘されることが多いが、実際は、若い女性もいる。有名な話だが、天理教《てんりきょう》の教祖《おやさま》の中山みき（一七九八～一八八七）が天保九年（一八三八）が神懸って立教したあと一度妊娠している。神懸りは閉経期特有の生理的現象と捉える宗教学者や民俗学者もいるが、必ずしもそれは閉経期だけのことではない。若くしてダンシンの激しいミコケが現われカミソウゼを受けて、のち有能な巫女となる女性もいた。そうした情報の発信地も、かつての他火小屋だったのである。

ここで、フナダマサマとフナダマササギについてふれておこう。他火（月経）が関係してくるからである。実は、まだ初他火を迎えていないメナラベ（女童＝少女）は、フナダマササギ（船玉捧ぎ）になることができる。フナダマサマというのは、漁船を新造するとき、航海と操業の安全を祈って、船の艫《とも》（船尾）に安置するフナダマ（船玉＝船霊）の御神体のことで、初潮をまだ見ぬ少女の髪の毛を依代《よりしろ》として使う。それを提供する童女をフナダマササギといい、時に、そのメナラベ自身をフナダマサマとも呼ぶ。いうならば、フナダマササギは船の生ける守護霊である。

なお、船にフナダマサマを入れたあと、晴れ着のフナダマササギの童女をその新造船に乗せ、港のちょっと沖合いへ出て右回りに三回半回るという。そして、その船が操業している期間は、漁獲量の一〇％がそのフナダマササギのものとなる。ちなみに、閉経した女性がフナダマササギになることは可能である。メナラベのときとバイ（婆）ちゃんになってから再びフナダマササギになる女性は、珍しいということで尊敬や祝福を受けるという。八丈島では巫女や他火小屋は消滅しているが、このフナダマサマとフナダマササギの習慣は遺っている。

青ヶ島の祭祀組織――消えたハカセ（博士）の職掌と双丹姓の謎

青ヶ島では、巫女や社人は、本来は、島内のすべての神社の祭りに参加し、個人の家の私的な祭りにも招かれれば関与する。その祭祀集団の名前は特にはないが、やや軽蔑的に「拝み仲間」と呼ばれている。そして、そのメンバーも自嘲的に「拝み仲間」と称したりする。

いわゆる「座」とか「講」的な要素もあるが、すでに指摘したように、原則的には、カミソウゼというイニシエーションを通過してこないと、その成員にはなれない、という一種のハードルがある。ここで神主・卜部・社人・巫女の職掌の違いについて、概略的だが見ておこう。

（一）神主…奥山神主家のほぼ世襲。ただし、本来は卜部的な能力（とくに審神《さにわ》的な霊能）が必要。いわゆる神社神道の宮司とは役割が違う。

八丈流人《ずにん》の近藤富蔵（一八〇五～一八八七）の『八丈實記』第二巻（緑地社、昭和四十四年）に登場する奥山神主家の人々の名前を年代順に並べると、兵庫（宝暦七年＝一七五七）、豊後（天明元年＝一七八一）、山城（天明三年＝一七八三）、愛之助（天保年間）、廉蔵重信《れんぞうしげのぶ》となる。この廉蔵は明治四年（一八七一）の「青ヶ嶋神社明細」には「山城より四代目」とあり、山城と愛之助の間に、もう一代いたことが推定される。その人物の名が埋没しているのは、天明の大噴火で八丈島で避難生活を送っている時代に神主に就任して八丈島で亡くなっているからなのであろう。江戸期最後の神主でもあった廉蔵は、明治八年（一八七五）十二月二十八日付けで足柄県令柏木忠俊から鐘鬼《しょうき》神社（現・大里神社）が村社の指定を受けたとき、同社の祠掌《ししょう》（村社の宮司職）に任じられている。

奥山神主家の歴代の名前を見ると、兵庫、豊後、山城はいかにも神主らしい名前だが、そのあとが少し違ってくる。おそらく、これら三代の名は京都の神道管領吉田家あたりから授かった神主名ではないかと思われる。山城は岡の上から船を呼び戻したと伝えられるほどの霊力の持ち主だったらしい。

天明三～五年（一七八三～八五）の「山焼け」（大噴火）以前の神主の地位は名主より上で、神主は公文書では名主より上位で署名している。それが天保五年（一八三四）の還住《かんじゅう》（起こし返し）の大願成就の頃までには大きく変わってしまったようなのである。しかし、廉蔵の頃にも船を所蔵するなど青ヶ島を代表する名家であった。ちなみに、現在の神主の奥山信夫さん（大正十四年生まれ）の「信」の字は廉蔵重信から来ているらしい。

（二）卜部《うらべ》…熟達した社人の中から家柄なども勘案して選ばれる。太鼓を叩きながら祭文を読み上げる。撥《ばち》さばき一つで、社人・巫女の動きをコントロールできる審神の霊的能力も必要。神主が不在のとき代理を務める。

この卜部の名称は古代、亀卜《きぼく》に従事した卜部から発している。『延喜式』巻第三（臨時祭）によれば、「卜部は三國の卜術に優《すぐ》長れたる者を取れ。[伊豆より五人、壱岐より五人、對馬より十人]」とある、その伊豆国の卜部の後継といえるかもしれない。近藤富蔵の『八丈實記』によれば、八丈島では明治初年まで中之郷と樫立で卜部が亀卜を行っており、さらに、明治十八年ごろには途絶したものの、中之郷の卜部・喜松《よしまつ》が京都の吉田卜部家に入門して亀卜を伝えていたという。青ヶ島周辺では今でも海亀が獲れるので、古くは亀卜が行われていても不思議ではない。たとえば、江戸初期のことらしいが、伊勢国から船が漂着したとき、その積荷に米があったが、それが食べ物かどうか誰にもわからなかったので「亀ノカタヲ占ヤキ見候処食物ノ由…」という記述が『八丈實記』に見られる。当然、山焼き以前は亀卜が行われていたと思われる。

わたしの〈青ヶ島でいらほん流神道〉の師匠である卜部の廣江次平さんは、青ヶ島名主・佐々木次郎太夫（一七六七～一八五二）の弟の系統で、明治八年のとき、たぶん次平さんの祖父にあたる廣江次兵衛が東大所神社（現・東台所神社）の祠掌に任ぜられている。その意味では奥山神主家と匹敵する神祇の家だったらしい。次郎太夫は天明の《山焼け》のとき少年だったが、八丈島で名主に任じられ、還住・起こし返しの陣頭指揮にあたり、民俗学者柳田國男『青ヶ島還住記』で「青ヶ島のモーゼ」と讃えられた。その柳田も近藤富蔵『八丈實記』の記述を受けて次郎太夫の出自を「ハジメ巫覡《ウラベ》」と記しているように、卜部の家の出身だったらしい。青ヶ島の名主家は佐々木姓（わたしは次郎太夫以前の名主家を伊勢崎系と名付けている）を名乗っているが、名主に就いたとき廣江姓から転じたらしい。その意味では、次平さんの家系は由緒ある巫覡《ふげき》の家だったといえる。

（三）社人（舎人）…祭りのとき、卜部の指示で御幣《ごへい》を切ったり、キョウモン（青ヶ島では祝詞、祓詞《はらいことば》、祭文、経文の総称）を読む。卜部との職掌の境界は微妙で、かなり重なり合う。節分のフンクサを行う年男も社人である。巫女と一緒に祭文にあわせて神楽を舞う。

（四）巫女…沖縄のノロ（祝女＝女性神官）とユタ（民間の女性霊能者）の中間的存在。青ヶ島の巫女は祭祀組織上の序列としては下位になるが、青ヶ島の祭りでは最重要の存在。ミコケのある女性の中から神が選ぶ。時に神懸りをする。いわゆる神社神道における今日の巫女さんとは違う。

ところで、神主と卜部の間に、かつてハカセ（博士）と呼ばれる職掌の人がいた。どういう役割を持っていたのか、わからなくなってしまっているが、明治の中頃まで青ヶ島の祭祀組織の一員として神仕えをしていたらしい。当然、ハカセといえば、陰陽博士《おんようはかせ》を想起する。すなわち、『広辞苑』によれば、律令時代の大和朝廷の「陰陽寮に属し、陰陽道《おんようどう》を学生に教授した官」をいう。もちろん、その後の時代になると、民間の陰陽師《おんみょうじ》が勝手に名乗ることも生じてきた。というよりも、陰陽師として優れた才能を発揮した人を、民衆がハカセと呼んだ可能性もある。この「陰陽道」とは、同じく『広辞苑』によれば、「古代中国の陰陽五行説に基づいて天文・暦数《れきすう》・卜筮《ぼくぜい》・相地《そうぢ》（土地の相を読むこと――引用者）などをあつかう術。大宝令に規定があり、陰陽寮がおかれたが、次第に俗信化し、宮廷・公家の日常を物忌・方違えなどの禁忌で左右した。平安中期以後、賀茂・阿倍の両氏が分掌」とある。識神《しきがみ》を使って、あらゆることを未然に知ったと伝えられる、平安中期の陰陽家の阿倍清明《あべのせいめい》は、この陰陽師の象徴のような人である。単純化すると、加持祈祷をする占い師のような存在である。

おそらく青ヶ島のハカセも陰陽師として加持祈祷による占いをしていたと考えられるが、卜部も占うので、そこらあたりの職掌の境界を、どう調整していたのか、よくわからない。しかし、正月のトシノマツリや、新造船に船霊を籠めるときに関係したと伝えられている。『広辞苑』によれば、陰陽師は相地（土地の相を見ること）も司ったとあるので、地主神を鎮座させるときも関与したと思われる。

ハカセといえば、利島では、かつて七歳までの子どもの守護神として、半紙を二つ折りして三角形をつくり、その下の部分に米を入れた御幣状のものを神体としたハカセサマとよばれるものがあった。同様のものは新島にもあってハカセ婆とよばれる産婆役の女性が、そのハカセサマをつくったという。これも陰陽博士のハカセに由来する。

伊豆諸島に陰陽道がどこまで浸透していたのかはよくわからないが、青ヶ島にはカナヤマサマという神がいる。

記紀神話の金山彦・金山姫とは同じ神と思われていて、鍛冶屋の守護神といわれているが、陰陽道の金神《こんじん》を彷彿とさせる神名だ。もちろん、ここには艮《うしとら》の金神《こんじん》を想起させる方位神《ほういしん》の性格はないが、たいへん恐ろしい神である。青ヶ島では、旧暦十一月八日をオボシナマツリと称して巫女が中心となって自分のオボシナ（守護神）を祭るが、一般的にはカナヤママツリの名称で呼ばれており、カナヤマサマだけを対象とする祭りである、と考えている人もいる。このカナヤマサマを祀っている家の者と、そうでない家の者が喧嘩をすると、後者が必ず負けて、不幸が襲ってくるほど怖い神様であると信じられている。その意味では、〈金神〉的であり、かつ〈識神〉的である。わたしのオボシナサマでもある、カナヤマサマの正体は陰陽道の金神であったかもしれない。ちなみに、旧暦十一月八日（新暦十一月八日や月遅れの十二月八日もある）は、本土ではフイゴ祭りといい、鍛冶師や鋳物師の祭りの日である。

　この青ヶ島のハカセの職掌が消滅したころ、双丹姓を名乗る家が消えている。かつて一軒だけあった名字である。すなわち、明治の中頃、双丹家は島外へ転出してしまったのか、なぜか青ヶ島の戸籍簿から消えてしまった。その血筋を引いていたと思われる人も、今は青ヶ島には住んでいないようである。というよりも、今日の青ヶ島では、双丹という姓があったことすら、忘れられているのである。

　この双丹姓は、江戸時代の青ヶ島には存在しなかった名字である。すなわち、明治の国民皆姓のとき、青ヶ島に出現した姓である。おそらく、全国的にも見ても稀姓に入るのではないかと思う。ひょっとすると、かつての青ヶ島の双丹家の一軒だけだったのかもしれない。

　ふつう、地名と名字は密接な関係にある、といわれている。たしかに、『八丈實記』の青ヶ島の巻を探すと、「サウタン」という地名が出てくる。また、地図に載っていないので場所が特定できないが、島の人に聞くと、「ソウタンボラサワ」という地名もあるらしい。わたしは、このソウタンボラサワの場所を、東台所神社へ登る鳥居のある石段の、さらに西寄りほうにある、平らな地形の地名ではなかったか、と推測している。かつて菊池梅吉翁から西郷と池之沢とを結ぶ大凸部《おおとんぶ》の近くにあるトウゲサマ（峠様）を案内してもらったとき、そのようなことを聴いたような記憶がある。

八丈島や青ヶ島には、「何々」ボラ（ホラ）という地名が点在している。その多くはサワという語と結合して複合名詞を形成しているが、たまにはボラだけの場合もある。ボラ（ホラ）は漢字で書くと「洞」で、ホラは「掘る」という動詞の名詞形である。すなわち、大雨で深く抉《えぐ》られた地名がホラ（ボラ）である。雨が降らないと、普段は水のない沢が実はボラサワ（洞沢）である。

菊池梅吉・きみか夫妻（1973 年、撮影・著者）

おそらく、サウタンというのも同様で、サウはサワ（沢）で、タンはタニ（谷）の転訛であろうか。つまり、サウタンとは「沢谷」の義である。ただし、サウタンのほうが、ボラサワに比べると、少し水気があるように感じられる。おそらく、天明の大噴火のとき、地勢が変わってしまったのであろう。いずれにせよ、サウタンもボラサワも、ほとんど同義である。

双丹という姓は、このサウタン、あるいは、ソウタンボラサワという地名から発していると思われる。もし、そうであるならば、国民皆姓のとき、なぜ「沢谷」ではなく「双丹」という漢字を選択したのであろうか。以下は、わたしの推測である。

すでに指摘したように、双丹姓と祭祀組織の中の職掌ハカセの消滅は、ほぼ同じころである。すなわち、双丹家がハカセを担当していた、と考えるのがごく自然の推測だ。いいかえれば、双丹家が青ヶ島における陰陽道を司る家ではなかったか、と想像できる。

その根拠としては青ヶ島に伝わる神仏習合の神道である。わたしは青ヶ島で島暮らしを始めたころ、青ヶ島の信仰には修験道の影響が強いと思い込んできたが、最近は修験道より陰陽道のほうが大きかったのではないか、と考えるようになったからだ。それというのも、わたしの師であった卜部の故廣江次平さんが伝承する文献（死後、浅沼キミ子さんへ譲り渡される）や、次平翁が時折見せた呪法の仕種（手振り・身振り）を総合的に判断すると、修験道よりもむしろ陰陽道だった可能性のほうが強いのではないか、と想うようになったからである。その意味で、わたしはいままで、青ヶ島の神道のことを《でいらほん神道》と呼んでいたが、国の重要無形民俗文化財に指定されている土佐国香美郡物部村（現・高知県香美市物部町）の「いざなぎ流」神道（民間陰陽道）の顰《ひそみ》に倣《なら》って《でいらほん流》神道と名付けたくなった。

もちろん、「双丹」の「双」は、陰陽道の陰—陽の双（組＝ペアーの義）であろう。また、「丹」は道教の不老不死の秘薬「丹」である。丹は水銀だから、それを飲めば不老不死どころか、水銀中毒になって死んでしまう。そこで「丹」を練る「修丹」の術が登場してくる。すなわち、臍下丹田《せいかたんでん》の、いわゆる丹田呼吸法の、丹田の丹である。おそらく、双丹には内丹と外丹の双修という意味があったと思われる。ただし、工業技術的には「丹」は水銀アマルガム法の鍍金《めっき》を生み出していく。

つまり、青ヶ島の双丹家が陰陽師の家筋だったとすると、これほど相応しい姓はないのである。明治の中頃には消えてしまった青ヶ島の双丹姓が地名のサウタンに由来するのか、それとも陰陽師だったことから発するのか、あるいは双方の事情が絡み合っているのか、想像の域を脱しないが、極めて陰陽道色が濃い《青ヶ島でいらほん流神道》の存在を考えると、双丹家が島の陰陽道を司るハカセ（博士）の家として、青ヶ島の習合神道の成立に深く関係してきたのではないかと思われる。

サウタン、あるいは、ソウタンボラサワという地名が双丹姓から生じた可能性も、もちろんある。推定ソウタンボラサワの地の、さらに下のほうの場所はたしか岩というか大きな石がごろごろとした土地である。双丹家がそこにあって、雨で押し流されたのかもしれない。陰陽師に関する諺として「陰陽師身の上知らず」というのがあるが、他者の運命を占うことができても自分のことはわからなかったのかもしれない。

双丹姓をハカセとの関係から捉えることに、まだ気付いていないころ、わたしはJR、否、当時は国鉄の八高線「丹荘《たんしょう》駅」が気になっていた。知人の中にも双丹姓の出自は丹荘であると言い切る人もいたのである。現在は埼玉県児玉郡神川町の一部になっている旧・賀美郡丹荘村である。中世、武蔵七党の一つ「丹党」の拠点があった地である。

宣化天皇（六世紀前半）の皇子の上殖葉皇子《かみつうゑはのみこ》（記・恵波《ゑは》王）の後裔を称する一党で、おそらく古代の水銀採取集団の末裔である。平成十七年ごろ、群馬県藤岡市の、旧・多野《たの》郡鬼石《おにし》町との間の上武国境を流れる神流川《かんながわ》のすぐ東側の埼玉県神川町二宮に鎮座する武蔵国の二ノ宮・金鑚《かなさな》神社（式内武蔵國児玉郡　金佐奈《かなさな》神社）を参拝したさい、丹荘周辺にも寄ってみた。周辺にはかつては銅・鉄・ニッケルを産出した鉱山が点在していた。当然、丹荘の丹はやはり水銀であり、その音韻を引っ繰り返したソウタンと似ているが、残念ながら直接には関係がないことが確認できた。

ところで、同じころ「双丹」をインターネットの検索エンジンで検索してみると、今は見つけることができないが、茨城県の、たしか筑波地方の花見煎餅の店で「双丹」という商品を製造販売していることがわかった。花見煎餅といえば八丈島とはひじょうに縁のある業種である。今、横浜伊勢崎町にある花見煎餅吾妻屋は八丈島の出身者が創業者だが、そこから暖簾《のれん》分《わ》けをした花見煎餅吾妻屋にも八丈島の出身者が多い。八丈島の中之郷の出身で何度か自民党所属の衆議院議員を務めた菊池義郎《きくちよしろう》（一八九〇～一九九〇）は、一九六四年のアメリカ大統領選挙のとき、民主党のリンドン・B・ジョンソンと争って大敗した共和党のバリー・ゴールドウォーター（一九〇九～一九九八）がネガティブ・キャンペーンで「極右」「KKKの手先」などのレッテルを貼られたことに憤り、周囲が止めるにもかかわらず応援に出かけ「日本のゴールドウォーター」の烙印を押された。その菊池義郎は若い頃、花見煎餅の小僧をしながら、早稲田大学英文科と日本大学政治学科を卒業している。青ヶ島の菊池梅吉翁の親友でもあった。

永久保満編著『趣味の八丈島誌』（昭和十二年初版、四十八年再版）の「煎餅商」の項には、次のように出てくる。

「明治三十五年、三根村出身で現海軍大佐田代蘇平氏の父君故田代幸六氏が、京橋區八丁堀で煎餅屋を開店したのが、本島出身煎餅商の元祖である。其の関係で三根出身者が多く、東京を中心として遠く九州まで亘《わた》り、不況の為、現在では減つてゐるが、それでも其數は百軒に達してゐる。『幸』『花見』等の商號を有する者は、殆ど本島出身者で、其の商品はデパートにも納品され、栃木、埼玉の煎餅商を凌駕する盛況振りであった。」（同書、一〇三ページ）

さらに、喫茶店チェーン大手の銀座ルノアールも、東京銀座の花見煎餅の喫茶部から発展したものだが、その創業者は八丈島出身者である。そして、八丈島では文政元年（一八一八）出百姓を常陸国筑波郡へ送り出して〝八丈村〟を開拓している。天保四年（一八三三）には同じく常州真壁郡関本村へも出百姓を出している。茨城県の花見煎餅は彼らの子孫ではないかと思ったのである。そうであるならば、青ヶ島との接点があるかと思って、その店に問い合わせてみたが、残念ながら返事がなかった。

実は、わが東京大田区池上にも戦前からやっている花見煎餅吾妻屋がある。ここは八丈島の出身ではないが、同店で「双丹」について訊ねてみたところ、「ウチではつくっていないが、甘辛いものではないでしょうか。やや辛めの煎餅に砂糖がまぶしてある煎餅のはずです。〈辛い―甘い〉が一つの煎餅で味わえる商品のはずです。これなんか、双丹と名付けてもよいかもしれません」と、一枚出してくれた。まさに、陰と陽が一枚の煎餅に集約されていた。

ところで、今回、「双丹」をインターネットで検索してみると、道教系、陰陽道系、医療系の簡体字の中国系サイトがズラリと出てきた。それらを見ると、青ヶ島の消えた双丹家と陰陽道がますますつながってくるような気がした。双丹姓はどこへ消えたのか？

〈読み上げ祭り〉――青ヶ島の祭りの構造

ヨミアゲマツリという呼称は、俗称というか通称で、青ヶ島独特の祭りの形態である。もちろん、かつては八丈島や八丈小島でも同系統の祭りは行われていたらしい。祭文を社人（卜部）が読み上げることから、ヨミアゲマツリ（読み上げ祭り）と呼ばれている。ちなみに、わたしが祭りに参加していたころは、〈読み上げ祭り〉という言い方は、あまりされていなかったように記憶している。

この〈読み上げ祭り〉は、チョウヤのある大里神社、東台所神社、金毘羅神社や、かつてはチョウヤのない渡海神社、池之沢の弁天神社などのイシバ、家々の祈願などの私的な祭り、個人のオボシナカミを祀るときにも行われた。すなわち、それ自体がどの祭りにも通用し、共通する、いいかえれば、祭りの骨格といえるマツリ（神事）である。かつて旧暦十一月二十五日に大里神社で行われた大里祭は、この〈読み上げ祭り〉に特殊神事としてのオトリサマ（御酉様）の祭り、でいらほん祭り、えんだん祭りが付加されたものである。もちろん、その三つの祭り（神事）が行われなくても、大里神社でその例祭日に〈読み上げ祭り〉が行われれば、大里祭であることには変りはない。それは東台所神社―東台所祭、金毘羅神社―金毘羅祭についてもいえる。その意味でも、〈読み上げ祭り〉は最重要である。

わたしが祭りに参加していたころ（昭和四十七～四十八年）は、大里神社、東台所神社、金毘羅神社の例大祭は朝から夜遅くまで行われた。それ以外の祭りは午後七時ごろから夜十一時ごろまで行われた。ただし、特定の家の、たとえば、当時、廣江孝次郎氏宅で行われていた「天神様の祭り」(旧暦九月一八日)は、孝次郎さんのオボシナを祀る祭りで、これは日中に行われていた。巫女・社人の何人かは招かれて祭事に奉仕しているが、それにかかる費用はすべて孝次郎さん持ちである。

金毘羅神社の月次祭にあたるツキマイリ(月参り)の祭りは、毎月の旧暦十日に行われていたが、これは午後七時ごろから始められた。もちろん、早く来る人は六時半ごろには来ていた。しかし、その日が金曜日にたまたま当ったりすると、男性の社人はわたし以外、来ないということもあった。というのは、そのころ、午後八時から日本テレビのプロレス中継があり、社人の多くはそれを楽しみにしていたからである。そういうときは、わたしが作法どおり「身の清め」として六根清浄祓詞、大祓詞般若、三種大祓詞・般若心経を唱えたあと、巫女たちが数種類のノケモノをやり、イシバに御幣・蝋燭・線香をあげたあとは、囲炉裏でお茶を沸かし、持ち寄った「ご馳走」を食べ、午後九時ごろには散会した。

また、定期船(とくに貨物船)が入港した日は、社人たちは、わたしを含めて艀《はしけ》作業や荷役作業を終えて家に帰るのが暗くなるので、一方、巫女たちもそれに伴う家事があって、集まってくるのが午後八時前後、しかも、当時は最大で二十人ぐらいを数えた祭りの参加者が七〜八人ということになってしまうこともあった。その意味では臨機応変に行われていたといえる。もちろん、当時のチョウヤには電気がなかった。

青ヶ島の祭りは旧暦で行われているが、今日では、本来の祭礼日に近い土・日の、かつては朝から夜が更けるまで行われていたが、昨今は昼間に行われる傾向があるようだ。しかも、時間は大幅に短縮されて行われているようである。なお、神主・卜部・社人・巫女の親族が亡くなった場合、主要な祭りでは喪が明けた時点で行うことがある。

ここで、旧暦十一月二十五日に行われる大里神社の祭りのときの、式次第というか、祭りの次第を、〈読み上げ祭り〉の代表例として見ておこう（昭和四十年代後半）。

午前九時ごろから始められる。もちろん、それより早く来る人もいる。早い人は七時ごろから準備を始めている。否、前日から掃除に来ている。巫女ではなかったが、わたしの記憶では、大里神社には夕ネ子おばさん（大沢夕ネ子さん）、金毘羅神社には廣江操さんが掃除に来て下さっていたと思う。

道具類は社人や巫女が籠を背負って急勾配の玉石段を登って上げていたが、雨のあとは滑りやすいので、大きなものはチョーヤの裏手にある枝道を同じく人力であげていた。しかし、ほとんど通る人がいないため、ジャングル化し、かえって手間がかかるという理由で、本来の玉石段を登って持ち上げた。これが結構、大変な作業だった。

チョウヤへ来ると、まず神棚を整え、御神酒・榊・塩・米・菓子…等々を供え、ローソクを燈し、線香をあげる。この場合、線香は各自が持参したものを、通常は三本、それも置いてある香呂の全てに立てて拝む。もちろん、線香の匂いがチョウヤ中に立ちこめる。

一方、社人たちは御幣《ごへい》づくりを始める。御幣は六十センチぐらいの長さの青竹に御幣を取り付ける作業だが、昭和四十八年の大里祭では三百振りを用意した。たしか、青竹は勉二さん、孝次郎さん、寛一さん（いずれも廣江姓）が用意し、その三人と次平さん、わたしの五人で御幣を切った。御幣は半紙五枚を重ねて二つ折りしたあと、それを御幣切り専用の板の上に載せて小刀で切って折る。鋏を使ってはいけないのである。それを青竹に取り付ける。

五本（振り）ぐらい作ったところで、それらを束にして板の上に手で支え持ち、「ナムオンヘイソワカ（南無御幣娑婆訶）」とか「三つ五つ波に立たまして悪魔の神はこれい知るべし」…などと唱えて（もちろん両方を唱えても構わない）、板の上でトン・トン・トンと三回、青竹の下を叩く。御幣への一種の入魂である。ただし、そのとき人に聴こえないように唱える。こうして完成した御幣を巫女や社人…などがイシバに上げにいく。すなわち、上と下のイシバの祠の神々の前に差し込んで、そこにも線香を立ててお詣《まい》りをする。

御幣を三百本（振り）も奉納するのは、島民全員の安全…等々を祈念してのことである。それどころか、もう何十年も前に青ヶ島を離れてしまった世帯や、人々を含めての本数である。島民の場合もその人の宗旨・信仰に関係なく、奉納される。参詣人が来ようが来なくとも、そんなことにお構いなく、巫女たちは、これは誰々さんの家の分とか、独り言しながら差し込んでいく。まさに、島共同体の祭りなのである。それらの御幣がイシバのあちこちに所狭しと差し込まれるのだから圧巻である。イシバは賑々しくも威容を誇る景観になる。そのままでも充分に古代祭場といった趣きの石場が華やかに輝く。

このあと、「申し口」と言って、神主、あるいは、神主不在の時は神主役の卜部が祭りの名称（神事名）を申し上げ、刀で九字を切る。ただし、場合によっては、手刀で切ることもある。それから、卜部・社人が神棚に向かって正座し、持参の鈴を鳴らしたあと、清めのキョウモン（祝詞・祭文・経文の総称）を唱える。すなわち、六根清浄祓詞・大祓詞・三種大祓詞・般若心経を、各自が早口で呟くように唱える。そのため、島外から来た拝観者が勘違いして、全部が仏教の、いわゆる「お経」だ、と思い込んでしまうこともあったようだ。また、早口に唱えるのは魔が入らないようにするためだ、といわれている。

ちなみに、昭和四十三〜四十五年の夏、青ヶ島へ来た二つの大学の離島研究会と民俗学同好会の報告書と感想記を読んだことがあるが、そこには「青ヶ島では祭りのとき南無阿弥陀仏と唱える」とか「巫女さんたちは南無妙法蓮華経とか南無阿弥陀仏と唱える」とか書いてあり、仰天したことがある。青ヶ島の島民の大半は、いちおう浄土宗を家の宗旨としているものの、その浄土宗たるや、国地《クニ》（＝本土）の浄土宗からはその存在すら見捨てられた、いうならば、浄土宗〈中央〉から見れば全く無縁の〈辺土《へんど》〉の浄土宗である。もちろん、神祭りのとき、誰も「南無阿弥陀仏」とは唱えない。

ただし、巫女さんの中には、イシバの神々の祠の前で「南無妙法蓮華経」と何十回も小声で唱えながら拝む人が結構多いが、チョウヤの内では唱えない。そのとき、何回唱えたのかを数えるため、ソテツの葉のギザギザの部分を一本一本切り離したものを、奉納しながら唱えている。ちなみに、八丈島の神社のイシバでは、「南無妙法蓮華経」と刻まれたゴム印を半紙の上に行間ナシで押印したものを、しばしば見かけるが、これと同じものを青ヶ島や三宅島でも見たことがある。

巫女のイシバでの「南無妙法蓮華経」は珍しくはないが、卜部の次平さんは「般若心経を唱えると、頭が痛くなろわ。あが、仏《ぶつ》は、めんな嫌だらあ。聴くだけで頭が痛くなろんて駄目だらら」と、まるで幕末期の国学者のような言い方をされるほどだ。なお、青ヶ島で「念仏申す」といって親族たちが亡き人のための供養の拝みをするときの「念仏」は、〈説教節〉系の「石童丸」や、せいぜい広義の〈浄土宗〉系の和讃である。ところが、本土の人には、社人・巫女が発するムニャムニャが、先見的に「念仏」という概念で把握されてしまうらしく、青ヶ島を離れるとその念仏が「南無阿弥陀仏」と意識されてしまうようである。

こうして、卜部が太鼓を叩いて〈読み上げ祭り〉が始まる。太鼓はチョウヤに備えているものがあるが、破れていたり、ブヨブヨになっていることもあるので、大抵は卜部が持参するものを利用する。次平さん自慢の太鼓は一度破れてしまったので、家にあったトランクの皮を〈引っぺがして水に付け自分で張りなおしたもの〉だった。祭りは午前九時ごろに始まり、翌日の午前零時を過ぎて終わった。それより昔は午前二時ごろまで続いたという。

ここで、今まで述べたことと若干重複するが、加藤五十子さん（現、水野姓。当時、青ヶ島村教育長）が調べた昭和五十年代前半ごろの「読み上げ祭り次第」（『青ヶ島の生活と文化』一九八四年七月、青ヶ島村役場）を参考にし、私見を加えながら紹介しよう。

（1）申し口…祭りの名称・神事名を神主役の卜部が申し上げ、小刀で九字を切る。

（2）身の清め…六根清浄・大祓（旧）・三種大祓・般若心経を、社人がそれぞれ神棚の前で早口で呟くように唱える。

（3）ノケモノ（十如是）…ふつう、ノケモノは「除《ノ》け物」の意と考えられているが、ノは「呪」や「祝」や「宣」の意ではないか、と思われる。強力な呪文のような言霊で悪鬼邪気を祓う。この「十如是」は法華経方便品《ほうべんぼん》の中に出てくる言葉（既出）である。卜部は太鼓を叩きながらこれを唱え、巫女・社人はこれに合わせて踊る。巫女の中にはピョンピョン跳ねだす人も出てくるが、この状態をハイサレル（語源は「拝される」か？）という。

（4）木玉祭文《きだまのさいもん》

（5）ノケモノ（テングノオクリ）

（6）水神経（ジュージンキャウ）・ノケモノ（水神ノオクリ）

［休憩］昼食。重箱に入れた島の料理などを持ち寄り、あるいは茶菓子を出す。他の休憩のときも同様で、祭りの進行具合によって食事時間となる。

1977年、金毘羅神社で行われた湯立て（青ヶ島村役場編『青ヶ島』千曲秀版社、1986年、から）

（7）般若心経

［休憩］

（8）木玉祭文

［休憩］

（9）湯立て…ユバヤシ（竹と注連縄でつくる）を囲炉裏の四方に立て、囲炉裏の周りに座り、みんなで「湯の本」を唱えながら、卜部・社人・巫女の順に火に塩を投げ込む。節をつけて歌う場合と、早口に呟くように唱える場合がある。湯釜（鍋）の湯が煮え立と、各自がユゾウサを釜の中に入れ、飛沫を振り掛けるように落とす。ちなみに、このユゾウサは長さ五十センチほどの笹竹の先にマグサ（八丈ススキ）を束ねて差し込んで作る。参詣者がいるときには、その飛沫をかける。卜部・社人はユゾウサを持ってイシバへ振りかけに行く。また、占いの依頼があるときは、「湯の歌」が終わったあと、米を湯の中に投げ入れて、ユゾウサで掻き回しながら、それが留まったときの米の位置などで吉凶で占うこともあった。

［休憩］

（10）神寄せ…卜部が太鼓を叩きながら、神々の名を順に挙げると、巫女と社人が卜部のあとに従って唱和し、神々の降臨を願いながら舞う。さらに、伊豆大島へ流されたあと、伊豆の島々へ島渡りをした鎮西八郎源為朝に関する英雄伝説の詞章が続く。立舞の一種である。

（11）八乙女《ようとめ》…社人が扇を広げて舞う所作をし、中腰で回転して着座すると、巫女は立ち上がって舞い始め、卜部が一節うたうと、巫女社人みんなで唱和する。

この祭文の最後の部分は水野五十子さんも指摘しているように「あそびかえるぞ　我が所《とこ》へ　さくでもどるぞ　我が所へ…」という詞章になっている。これは「□□のあかち」と題する演目と同じ形式で、これを「あかち形」祭文とよんでいるが、あかち形は「立舞」である。巫女は次第に興に乗ってくると、神ながらときどき強く足を踏み鳴らしたり、ピョンピョン飛び跳ねて踊る。

一方、これに対して、「打てや囃《はや》せや　せうに《しょうじ》殿《どの》」の詞で終わる形式を「名乗り形」祭文とよび、こちらは居舞である。

（　）名字口《みょうじぐち》…名乗り形祭文（居舞）。「如何に候　しゃう人《じ》殿」で始まり、「打てや囃せや　せうに殿」で終わることを考えると、「しゃうじ」は「証人」か「請人」の意であろう。ただし、それらは「聖人」「上人」と同源と考えられるショウニンには「成人」の義もあって、一定の年齢に達した意になる。いずれにせよ勧請された神が託宣する形式である。

（　）諏訪の王子のあかち…あかち形祭文（立舞）。

（　）ノケモノ…テンノオクリ・十如是…等々。

［休憩］

（　）うば御前《ごぜ》の名乗り…名乗り形祭文（居舞）。

（　）うば御前のあかち…あかち形祭文（立舞）。

（　）しょうごのあかち…あかち形祭文（立舞）。

（　）君の名乗り…名乗り形祭文（居舞）。

（　）君のあかち…あかち形祭文（立舞）。〈読み上げ祭り〉を象徴する祭文で、「はや名乗りかわるや　のりかわる　数の名字を　あげすえて　神はぞうれい　それ次第　しだい次第に　いれそうな…」で始まる。演ずると、ひじょうに長いが、最重要の祭文である。鎮西八郎御曹司が五十四騎の従者を連れて八丈島へ渡る伝説を描く。さらに、為朝が「いくさ（戦）のごんぜ（験者?）」として、寄せ来る「日本の敵《かたき》」を打ち滅ぼす存在であることが予祝される。他の立舞とは異なり、テンポも途中で変わり、廻りながら舞う形式になったり、社人は扇子を刀に見立てて切り込みの所作をしながら舞ったり、芸能性に富んだ演目である。カミソウゼをするときも使われるが、神を請《そう》じ、神へ神楽を奏《そう》じることがカミソウゼの本義であると想われる。

（　）ノケモノ…大山ダイショウ・水神ノオクリ・テングノオクリ（ガヤガヤ）。

［休憩］

（　）太郎四郎が名乗り…名乗り形祭文（居舞）。

（　）竹のひょうご（兵庫）…あかち形祭文（立舞）

（　）金山のあかち…あかち形祭文（立舞）。

（　）天じ舞い…立舞。「狐や狐…」の詞章で三歩前進、三歩後退の所作。舟を漕ぐ狐、鰹を釣る狐…等々が出てくる。

（　）雪村佐右ェ門の名乗り…名乗り形祭文（居舞）。

（　）はんこう…居舞の一種。「はんこう　はんこう　はんこうへ」の掛け声で、腰を下ろした形で前に進んだり、後ろへ後進する。ハンコウは反閇《へんばい》のことと思われる。『広辞苑』には「①貴人の出行などの時、陰陽師が行なった呪法で、特殊な足の踏み方。邪気を払い正気を迎え、幸福を開くためのものという。②神楽などの芸能に見られる呪術的な足づかい」とある。

（　）大神オクリ…立舞。「神納め」ともいい、「神寄せ」に対応。

（　）カイサキガヨ…立舞。えんだん祭りの祭文。これが終わると、そろそろ祭りも終わる。ノケモノのときにも行なわれるが、巫女は扇子を持って、シー・シーッと追い払う所作をすることがある。おそらく、警蹕《けいひつ》のオオ、オーシなどと同じようなものと思われる。ちなみに、『広辞苑』には「天皇または貴人の出入り、神事の時などに、先払いが声をかけて、あたりをいましめること」とある。

（　）ノケモノ…ノーマクサーマンダ。

［休憩］

（　）大神楽《おうかくら》…立舞。「大神《だいじん》ぐエ　やんおミか（く）ら／八まんさま　だい大《だい》かぐら／ていしバ　そいかくら／かすめうじん（春日明神）　大《おう》かぐら／くまのこんけん　おうかくら／　七しゃめうじん（七社明神）　おうかくら／きたさま　おうかくら／しんかミさま（新神様＝東台所神社）　おミかくら／はやむさま（東台所の神）のおう神楽／とかいのか　おうかくら／こんぴらさま　おうかぐら」と唱和しながら、「神様　喜べ　喜べ　喜べ」

と各自が手にした鈴を振る。

（　）六根清浄・大祓・三種大祓…卜部・社人が唱える。

（　）サクラ祝…いわゆる直会《なおらい》。

平成十九年（二〇〇七）七月、青ヶ島の〈読み上げ祭り〉が史上初めて海を渡り、東京・赤坂の草月ホールで七月十五・十六の両日、公開された。そのときは、（　）しょうごのあかち、（　）太郎四郎が名乗り、（　）竹のひょうご、（　）天じ舞い、（　）雪村佐右衛門の名乗り、の五つを削り、何度も唱える演目も回数を減らし、全体で三時間半程度に圧縮した。ちなみに、このときは奥山信夫さん（神主）、佐々木宏さん（社人）、浅沼キミ子さん（巫女）、奥山タカ子さん（巫女）、佐藤おとゆさん（巫女）の五人で奏じられた。今後は、若干のバリエーションがあると思われるが、この形が踏襲されるものと思われる。

サンヤサマとロクヤサマ——逆三日月の〈黄金の舟〉の神秘——

青ヶ島には、サンヤサマ（三夜様）とロクヤサマ（六夜様）とよばれる祭りがある。一種の月待ちの神事で、前者は月齢二十三日、後者は月齢二十六日の月の出を待つ。旧暦の正月と七月の、それぞれ二十三日と二十六日の夜に、サンヤサマは大里神社で、ロクヤサマは東台所神社で行われる。わたしが参加していた頃は午後七時ごろから始まり、遅くても午後十一時すぎには終わってしまったが、本来は月が出る時刻まで「読み上げ祭り」が行われたらしい。サンヤサマもロクヤサマも、年に二度あって、祭りはまったく同じように進行するが、わたしの感じでは、青ヶ島の場合、旧正月のほうが盛り上がってくるような気がした。また、サンヤサマよりロクヤサマのほうに重点があるように思えた。しかし、八丈島では、旧暦七月に、ただ単に山の上から月齢二十六日の月を眺める、という一種の夏の風流をめでる行事へと変化しているようである。

国地（本土）では、東京周辺でも二十三夜の月待ち講が盛んだった。たとえば、数年前、神奈川県川崎市宮前区の馬絹神社（『新編武蔵風土記稿』武蔵国橘樹郡［稲毛領］馬絹村　女體権現社）を参拝したが、社殿裏側の丘の右側斜面の一角に「慶應四辰八月」と刻まれた「廿三夜塔」があった。この馬絹神社の場合もやはり「八月」であり、江戸と同じく月待ちは「二十三夜」が中心だったらしいが、八丈島や青ヶ島では「二十六夜」のほうに、より感情移入をしていたといえよう。というよりも、二十三夜から二十六夜へ至る時間の流れを想うことによって、「二十六夜」すなわち「ロクヤサマ」の真実が浮かび上がってくると想われるのだ。

昭和四十七年から四十八年にかけて、わたしは社人の一員としてサンヤサマとロクヤサマの祭りに計四回参加したが、多分、昭和四十八年の旧正月二十六日（陽暦二月二十八日）のほうだったとおもうが、祭りが終わったあとも東台所神社のチョウヤに残って、ひとりだけで月齢二十六日の月の出を待ったことがある。そして、待ちくたびれて、東台所神社を出ると、東の方向の海に月齢二十六日の、まるでゴンドラのような三日月形の〈黄金《きん》の舟〉が浮かんでいるように見えた。実に、綺麗な幻想的な光景だった。ほんとうに月が黄金色《こがねいろ》に光り輝く舟のように見えたのである。

もちろん、その舟は神が乗るためのものでなければならない。神は海の彼方からその光り輝く御座船に乗って来臨されるのである。しかも、その舟がちょうど海面の上に浮かぶと舟から島へ向けて、神が渡ってくるための光の道（帯）ができる。そして、舟は、神を降ろされると、今度はゆっくりと天空へと天翔《あまが》けるのだ。否、神は二十三夜にやってきて、二十六夜に舟に乗って帰っていく。そんな幻想に駆られ、それは次第に確信へと変わっていった。

そんなとき、八丈島以南の伊豆諸島のカンナンボーシの記述を想い出した。本来は旧暦一月二十四日前後の〝物忌み〟の習俗である。このカンナンボーシ（海難法師）の系統のタブーは、新島を中心に三宅島以北の北部伊豆諸島の一帯に広く伝わっている。すなわち、一月二十四日の晩から二十五日にかけて島民が戸を固く閉ざして外出せず家でひっそりとこもらなければならない、というタブーである。海難法師の漢字が充てられているように、海で死んだ亡霊のような存在と思われている。しかし、このカンナンボーシの奇習を一皮むくと、その深層部分には祖霊神が海から上陸して山の神になるという構造がほの見えてくる。つまり、海の向こうからやってくるマレビト神（祖霊）が零落化したのである。

伊佐九三四郎著『伊豆七島歴史散歩』（創元社、一九七三年）によれば、新島ではカンナンボーシ、利島ではカンナンボーシとか、ヤダイジー、神津島では二十五日様、三宅島ではカンナンボーシ、忌《いみ》の日、大島ではヒイミサマとよばれている。

柳田國男は伊豆諸島におけるこの系統の祭りについて『日本の祭』（『定本柳田國男集』第一〇巻）の中で、次のように述べている。

「伊豆七島の正月二十四日、忌の日とも日忌様《ひいみさま》ともいふ祭には、赤い帆を掛けた神の船が海を渡つて来る、それを見た者は死ぬまで傳へて居た」（「祭から祭禮へ」）

「それからもう一つの例は伊豆七島の忌の日又は日忌様、この方は十一月で無く正月の二十四日になつて居るが、やはりこの夜を以て尊神の来臨を傳へ、色々の物忌みを守つて御祭に奉仕して居る。大島新島では悪代官の亡霊、又は海難坊といふ妖魔の怖れに変形しかゝて居るが、もつと先のほうの御蔵島などに行くと、赤い帆の船が海を渡つて来るのを、出て見た者は死ぬなどゝ畏れて居るのだから、やはり慎むべき精進の日であつた。」（「物忌と精進」）

カンナンボーシやヒイミサマの信仰が、海から寄り来る神を祀るための物忌みにあることは、その受け入れ方にある。伊佐氏によれば、大島の泉津《せんづ》ではヒイミサマを迎えるために正月二十一日にはモチをつき、小さなお供えをつくる。さらに、二十四日になると海から五十個の石を拾ってきて、そのうちの二十五個を海水で清めて玄関に並べ、刃物を戸口にたてかける。残りの半分はモチと一緒にトベラ（芳香性のある常緑の小高木）の枝とともにお膳にそなえる。また、一月二十四日の夜はカンナンボーシが来るので外出禁止という新島では、止むを得ず外出する場合、被り物や髪にトベラの枝をさすという。

この〈物忌み〉の外出禁止の中で、被り物や髪の毛にトベラの枝を挿すという〈出で立ち〉は、神人としての特徴である。今でも沖縄の祝女《ノロ》やツカサ（司）は神事のさい、蔓草《つるくさ》を頭の上に巻いている。蔓草のことをカヅラ、頭に被《かぶ》せるカツラ（鬘）の語もここから生じた。国地《クニ》（本土）でも神職や巫女が祭りのとき、髪に蔓草（それが変化したのが鉢巻）を付けたり、花を挿したりする。京都の下鴨・上賀茂両社の葵祭のとき葵の葉を付けるのも同じ趣旨で、桂もカヅラとして用いられたからその名が付いた。

すなわち、トベラの枝を髪の毛に挿すことによって、その人は神から認められた存在となる。外出のとき、その出で立ちをすれば、神人扱いとなる。いいかえれば、神人たちは、こうして島内を巡拝したわけである。話が横道にそれたが、五十個の石や、餅と一緒のトベラの枝は、神を迎えるためのヒモロギ（神籬）であったといえよう。また、三宅島の伊ヶ谷《いがや》でも、でも、カンナンボーシがやってくる正月二十四日の夜は、浜からもってきた新しい砂を、門口に高く盛り上げるという。ちなみに、伊ヶ谷には幕末期、江戸から伯家《はっけ》神道系の吐菩加美《とほかみ》神道の井上正鐵《いのうえまさかね》（一七九〇〜一八四九、神道十三派の一つ禊教《みそぎきょう》の教祖）が流されて大きな足跡を残したが、この盛砂は三宅島で正鐵と三日三晩の幽斎行《ゆうさいぎょう》を共にした、京都上賀茂の賀茂別雷《かもわけいかづち》神社の社家の出で、烏伝《からすづたえ》神道を唱えて異端の罪科で八丈島へ流される途中、半年間の船待ちをした梅辻規清《うめつじのりきよ》（一七九八〜一八六一）の影がちらつく。

柳田國男が指摘するように、カンナンボーシは海難法師という漢字を充てられることによって妖魔化したが、一月二十四日の夜には外出できず、また海を見ることも、口をきくこともできないほどのタブーが課せられたのは、海の彼方から寄り来る神を祀るための厳格な物忌みをしたという本義が忘れられてしまったからである。このカンナンボーシの語源だが、カンは「神」、あるいはカンナンで「カンヌ（またはカムヌ＝カミノ）」すなわち

「神の」のことであろう。ボーシのほうは難しいが、ホーシは「星」、あるいは、「ホ（秀）シ（＝チ＝霊）」の義かもしれない。いずれにせよ、意味的には、柳田いうところの「尊神」（八丈島や青ヶ島ではタカガミ〈高神〉という）であることに間違いはないだろう。

このカンナンボーシ系統のタブーの信仰は北部伊豆諸島に共通しているが、八丈島を中心とする南部伊豆諸島までには広がらなかったようだ。ときどき、カンナンボーシの信仰は伊豆諸島全体に分布していると書いてある本も見かけるが、南部伊豆諸島にはなかったといえよう。ただし、八丈島や青ヶ島でも、零落したカンナンボーシと同じく、海で亡くなった人の霊であるボウコンフナダマ（亡魂船霊）に対する怖れの気持ちはあった。しかし、そのボウコンフナダマには、海の彼方から寄り来るマレビト神としての要素はなかったように思える。ちなみに、全国各地の漁民の間では、漂流する死体を、豊漁を予祝するエビス神として歓迎する傾向があるが、このボウコンフナダマにはそのような性格もなかった。

しかし、カンナンボーシの来訪が一月二十四日から二十五日にかけてのことである、という日付上の事実に注目してみると、青ヶ島や八丈島のサンヤサマからロクヤサマへ至る日々が含まれてしまう。すなわち、北部伊豆諸島のカンナンボーシ、ヒイミサマの「物忌み」の日付を挟み込むようにして、南部伊豆諸島の旧正月のサンヤサマとロクヤサマの祭りが位置している。ところが、青ヶ島や八丈島の場合では、一月二十四日から二十五日にかけての「物忌み」の契機がないのである。というよりも、二十三日と二十六日に祭りがあるが、二十四日から二十五日にかけての祭りが消えている。

その期間を「物忌み」と捉えることも可能だ。あるいは、神人たちはその期間、島中の霊地・聖地を巡拝している、と考えることもできる。おそらく、神は月齢二十三日の月に乗って海の彼方から寄り来して、二十四日と二十五日に島中のあちこちを留まりつつ移動し、二十六日夜（今日の感覚では二十七日未明）黄金色に輝く船に乗って帰る、というふうに想像することもできる。そのように考えると、北部と南部伊豆諸島の信仰は結び付く。しかも、南部伊豆諸島では、それが旧正月と旧暦七月の二度もあるのだ。しばしば「盆と正月が一度に来たような」と言い方がされるが、わが国の古代信仰によれば、祖霊神は年に二回、海の彼方から寄り来すのが常であった。その意味では、青ヶ島や八丈島の信仰はより古い形態をとどめているといえよう。柳田國男がふれた「赤い帆の船」も案外、この月の船を意味していたのではないか、と想うのである。

青ヶ島では、サンヤサマとロクヤサマの祭りの直会《なおらい》（サクライワイ）の時だけ謡われる歌がある。草津節の節回しで「サンヤサマには実願《じつがん》かけて、ロクヤサマでは夫婦連れ《めおとづれ》」と謡うのである。そして、そのあとは八丈＝青ヶ島民謡のショメ節である。そのショメ節の歌詞も次第に即興となる。「拝み仲間」はそこそこの年齢だし、老婆に近い年齢の女性もいる。その彼女たちが実にエロス溢れる即興歌を謡う。まさに、歌垣状態なのである。祖霊神を迎えての饗宴である。青ヶ島では「物忌み」は欠落しているが、その状態は「物忌み」から解放されての歌垣である。というより、海から寄り来る祖霊神と一体となっての饗宴である。おそらく、神はそれを見届けて楽しんだあと「黄金の舟」に乗って帰るのだ。

しかも月齢二十六日の月は、満月以降欠けていく月としては、最後に見ることができる月である。もちろん、東から登る月である。天空へ登ると、もう見えなくなってしまう。次に見ることができるのは月齢三日のいわゆる三日月だが、これは西へ沈む月である。その意味で、月齢二十六日の逆三日月の幻想的な〈黄金《きん》の舟〉は、ただ美しく神秘的というだけでなく、再生を予祝された存在といえよう。否、実際に見ると、漆黒の海から上る、その美しく神秘的な光景は、月が神様の乗り物としての黄金色《こがねいろ》に輝く舟に見えるのだ。

ここで、わたしが南部伊豆諸島のサンヤサマ―ロクヤサマと、北部伊豆諸島のカンナンボーシ―ヒイミサマを結び付けて考えるようになった理由を白状しておきたい。一回目の在島期の昭和四十七年の暮れから四十八年の正月にかけて、十日間ほど上京（帰省）したことがあったが、そのときか、四十九年一月末に青ヶ島を離れて間もなくの二月ごろの、どちらかであった。たまたま電車のなかで、ベ平連事務局長の吉川勇一《よしかわゆういち》（一九三一～）氏と乗り合わせた。そのとき、多分「何をしているのか」と訊ねられたはずである。「八丈島の南の青ヶ島に住んでいる」、あるいは「一月末まで住んでいた」と答えたと思う。それに対し、吉川氏は「伊豆七島の?」と訊ね、ぼくは「伊豆七島という語は使っていただきたくない。伊豆諸島だ」と返答した。さらに、吉川氏は「伊豆の島々にはカンナンボーシの信仰が共通している。青ヶ島ではどうか」と続け、わたしは「青ヶ島にはカンナンボーシはない」というようなことを話したと思う。どちらかが、そのあと下車してしまったので、その間は五分ぐらいだったと思う。

実は、吉川氏はカンナンボーシ信仰研究の先駆者の一人である。昭和二十七年（一九五二）二月、東京大学学生自治会議長のとき、東大ポポロ事件（学生が私服警官に暴行した）の責任を問われて大学を追われるまで、吉川氏は成城の柳田國男を訪ねて民俗学研究所に出入りするようになり、神津島調査に出かけている。カンナンボーシ信仰との出会いはこのときのものだったらしい。一方、日本共産党の山村工作隊のメンバーとして八王子の恩方村（当時）に調査へ出かけ、その時のエピソードが奄美大島出身の小説家で文化人類学者でもある、きだみのる（一八九五～一九七五、本名、山田吉彦）の『気違い部落周游紀行』の中に出てくる。東大を退学処分にならなかったら、吉川氏は民俗学者か文化人類学者になったかもしれないのである。

その吉川氏の言葉に引っ掛ってしまったのだ。吉川氏のいうカンナンボーシ信仰は伊豆諸島に共通している、という主張には与《くみ》しえないけれど、おそらく、サンヤサマーロクヤサマの信仰と原基は共通しているのだろう、と考えたのである。ただし、わたしは吉川氏の民俗学の論文は未見である。

青ヶ島の節分習俗フンクサ

巫女・社人の文化がほとんど消えてしまった八丈島でも残っているらしいが、青ヶ島にはフンクサと呼ばれる独特の節分の習俗がある。節分の夜、「年男《としおとこ》」役の社人が家々を訪ね回って、フンクサの祝言《いわいことば》を述べ、そのあと豆を撒いた。往く先々で酒を振舞われるので、最後のほうの家になると、ぐでんぐでんに酔っ払って呂律《ろれつ》がまわらなくなり、何を言っているのか、わからない状態になってしまう。それが面白いといって、もっと飲ませたりすることもあったらしい。もちろん、酔っ払って発せられる言葉は、単なる酔っ払いの言葉ではなく、年神の代理者としての神の託宣である。

昭和四十年代には休戸郷では佐々木重雄さんが、西郷では廣江勉二さんが節分になるとフンクサを唱えていた。かつてはコーチ（耕地）ごとに定められた年男がいたが、今は元村長で社人でもある佐々木宏さんがお父さんの重雄さんの年男を継承し保育所へ出かけて、子どもたちに青ヶ島の伝統行事に興味を持ってもらえるよう、フンクサを見せている。また、島人に依頼されれば、フンクサを唱えに出かけている。

フンクサのクサは「臭い」の意で、フンはフーンとかフーム、フーヌとか、その臭さを強調する感嘆詞である。青ヶ島や八丈島でササヨと呼ばれる青臭い魚を竹串に刺して囲炉裏で焼くとき、臭いニオイが充満するので、いかにも、その臭さに堪《こら》え切れない、というような顔付きをして「フーンクサ」と言うのである。ササヨは本土ではババシリ、ネコマタギ、関東ではイスズミと呼ばれ、釣り師の間では外道のチャンピオンと忌み嫌われている魚である。青ヶ島では冬季はササヨがハンバ（ハバノリ）を食べるから美味とされ、青ヶ島や小笠原ではよく食べられている。

年男は訪れた先の家では、本来は、囲炉裏の客座に立て膝をついて、このフンクサを唱える。客座に坐《すわ》るのは、年男がマレビトとしての客人の神格を持っているからである。民俗学では年男を、新しい年のトシダマ（年魂・年玉）や、トシ（稲）の霊魂を背負い、時を定めて来訪する祖霊神として捉えるが、青ヶ島のフンクサの年男も、目出度《めでた》い詞《ことば》で言祝《ことほ》（寿）ぎながら家々を遊行する、という点でも、その面影が残っているといえよう。

話が横道にそれるが、今日でも節分に年男が豆を撒くのは、そのためである。その年の干支《えと》の生れの人を年男・年女というが、本来は新しい年のトシの霊魂を身に付けた人のことをいう。古来は、年男は一族の長老がやることが普通だったらしい。かつて八丈島では、一家の主人が年男になってフンクサをやる場合があったという。祖霊に一番近い存在が年神を演じたわけである。

節分の夜が明けると、立春になるが、いわゆる旧正月は立春正月であった。旧暦でも旧正月の前に立春が来てしまうことも珍しくはないが、節分にマレビト神の象徴である年男が来るのはそのためである。大晦日に現われる秋田県男鹿半島のナマハゲも、この来訪するトシガミ（年神）系の異形神である。本来は旧暦の小正月（十五日）の前日の〈年越し〉の夜に現われていたが、地域によって新暦・旧暦の大正月・小正月の前夜に現われるようになってしまったらしい。鹿児島県甑島《こしきじま》（薩摩川内市の下甑島）の大晦日に現われる異形神トシドンも同系統である。それどころか節分の鬼も、仏教渡来によって零落化してしまったが、本来の姿は年神である。実は、旧暦十一月（霜月）二十五日の青ヶ島の大里神社の〈でいらほん祭り〉〈えんだん祭り〉のとき登場する鬼面も、ナマハゲやトシドンと同系の異形神で、その証拠に、祭りが盛んな頃は林の中に隠れたりして、いたずらっ子をちょっと嚇《おど》したりしたのである。

折口《おりくち》信夫《しのぶ》（一八八七〜一九五三）流にいえば、旧暦の月称で霜月だけに「月」の字があるのは、ツキが「月」に由来するものではないことを示している。折口は霜月のツキの語源を「突く」と考える（折口「山の霜月祭――花祭り解説」、『折口信夫全集　第十七巻　藝能史篇Ⅰ』中公文庫、昭和五十一年）。旧暦の霜月の頃になると、小笠原や奄美や沖縄以外では昔は霜が降りた。青ヶ島でも、オカベと呼ばれる場所は冬の季節風（フユニシ、あるいはニシ）が吹いて、霜は降りなかったが、周囲を外輪山に囲まれ、地熱で暖かいといわれた池之沢では昭和四〇年代の初め頃まで冬場は霜が降りた。〈でいらほん祭り〉のところでも記したが、霜月のころは日照時間が最少となり、大地の霊魂が弱まっている。その霊魂の活力を呼び覚まそうとして、あくる年の豊穣を祈念して、大地の霊魂を〈突く〉という一種のタマフリ（［玉・霊・魂］振り＝鎮魂）することがツキの語源と折口は考えたのだ。

さらに、折口は師走（シハス）の語源を、シ・ハスとし、ハスはハツ＝ハテ（果て）の意と考える。シのほうは折口はふれていないが「シ・ク（敷く・布く）」のシで「一面に物や力を広げてすみずみまで行きわたらせる意」（『広辞苑』）であろう。すなわち、折口は霜月と師走を連続したものとみている。それが冬の語源の〈冬籠《ふゆごも》り〉で、しかも冬はフユ（増ゆ）に由来している。穀物霊が冬の間、一粒万倍を夢見ながら、冬籠りのタマフリ（フリもフユと同源の〈増り〉から派生）しているわけである。いいかえれば、節分は一粒万倍の籠りのタマフリの〈果て〉に位地していることになる。年男はその穀物霊として〈果て〉を乗り越えるために来訪するわけである。年男が来れば、春になるのである。

ここで、青ヶ島のフンクサの祝詞＝祭文を紹介するが、年男はトシとしてカンモ（サツマイモ）の豊作とトビヨ（トビウオ）の豊漁を、次のような詞《ことば》で祈念する。ちなみに、青ヶ島では、昭和五十年代の中頃まで、どこの家にも囲炉裏があったが、今は年男が七輪を持参してササヨを焼く所作をしている。

「フーンクサ　フーンクサ　年の始めの年神様に　やきやかしをして　お願い申《もー》す　カンモ（唐芋）が千俵万俵いってもかまって（「臭って」の義）候　フーンクサ　トビヨ（飛魚）千本万本とれてもかまって候　フーンクサ　鶴は千年亀は万年　浦島太郎は百六つ　三浦の大助八千年　えびの腰は七曲り　（ここの家亭主は　九十九まで…この部分は即興で家褒め・人褒めをする。全体的に滑稽感が出るように演じる）」

このフンクサの口上は佐々木宏さんが伝承しているものだが、八丈島の場合では少し違っている。

「フーン嗅　フーンクサ　年の始めの年神様に　焼きやかしをして　お願い申す（もーす）芋（サトイモ）千俵万俵の息（におい）とかまって候　フーンクサ　トビヨ千本万本の息とかまって候　フーンクサ　鶴は千年亀は万年　浦島太郎は八千年　三浦のおう助百六つ　海老の腰は七曲り…」

ちなみに、永久保満編著『趣味の八丈島誌』（昭和十二年初版、昭和四十八年再版）を見ると、蠶《かいこ》の場合（黄八丈を織るため）、穀物の場合、長寿の場合として、次ぎの三つが載っている。

蠶の場合…「フンクサ、フンクサ、コシリ（蠶の糞）の息（臭の意）とカマつて（臭つて）来た候。フンクサ、フンクサ、何の息とカマつて来候《きそうろう》や。白糸千羽（束の意）黒糸千羽、赤糸千羽、黄糸千羽、四千羽の息とカマつて来た候。」

穀物の場合…「フンクサ、フンクサ、今度は、何の息とカマつて来候や。米千俵、麦千俵、粟千俵の息と、カマつて来た候。」

長寿の場合…「ふんくさ、フンクサ、浦島太郎が御寿命も、家《え》（うちの意）の旦那の御寿命も、百六つの息とカマつて来た候。」

このことから、いろいろなバリエーションがあったことがわかってくる。すでにふれたように、即興で加えることも歓迎されたのである。

青ヶ島でも八丈島でも「年の始めの年神様に」とあるように、節分が「年越し」の、その翌日の立春が「年の始め」の《新年》＝《正月》である、という認識のもとに語られていることがわかる。その年神の霊魂を付着させた年男がカンモ（サツマイモ）、あるいは、イモ（サトイモ）の豊作（千俵万俵の収穫）と、トビウオの豊漁（千本万本の漁獲）の祈念をする。そして、ここで注目しなければならないのが「焼きやかし」である。

この「焼きやかし」は「焼きかがし」の転と考えることができる。カガシはおそらく「嗅《か》がし」の意である。すなわち、焼いたとき出る臭い煙を嗅《か》いで、〈フーンクサ〉状態になるのである。『広辞苑』には、「かかし【案山子・鹿驚】（カガシとも。「嗅がし」の意か）①獣肉などを焼いて串に貫き、田畑に刺し、その臭をかがせて鳥獣を退散させたもの。焼串（やいぐし）。焼鉤（やいづり）。②竹や藁（わら）などで人の形を造り、田畑に立てて、鳥獣が寄るのをおどし防ぐもの。とりおどし。（以下略）」とある。②はいわゆるカカシ（案山子）だが、『広辞苑』はカガシ（嗅がし）を第一義と捉えている。すなわち、臭い強烈なニオイ（臭い）で悪鬼邪霊を退散させるわけだ。節分の頃、鰯《いわし》の頭をヒイラギ（柊）に刺したものを玄関などに飾る風習も、カガシのバリエーション（変容）である。「鰯の頭も信心」の諺もここから来ている。ちなみに、『広辞苑』の①説も②説も、本来は、田畑に差し込んだ、神の依代《よりしろ》としてのミテグラ（御幣）が変化したもの、と思われる。もしかすると、焼かれた獣肉などは神饌《しんせん》（御饌津物《みけつもの》）だったのかもしれない。

このフンクサのとき使われる竹串だが、箸の長さぐらいに切った竹の先端にササヨを挟み込んだものを、数本作る。実は、ササヨにこだわらなくてもよいらしい。八丈島では大根膾《なます》、岩海苔、その他の魚肉も使ったらしい。竹串も平年は十二本、閏《うるう》年は十三本を用意したという。もしかすると、占い的要素もあったのかもしれない。そして、フンクサの儀式が終わると、その竹串を軒に刺したという。柊に刺した鰯の頭と同じである。柊の鰯の頭のほうがカガシ（フンクサ）の契機が脱落した習俗といえよう。

いずれにせよ、この、くさいニオイによって悪鬼邪霊を退散させ、フンクサの目出度い言葉によって、厄や、諸々の罪・穢れを祓うわけである。青ヶ島と八丈島の詞章の違いは伝承の過程における取り違えと考えられるが、安房の海女たちの間ではカガシの臭さはないが、詞章としては同系統の口上が伝わっている。「房総海女のオレゴモリの口上」と呼ばれるものがそれで、四月二十日の春磯《はるいそ》の口開《くちびら》き（海女漁の解禁）の二十日前の大安吉日のオレゴモリのとき、安全祈願として唱えられる。

「めでたいな、めでたいな、めでたい座敷へ、ほうらいさんを祭りこみ、ほうらいさんに松植えて、上からつるが舞い下り、下から亀が舞い上る、つると亀とのちえくらべ、つるは千年亀は万年、三浦のおう助百六つ、講中の皆様はもう一つまして百七までのご寿命ほめ申す」（田仲のよ著、加藤雅毅編『海女たちの四季――房総海女の自叙伝』新宿書房、二〇〇一年、一四ページ）

青ヶ島・八丈島・房総半島の海辺に共通する「三浦のおう（大）助」とは、「源頼朝の挙兵に際し、百六歳の長寿を保ったという三浦大助」(『日本古典文学大事典　第五巻　は—め』岩波書店、一九八四年)のことで、「相模国三浦荘衣笠《きぬがさ》(神奈川県横須賀市)に本拠をかまえて、三浦氏を称し、世襲の官であった大介を号し」た三浦義明(一〇九二〜一一八〇)のことである(『国史大辞典一三ま—も』吉川弘文館、一九九二年)。この桓武平氏高望王《たかもちおう》の流れをひく平安後期の武将は、伝説では百六歳まで生きたといわれている。三浦半島、伊豆半島、伊豆諸島、房総半島では、〝三浦の大助〟の伝説が共通しているといえよう。

実は、この「房総海女のオレゴモリの口上」とよく似たものが、落語の「厄払い」の口上にもある。

「あら、目出度《めでた》いな、目出度いな、今晩今宵《こんばんこよい》のご祝儀《しゅうぎ》に、目出度きことに払おうなら、先ず一夜《ひとよ》明ければ元朝《がんちょう》の、門《もん》に松竹《しょうちく》、〆飾《しめかざ》り、床《とこ》には橙《だいだい》、鏡餅。蓬莱山《ほうらいさん》に舞い遊ぶ、鶴は千年、亀は万年、東方朔《とうほうさく》は八千歳《はっせんさい》、浦島太郎は三千年、三浦の大助百六つ。この三長年《さんちょうねん》が集まりて、酒盛りいたすおりからに　悪魔外道《あくまげどう》が飛んで出て、妨《さまた》げなさんとするところ、この厄祓いがかい摑《つか》み、西の海へと思えども、蓬莱山のことなれば、須弥山《しゅみせん》の方《ほう》へ、さらり、さらぁり」

厄祓いはこう言いながら厄を海へ流す仕種をするのである。この厄祓いがやってくるのは、口上にもあるように、元朝、すなわち元旦の前の今晩今宵の大晦日の夜である。一年間に知らず知らずのうちに溜《た》まった罪・穢れを、この長生き三人組の霊力で吹き飛ばそうという魂胆だ。目出度い言葉を連ねて厄を祓い言祝《ことほ》ぐという一種の門付《かどつ》け芸である。

ちなみに、東方朔は「前漢の学者。字は曼倩。山東平原の人。武帝に仕え、金馬門侍中となる。ひろく諸子百家の語に通じ、奇行が多かった。伝説では方士《ほうし》として知られ、西王母《せいおうぼ》の桃を盗食して死ぬことを得ず。長寿をほしいままにしたと伝える。」（『広辞苑』）とある。西王母の話は、天上から降り立った西王母の化身の女が三千年に一度花が咲き結実する桃を周の穆王《ぼくおう》に贈った、という伝説が能《のう》になっていることから、そこそこ知られていた。もちろん、浦島太郎はみなさんもご存知の伝説的人物である。そして、三浦の大助は下戸だったが、不老不死の霊酒の匂いを嗅いだだけで、百六歳の長寿を得たといわれている。

すなわち、青ヶ島の口上では道教の方士（神仙術を使う道士《どうし》）東方朔が欠落し、驚くことに三浦の大助が八千歳、浦島太郎が百六歳となっているが、八丈島のほうは同じく東方朔が落ちているものの、落語の「厄祓い」と同じである。おそらく、三長年の寿命という点では落語「厄払い」が〈原形〉に近いといえようか。また、「房総海女のオレゴモリの口上」では東方朔と浦島太郎が欠落しているが、口上の形としては落語「厄祓い」と似ている。旧正月と節分の季節はほぼ重なり、いずれにせよ、迎春のための年越しの厄払いと、新年の豊穣、海女漁の口開けの祈念という点では目的が一致している。実際、江戸や、その近辺の村々では、節分の時にも「厄　祓いまひょう」と言いながら、厄落としの門付けをする乞胸《ごうむね》系の祝福芸能者がいたらしい。落語に伝わる口上はその系統のようである。同じものは節分のときにも、おそらく使われたのであろう。

八丈島や青ヶ島のフンクサの口上がどの辺りから伝わったのか、わからないけれども、ササヨのカガシのフーン臭いニオイで邪気を追い払おうとするのは、離島という地域色を取り入れた形で、古風へ回帰していると想われる。そして、このフンクサを唱えたあと、「福は内、鬼の眼を射て鬼は外」と言って豆を撒く。昔は、その豆を年の数（数え年齢）だけ拾って食べたらしい。豆撒きも終わって、年男が家へ帰るときは、同じ道を通ってはならない、という原則があったといわれている。

Ⅱ部

御幣が一本立っているだけの最も素朴な神さま。池之沢の弁天様付近（撮影・著者）

石場とイシバサマ——神社の原像——

石場《いしば》というのは、ハマ（荒磯）から拾い上げた玉石（＝丸石）や、山から採った石から成る、神々を祀った聖なる場所のことである。この石場には、玉石を何段か瑞垣《みずがき》（＝玉垣《たまがき》）状に積み上げ、そこに先端が尖った山の石や祠《ほこら》を配置したものや、あるいは、玉石数個の背後に尖った山の石や祠を置いたもの、ただ単に山の石や祠を置いたものがある。すなわち、石場（イシバ）とは、一種の斎場（ユニハ《わ》）のことである。

そこに祀られている神々をイシバサマという。すなわち、青ヶ島や八丈島で、イシバサマと呼ばれているカミガミは、特定の神々にたいして付けられた名称ではなく、石場の神々にたいする一般名詞である。

神社境内の石場に祀られている神々も、路傍にある石場の神も、民家の庭先にある石場の神々も、等しくイシバサマと呼ばれている。テンニハヤムシサマ（天野早耳者様）、カナヤマサマ（金山様）だとか、風の三郎様だとか…等々の、特定の名前が付いていることもあるが、一般には、ただイシバサマと呼ばれているだけで、正式の名前が知られていないことのほうが多い。詳しく知ろうと思って「この神様はなんですか」などと訊ねると、「イシバサマだらら」とか「あんの神様どうか、あが　しょく（識）なっきゃあ」（何の神様なのか、私は知りませんよ）と言われてしまうのが落ちだ。

石場の祠の場合も、幾つかの自然石を組み合わせて祠のように配置したもの、石工が作った本格的な祠、手製の素朴なセメントの祠など、実にバリエーションに富んでいる。それらもしばらくすると、苔やマメヅタに覆われて、その違いがほとんどわからなくなってしまう。そうなると、神秘性も漂ってきて参拝者に迫ってくる。ちなみに、イシバの祠は、神の依代としての、尖った山の石が発展したものとして置かれているようである。

ところで、ここに、昭和二十九年十一月の東京都派遣の学術調査団（厚生省、資源・民俗学関係、東大人類学教室、新聞各社、十八日間滞在）に同行した朝日新聞社会部の青木常治記者が「私は見た」という記事の「神さまの島」の中で、次のように書いている。

「青ガ島は神の島である。この小さな島中神さまだらけだ。大社、東大社、渡海神社、大里神社、火の神、お産の神など数えきれない。ご神体はどれも美しい玉石だ。神さまでないのはカンモの神さまぐらい。風雨のたびに岩石は崩れ落ち、地形が変わる島だけに、島人たちは極度に自然の猛威を恐れての神だのみだろう。神仏混こうで、線香にごへいをあげて〝ナムマイダ〟ととなえる。」（高津勉編『くろしおの子（青ガ島の生活と記録）』新日本教育協会、昭和三十年）

青木氏は青ヶ島における〈国・都政〉段階の選挙権奪還の歴史の影の功労者だが、この「神さま」に関する記述はかなり誤謬に満ちている。実際、「ご神体」はどれも玉石ではないのだ。もちろん、祠や、あるいは尖った山の石を、一種の〝ご神体〟と捉えることは可能だが、青ヶ島では玉石が神々の〈依代〉の役割も果たす場合はほとんどない。青木氏は次のような、当時の子どもの作文「かみさま」――

「わがしまには　かみさまはしっかりあるわ

どいもこいも　玉石どうじゃ

こけがずっとはいかぶさってあるわ（以下略）」

——を典拠としているが、その子どもの作文は青ヶ島には神さまが沢山あって、そこには玉石があることを指摘しているが、玉石がご神体である、とまでは言っていない。ちなみに、「あるわ」ではなく、島言葉では「あろわ」になる。

ところが、この文章がしばしば引用されて、今なお独り歩きをしている。柳田民俗学をちょっと齧ったぐらいの人が、思い込みで玉石を〝ご神体〟視するのだ。たしかに、玉石はイシバを構成する重要な要素だが、ご神体ではなく、神さまへの奉納品である。

たとえば、青ヶ島の祭文の中には、「石のホーデや、金《かね》ホーデ」という言葉があるが、玉石はその「石のホーデ」である。ホーデは「宝殿」のことで、『広辞苑』によれば、「①神宝または奉納の物を納めておく殿舎。②神のやしろ。神殿。③立派な宮殿」のことである。神子ノ浦などの荒磯で荒波が洗い上げて丸くなった玉石を、石の宝殿として神様に捧げる。

こうした玉石は大抵、荒波打ち寄せる荒磯から人力で運ばれてくる。軽いものでも五キログラム以上、重いものだと五十キロを超えるものも珍しくはない。もちろん、もっと重いものもある。おそらく平均すれば二十〜三十キロになるのではないか、と思われる。それを担ぎ上げて神様に奉納するから〝宝殿〟になるのである。激しい荒波によって岩と岩とがぶつかり、次第に丸くなっていった玉石を浜から運んでくること自体が、一種の信仰の〈あかし〉である。もちろん、これだけの重さの物を人力で運ぶのは並大抵のことではない。当然、石の中には、一人では運べないものがある。何人かで担がなければ、重くて運べないのだ。

そうした困難の中で、遠い浜から運搬してくるのは、そこに人々の祈りが籠められているからだ。日々の離島暮らしの中で、解決できないことを神に頼んで何とかしてもらおう、との願望がこめられている。青ヶ島では昭和四十年代の中頃までは自動車（ジープ）が数台あるだけで、艀で降ろされた荷物は牛で運ばれていた。オカベまでの坂道は牛で運んだかもしれないが、玉石は人力で運ばれたらしい。

古老たちの話によれば、大きな丸石の場合、大抵は八人で運んだという。そして、面白いことに、少し小さな軽めの石の場合、実際は一人で担ぎ上げても、神様を喜ばすために八人力で運んだことにしたそうだ。神さまへの嘘というよりも、一種の〈見立て〉である。それが「石の宝殿《ほーで》」として、八人力で担ぎ上げた玉石なのである。大里神社や東台所神社の玉石段、金毘羅神社の玉石の参道、名主の家の見事な玉石垣の〈玉石〉は、そうした石のホーデである。玉石は少なくとも青ヶ島では、ご神体としては用いられないのである。

いうならば、玉石は「石のホーデ」の象徴である。もちろん、玉石一個でも「宝殿」だし、複数でも「宝殿」である。玉石が奉納されれば、そこが「宝殿」としてのイシバになる。大祓詞の「…下《した》つ磐根に宮柱《みやばしら》太《ふと》敷《し》き立て　高天原《たかまのはら》に千木《ちぎ》高知《たかし》りて…」の場合は、実際に宮殿を建てなくとも言霊の威力で「地中の岩盤まで届くよう太く頑丈な宮柱を立て　天空の高天原に届くように千木を高く立てれば」と言祝《ことほ》げば、そこに立派な神殿が現出する。否、そのように〈見立て〉るのである。玉石の場合は、神へ実際の〈神殿〉として奉納するのだから、まさに「石の宝殿」である。いいかえれば、イシバは玉石から成る、石の〈宝殿〉の集合体ということができる。

ところが、イシバサマの中にはイシバをまったく持たないものもある。普段なら草ぼうぼうの、何の変哲もない場所に御幣が一本立てられると、それもイシバサマになってしまう。そういうイシバサマは数こそ、ひじょうに少ないが、そんな神々もある。おそらく、土砂の流出でイシバが失われたり、あるいは土砂の流入でイシバが埋って、イシバが判らなくなってしまったのもあるだろう。峠に祀られているトーゲサマには、そうしたイシバを持たないものがある。もちろん、祠だけでもイシバサマと呼ばれることもある。

昭和四十八年ごろ、奥山神主家の奥山ち宇さん（一八九〇〜一九八一）に連れられて、池之沢の大橋水源に近くのタコトンゴという神様を拝みに出かけたことがある。いつも「あが、耄碌年《もうろくとし》どうて、あにもかにもひっかすらら」が口癖の健脚のバイちゃんだった。たしかに、本人も言うように、若干、健忘症的なところもあったが、イシバの祠の前で、神々の話になると実に明晰となった。

　このタコトンゴは、当時、池之沢にあった青ヶ島小中学校のプール入口の左（外輪山側）手前の近くにあった。以前から何となく気になっていた地点だったが、まさに、そこがタコトンゴの神が坐します場所だった。もちろん、その場所には神が祀られているような痕跡はまったくなかった。我々はそこに、持参した御幣を立て、蝋燭と線香と水とお菓子を捧げて拝んだ。ちなみに、そのプールは一度使われただけで、水質に問題があるとの理由で、都の許可が下りず、完成二年後には廃墟と化していた。地下水を利用する計画で建設されたものの、実際のところは天水に頼らざるを得なく、その天水に硫黄分と塩分が通常値より多いということで許可されなかった。しかも、そのころ池之沢へ行くには徒歩しかなく、そのため、そこへはほとんど誰も訪れない状態になっていた。

　最初、タコトンゴという神名を聞いたとき、これははたして日本語なのであろうか、ひょっとするとフィリピンのタガログ語か、いずれにせよオーストロネシア系の語ではあるまいか、と思ったほどだ。実際は、その辺りに「凧ノトン」という地名があるので、それに因んだ神名と考えられる。江戸の戯作者・滝沢馬琴の『椿説弓張月《ちんせつゆみはりづき》』の中に、為朝が斥候《ものみ》の凧を揚げる場面が出てくるので、それがヒントになっているのかもしれない。

　こうした神々の存在に誰か気付く人がいれば、玉石を奉納する人も出てくる。イシバはこうして形成される。もちろん、そんな状態だから、新たに祀られる神もあれば、忘れられていく神もある。整地作業のとき国地《クニ》（本土）の建設従事者によって、それとは知らずにブルドーザーで潰されてしまったこともある。また逆に、道路の拡張工事の際、工事に参加する人々の安全を祈願して、島民によって新たに祀られることもある。

平成三年八月、國學院大學を中心とする海洋信仰考古学研究会は、昭和四十二年に無人島化した八丈小島の遺跡調査を行ない、宇津木・鳥打の旧村集落で祭祀遺跡群を発見し、江戸初期の道鏡を多数発掘した。平成三年八月二十五日付の八丈島の地方紙『南海タイムス』によれば、調査員の一人は「それはまるで神様のアパートのようだ」とコメントした。しかし、八丈小島が無人島化したから祭祀遺跡群と呼ばれているだけで、青ヶ島ではそれが遺跡ではなく、現に生きている形で存在し、信仰の対象として祀られているのだ。実際に見ていただければ一目瞭然だが、古代祭祀遺跡を彷彿とさせるのが青ヶ島のイシバである。まったく、古代の磐境《いはさか》・磐座《いはくら》を想わせる光景である。

八丈小島の遺跡調査では和鏡が多数発掘されて調査に携わった研究者を驚かせたが、青ヶ島のイシバにも、和鏡はかつて無造作に置かれていた。昭和四十七年ごろ、菊池梅吉屋敷の敷地内のイシバ（庭石場《ていしば》）を見せてもらったが、そこにはまるで古代祭祀の斎場さながらに、割れた壷や、朽ちかけた銅製の和鏡が三〜四面が置かれていた。そして、同じような光景は、大里神社、東台所神社、金毘羅神社…等々でも見られた。わたしが青ヶ島村助役となった平成二年九月の時点では、まだ結構存在していた。ところがヘリコミュターや連絡船のデイリー運航によって、あっという間に消失してしまった。そして、大里神社の「下の石場」に遺っていた最後の一面も平成四年七月、心無い来島者によって盗まれてしまった。

実は、イシバには、戦前のサイダーの空き壜なども置かれていた。昭和五十年代の中頃まで青ヶ島では各家で天水タンクに貯めた雨水を利用しており、壜に詰めた水は神様への奉納品としては真心のこもった貴重なものだった。さらに、年代不明の古ぼけた徳利や小壷なども、同じ頃一斉に神隠しに遭ってしまった。

銅鏡を盗んだ者たちに禍あれ！　実は、昭和四十年代の前半には、イシバの和鏡ではないが、盗まれた鏡が戻ってきている。それは昭和二十年代に畑の中の一種の〝禁足地〟から見つかったもので、畑なのにそこだけは草が生い茂り、掘り起こしてはいけないと言われてきた場所だった。偶然、その部分が掘りこされると、石積みがあり、その中から江戸時代の和泉守製の笹の絵が彫られた銅鏡が出てきた。

地主神を祀ったイシバが埋没していた可能性もあるが、畑の表面に出た石積みの上にその鏡はその後も放置されていたらしい。それを誰かが東京へ持ち出してしまった。すると、その人は体調を崩し、良くないことが続くようになった。そこで占い師に見てもらうと、青ヶ島から鏡を盗み出したことがわかってしまい、あわてて郵便小包で送り返してきたという。昭和四十七年、わたしがその鏡を見たとき、その附近の子どもたちがママゴト遊びのフライパン代わりに使っていた。そして、平成四年に見たときは、まだ畑の端の石積みの上に置かれていた。

大里神社や東台所神社のイシバの祠には、こうした和鏡をはめ込むスペースを持つ祠もあるが、基本的にはイシバの上に置かれている。すなわち、八丈小島のイシバの遺跡と同じ祀られ方をしているわけである。奉納の形が古代信仰的なのである。

わたしの第一次在島時代のころにも、祭祀遺跡を彷彿とさせるイシバがあった。池之沢の弁天神社の石場である。大橋水源の、かつての学校プール跡の右側奥の、周囲が竹藪やうっそうとした樹木で覆われた自然の岩場のなかにある。というよりも、ところどころに玉石がなければ、ここがイシバなのか、自然の岩場（溶岩）なのか、あるいは、苔に覆われているが、岩石の瓦礫置場なのか、ちょっと見ただけではわからないようなイシバとなっていた。天明年間の山焼（噴火）以前、この池之沢には大池、小池と呼ばれた二つの火口湖があったが、おそらく、弁天様はその大池のほうに鎮座していたものと思われる。どの石が何の神に該当するのか、よくわからないが、弁天様のほか、ネギノミヤ（禰宜ノ宮）、ベットーオボシナ（別当の産土神の意）など沢山の神々が祀られている。さらに、『八丈實記』に出てくる大川戸明神、小池明神もここに祀られているという。昭和三十年代まではこのイシバの隙間にゴザを敷き、泊り込みで〈読み上げ祭り〉を行なったという。しかし、昭和四十八年ごろには、わたしや次平さんが一年間に二度ぐらい拝みに行くだけで、ほとんど遺跡状態になっていた。もちろん、そこにも鏡の断片や壷や小瓶が散乱していた。

ところで、『八丈實記』第四編　青ヶ島（緑地社版、第二巻、二〇一ページ）に、次のような箇所がある。

「一、上鬼明神、天照太神、大イシバ　此分跡ヨリ書入ル

右三社エソウブト申　鰹節七連差上申候」

上鬼明神は鐘鬼（鍾馗）神社のことで、現在の大里神社である。天照太神は現在は金毘羅神社のチョウヤの中の神棚の中央に祀られている天照皇大神宮様《てんしょうこうたいじんぐうさま》のことと思われる。しかし、次の「大イシバ」がわからない。おそらく、一番可能性が高いのは東台所（東大処）と思われるが、前二所が神号・社号を有しているのと比べると若干見劣りするものの、大イシバが鰹節を奉納されるほどの、山焼け以前の青ヶ島三大聖所の一つであることは間違いないと想定できる。

そのことを考えると、大イシバはまだ名称が確定していない〈神社〉と考えることができる。いいかえれば、上鬼神社も天照太神も元来、こうした〈大イシバ〉であった、と考えられる。というよりも、イシバは神社は発生以前の、神社の原像であったと想われる。青ヶ島では、そんな古代祭祀の斎場のようなイシバが今も息づいている島なのである。

大里神社

役場（休戸郷《やすんどごう》中原地区）のほうから流坂トンネル方面へ向かう途中にある清受寺の裏手を右に入り、約千三百個の玉石から成る急勾配の石段（約三百段）を登った外輪山の頂上部に鎮座する。チョウヤの中には、旧暦十一月二十五日の大里祭のとき、かつて演じられた「でいらほん祭」と「えんだん祭」で使われた鬼（男）面と女面が置かれている。チョウヤを左方向に回り込んだ右裏には約三十社から成る「下の石場」、さらに、その先を右側に回り込むと約二十社から成る「上の石場」がある。

この大里神社について、近藤富蔵の『八丈實記』第二巻（緑地社、昭和四十四年）には、次のように記されている。

「大里明神、今七社明神ト云　青ヶ島ノ惣鎮守《そうちんじゅ》ナリ　祭神ハ梵天帝釈《ぼんてんたいしゃく》ト　其《その》原始ヲ詳《つまびらか》ニセス《ず》、神号ヲ丈鬼《しょうき》ト書、又仮字ニセウキトモ認《したた》ム、今ハ鐘鬼ト記ス、思フニ古《いにし》ヘ鬼島《おにがしま》トイヘルニモトツ《づ》キテ好事者ノ唐土ノ鐘馗大臣ヲ祭レル歟《か》…（中略）…〇今案ス《ず》ルニ、商貴帝《しょうきてい》ハ牛頭天王《ごずてんのう》ナレハ《ば》本元ハコレヲ祭リニシヤ〇祭田二十歩、社家奥山氏大概帳祭礼十一月中ノ酉」（同書、二〇四ページ）

江戸時代の大里神社の祭神として、ここに登場する梵天は古代インドの万物創造神であり、帝釈は須弥山《しゅみせん》の頂上の善見城《ぜんけんじょう》に住み、仏法を守護するインドの神である。また、神号のセウキ＝ショウキ（鐘馗・商貴・鐘鬼…）

大里神社

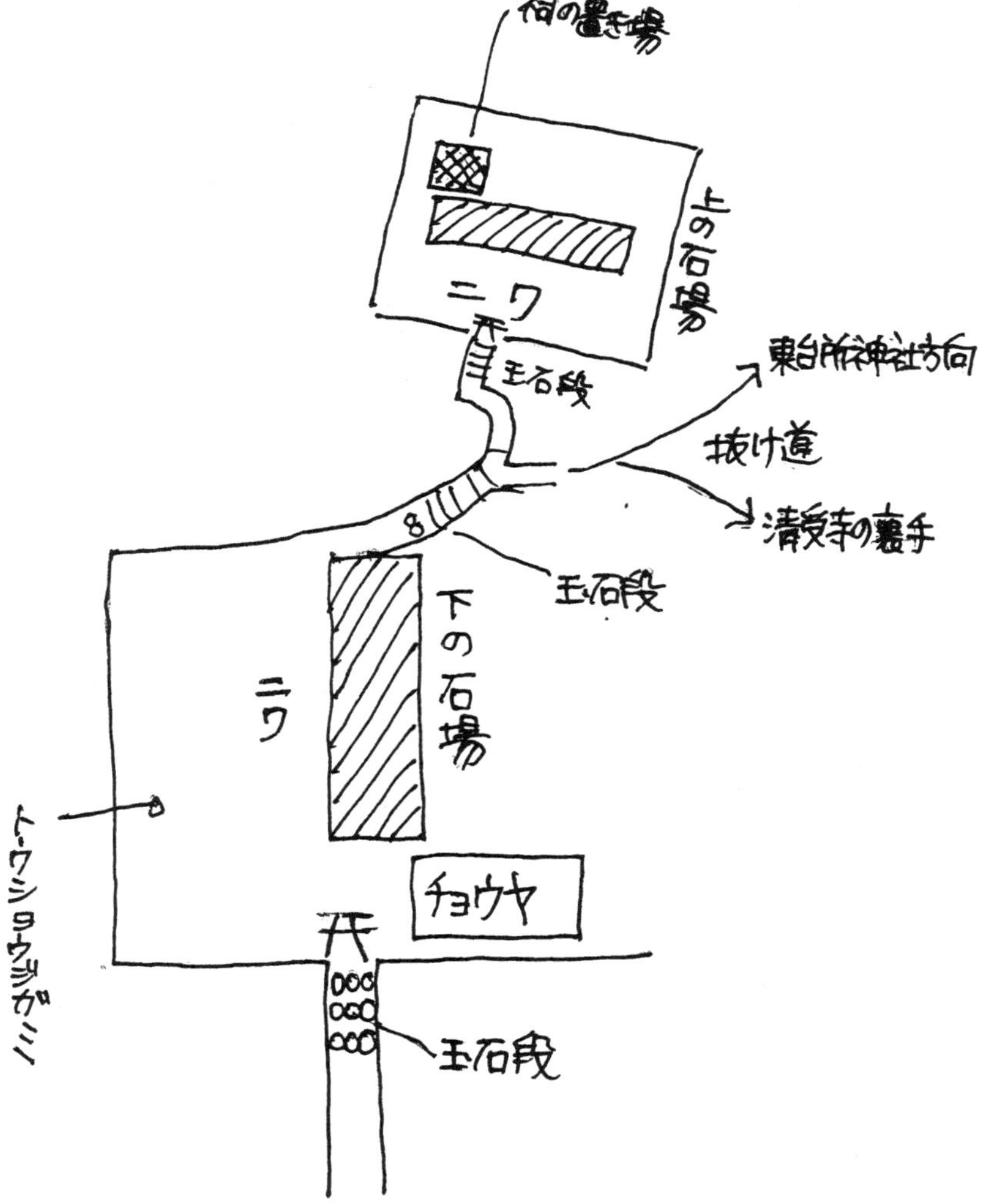
祠の置き場
上の石場
ニワ
玉石段
東台所神社方向
抜け道
清受寺の裏手
8
玉石段
下の石場
ニワ
トーウシヨウジガミ
チョウヤ
玉石段

は、疫病神を追い払うシナの道教系の神である。修験道や陰陽道の影響を受けたものと思われるが、近藤富蔵はショウキを牛頭天王に付会させている。そこから大里神社の祭神《スサノヲ（須佐之男）命《みこと》》説が出てくる。

一方、アマテラス説もある。青ヶ島の大里神社は、同じ大里の地名を冠する八丈島の大賀郷《おおかごう》大里の、式内「伊豆國賀茂郡　優婆夷命《うばいのみこと》神社」の後身の、旧郷社の優婆夷宝明《うばいほうめい》神社の分霊を遷座したものといわれている。ちなみに、優婆夷（upāsika、信女）とは、女性の在家仏教信者のことで、男性のほうは優婆塞《うばそく》（upāsaka、信士）という。八丈島には、大津波か洪水で流れ着き唯一人《ただひとり》生き残ったダドコ（抱艪《ろかこみ》）長女《にょこ》がタロウ（長男の義）を産んで夫婦となったという、洪水型の母子交合始祖伝説があるが、この女性はまたの名を丹那婆《たなば》（すなわち種婆の義）ともいい、優婆夷（姥婆《うば》明神）宝明神《たからみょうじん》（姥婆の子）に習合されている。その御神体は山伏姿の女形の神像であるという。すなわち、優婆夷は女神《にょしん》ということで、明治なると、一時期、祭神として天照大神があてられた。ただし、現在では通称『三宅記』あるいは『三嶋大明神縁起』とか『伊古奈比咩《いこなひめの》命《みこと》社記』または『白浜大明神縁起』さらに『三宅島薬師縁起』と呼ばれる古文書の伝説に基づいて、

かって祠には和鏡が入っていた.

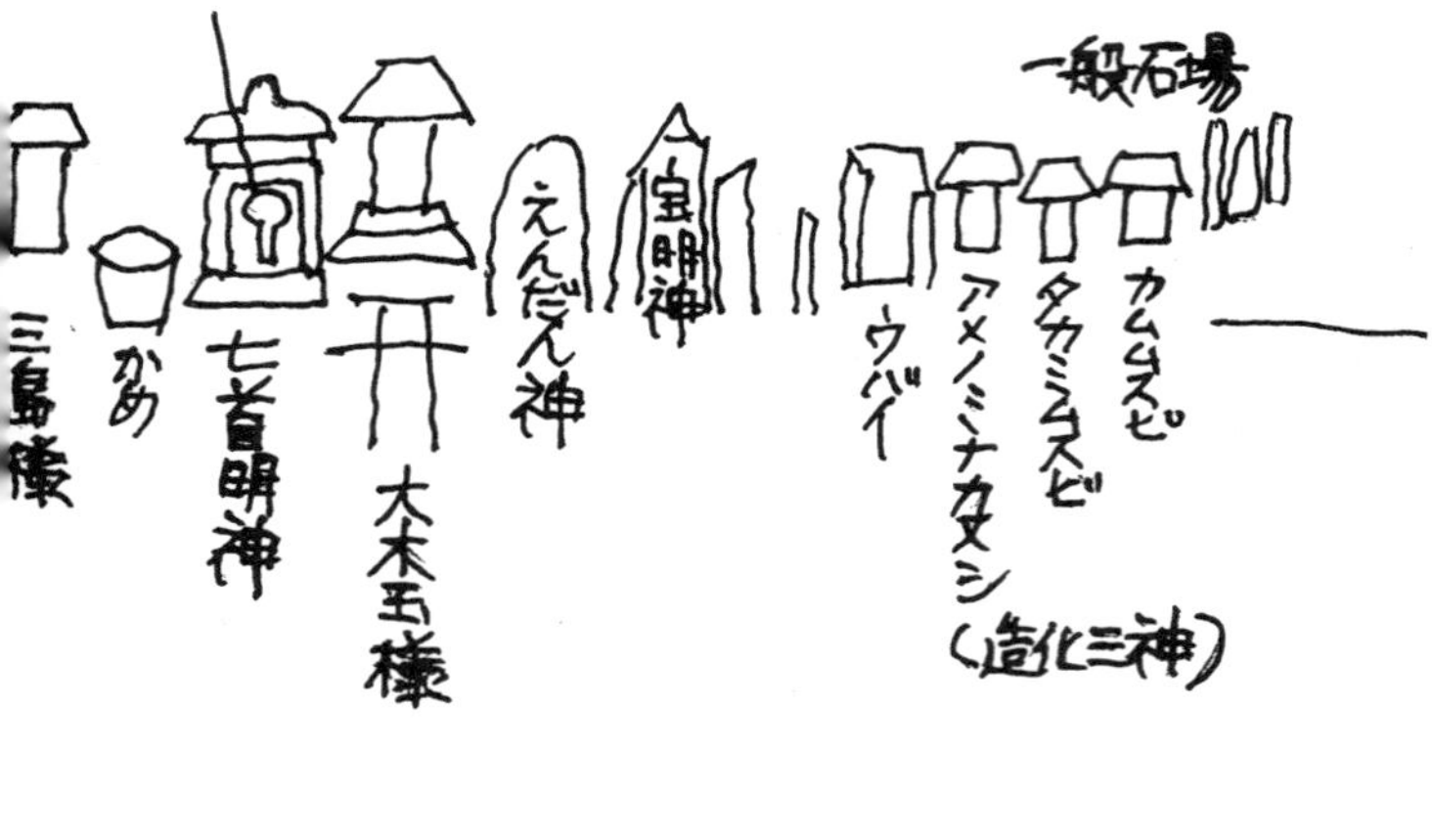

優婆夷は三嶋大明神の妃の八十八重《やそやえ》姫、宝明神が姫の御子の古宝丸（許志伎《こしき》命）に擬せられている。青ヶ島では、その影響か、かつて神主の代理をしていた卜部の奥山長作翁に質ねると、大里神社《天照大神》祭神説を採っておられた。

次に、大里神社の「下の石場」と「上の石場」の神々について見ておこう。

【下の石場】の神々

①大木玉様《おおきだまさま》…下の石場で一番目立つ神様で、人がくぐれる大きな鳥居が数基並んでいる奥にあり、「惣村中」と彫られた石の祠と、個人が奉納した五基の祠から構成されている。おそらく、奉納者のオボシナ神であったと思われる。これらの五基は、いずれも苔やマメヅタに覆われているが、次のとおりである。

奉納　願主　向里《むかいざと》スノ　大正五年八月吉日
木玉神　佐々木シム　明治四十一年五月
大木玉神　菊池ルイ寄進　大正七年吉日
大木玉□《欠》　菊池氏助建之　大正九年七月吉日
大木玉様　山下紋蔵守リホゾン　大正九年五月吉日

また、鳥居の根もとには大きな力石があって、「奉納　昭和五年旧

大里神社「下の石場」の神々

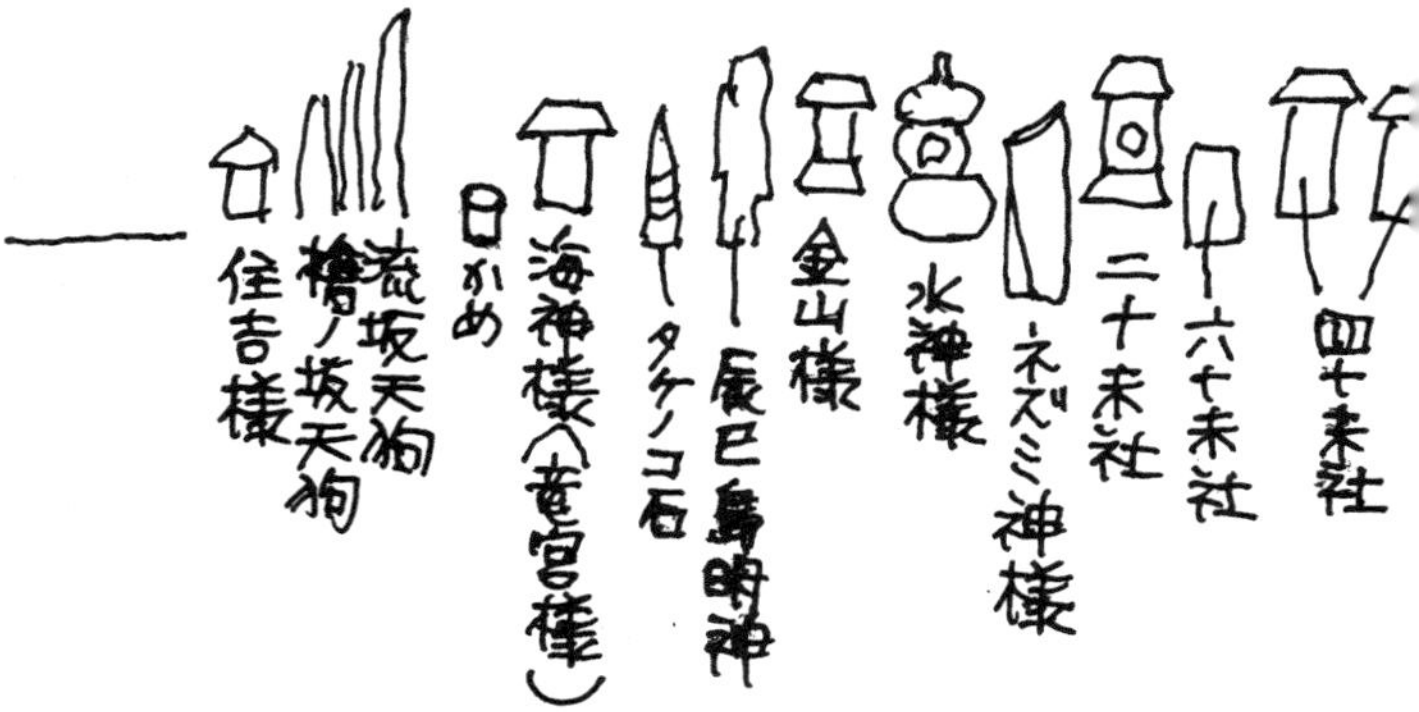

大里神社の「下の石場」(2010年11月、撮影・土屋久氏)

一月□□□《三字不明》　佐々木稲次郎舟三隻乗組員一同寄進」と彫られている。この大木玉様（大木玉神社）は「下の石場」の〈主祭神〉的位地を占めているらしく、祠の後ろ側には青ヶ島でキダマギ（木玉樹）と呼んでいる一種の御神体、御神木としての、木玉様が宿っている椎の古木と想われる樹木がある。

　大木玉様のキダマ（木玉・木魂・木霊）とは、樹木に宿るカミ、すなわちヤマビコ（山彦）のことである。ヤッホーと呼べば、ヤッホーと応答する、あのコダマのことである。

　このキダマが宿っている木のことをキダマギ（木霊樹）といい、いかにも神が宿りそうな大木・古木が多い。かつて青ヶ島では炭焼きが盛んで、炭焼き用に樹木を伐採することが多かった。そして、木を伐るときは、必ず事前に木玉の祭文を誦《よ》んで、木々に宿るキダマを抜いた。すなわち、炭を焼く場合、樹木をたくさん伐ることになるが、必ず一本だけはキダマギとして伐らずに残しておき、そこに伐る樹木の霊（キダマ）を付着させた。こうしておくと、山は再び元の状態に復し易くなるという。もちろん、炭木用《すみぎよう》の雑木《ぞうもく》を伐採するときは根もとの少し上で伐るから、そこからヒコバエ（蘖＝彦生え）が出てくる。一見、山の斜面が木株だけになっていても、そこにキダマギが一本残っていると、よりヒコバエが出てきやすくなって、十年も経つと、また炭木を伐採できるようになるという。

大木玉様のキダマも、こうしたキダマギを依代《よりしろ》としたキダマを祀ったものである。一方、神社や石場の周辺にある樹木のことを、モリギ（杜木）と呼ぶこともある。トーゲサマ（峠に祀られている石場の神）にある木もモリギと呼ばれているが、その木の枝を折ると、タタリがあるといわれている。このモリギもキダマギを同じ機能を持っているが、モリギが複数であるのに対し、キダマギは単数ということができる。モリギの中で、とくに霊的な存在がキダマギであったといえよう。そうした点を考えると、大里神社もキダマ信仰が発展して成立したということができるかもしれない。

②ウバイ・宝明神…八丈島の大賀郷大里の優婆夷宝明神社と同じく、三嶋大明神（事代主命）の妃である八十八重姫と古宝丸（許志伎命）を祀っている。伊豆諸島の開闢＝創生神話であり、記紀神話の体系とは少し違う通称『三宅記』に登場する神々の中の二柱である。

『八丈實記』第二巻（緑地社）には「ウバ明神」として次の記述がある。

「ハマヂカタヒラヨリ大里ノ社ヘ子コムシト云フ、女ノ頂ニ棒ク処ノ盤石、長サ七尺有余ノ立石ヲ神体トス」（同書、二〇七ページ）

③七首明神《ななしゅみょうじん》…御曹司（鎮西八郎源為朝）の従者七人を祀ったと伝えられており、『八丈實記』に登場する社号の「七社明神」はこれに由来するものと思われる。伊豆諸島が共有する為朝伝説に因む祭神で、青ヶ島に伝わる

祭文とも繋がってくる。

④縁談神　「えんだん祭」の神で、出雲の縁結び神の大国主命であるという。

⑤一般石場　『古事記』の冒頭に登場する天之御中主神《あめのみなかぬし》・高御産巣日神《たかみむすひ》・神産巣日神《かみむすひ》の、いわゆる造化三神《ぞうかさんしん》を祀っているという。おそらく、明治維新以後の神道政策の影響が青ヶ島にも及んだのであろうか。その造化三神を「一般石場」として祀っているのが不思議といえばいえる。

⑥三島様…伊豆三島大社の三嶋大明神（事代主命）を祀ったもの。「金毘羅神社」の項を参照。

⑦鼠神様…昔、あるとき青ヶ島でネズミが大繁殖し、大きな被害をもたらした。その鼠の霊を封じ込めて祠を建てたという。おそらく、これには、八丈流人《ズニン》の梅辻規清《うめつじのりきよ》（一七九八～一八六一）の影響があるものと思われる。

梅辻は京都上賀茂の賀茂別雷《かもわけいかづち》神社の社家の出身で、のち江戸へ出て烏伝《からすつたへ》神道を唱えたが、幕府の忌憚《きたん》に触れ八丈島へ遠島された。途中、弘化四年（一八四七）十月からあくる嘉永元年（一八四八）四月まで三宅島で風待ちをしたが、そのとき三宅島に流されていた吐菩加美《とほかみ》神道（のち禊教《みそぎきょう》）の井上正鐵《いのうえまさかね》（一七九〇～一八四九）と出会って行を共にしたり、神着《かみつき》の村人から依頼されて弘化五年（一八四八）正月二十八日、俗に「ネズミ封じ」と呼ばれる神事を行なった。正式には「天下《…か》泰平《たいへい》風雨《ふうう》時順《じじゅん》五穀《語刻》成就《じょうじゅ》村内《そんない》安全《あんぜん》并《ならびに》鼠柘虫除《ねずみつげむしのぞく》祈（願）」という名の「神籬《ひもろぎ》の神事」で、これは相当に効果があったらしく、梅辻が住んだ八丈島の中之郷や、他の島内各村でも明治中頃まで行なわれ、八丈小島でも行なわれた。その神事が八丈島から伝わって行なわれたと推測される。

⑧水神様…水波能女《みずはのめ》神のことと思われるが、由緒その他は不祥。ただし、離島生活にとって水の確保は急務だった。雨乞いの神かもしれない。

⑨金山様…後述のカナヤマサマを参照。

辰巳島明神の御神体タケノコ状の石（2010年11月、撮影・土屋久氏）

⑩辰巳《たつみ》島明神《しまみょうじん》…タケノコ状の石を御神体とする。『八丈實記』第二巻には、その来歴について次のように記している。

「辰巳島之明神ト申変形ナル石宮建仕、名主并《ならびに》御船七人之水主《かこ》禰宜《ねぎ》仕毎年祭礼仕候、コレハイツノコロニヤ伊賀ト申人上乗仕、当島エ渡海ノ節無人島エ漂着イタスノ処、辰巳風ニ相成早束《さっそく》彼島《かのしま》出帆ノ処、俄《にわか》ニ風変リ又、彼島ニ漂着イタシ候ニ付一船ノ者共立願仕、此島ノ石ヲ、我島ヘ持来リ神ニ祭リ毎年神叓《しんじ》仕ヘキ間元島エ帰帆ノ順風吹カセ給ヘト一心ニ祈ル処、タチマチ辰巳風ニ成無難ニ青ヶ島エ帰帆ノ由申伝」（同書、一五二ページ、ルビは引用者）

少し読みにくいところもあるので、わかりやすく直訳してみたい。

「辰巳島ノ明神という変形の石宮を建て、名主ならびに御船の水主（船員）七人、禰宜が毎年祭礼を行なっている。これはいつのころであろうか、伊賀という人の船が、青ヶ島へ渡海しようとしたが、無人島へ漂着してしまった。そのとき辰巳（南東）風が吹いてきたので、早速無人島を出帆したが、俄に風向きが変り、また無人島へ逆戻りしてしまった。そこで一同が願を掛け、この島の石を青ヶ島へ持ち帰って神として祭り、毎年神事を行なうから、青ヶ島へ帰帆できるよう、順風を吹かせ給え、と一心に祈った。すると、たちまち辰巳風となり、無事に青ヶ島へ帰帆することができたと伝えられている。」

同じく『八丈實記』第二巻の別の箇所には、次のような記述もある。

「辰巳島明神　長《た》ケ一尺五寸ハ《ば》カリ筍《たかんな》ノ如シ、真《しん》ハ赤銅《しゃくどう》ノ如ク皮ハ五分バカリウスアカシ、マコトニ孟宗《もうそう》ノタカンナ（たけのこ）ニ似タリ〇銅ノヅク一貫四百目程アリ　昔シ青ヶ島ノ漁舟ニハカニ難風ニ遭ヒオ、チヨ（大千代）ガ浜ヨリハルカニ辰ノ方《かた》エ漂流シテ一ツノ無人島ニ着《つき》テ生命ヲ助リシニヨリ其島ノ石ヲ持来リテ守護神ト崇《あが》メ私ニコレヲ祭ルトゾ」（同書、二〇四ページ、ルビ及び括弧内は引用者）

伊賀なる人が青ヶ島の人なのか、あるいは八丈島や、それ以外のところの人なのか、わからないが、おそらく八丈島から青ヶ島へ向けての渡海であったと想われる。ここに出てくる辰巳の無人島とはボニン・アイランド（ボニンは無人の転）の英語名を持つ小笠原諸島のことではなく、青ヶ島の南約二百三十キロに浮かぶ活火山の無人島の鳥島である。天保十二年（一八四一）、土佐宇佐浦の漁民のジョン万次郎、のち軍艦操練所教授などを務めた中浜万次郎ら五人（筆之丞漁船）が漂着したことで知られる。彼らは五ヵ月後にアメリカの捕鯨船ジョン・ハウランド号に救助されている。享保五年（一七二〇）遠州新居の筒山五兵衛船（十一人乗り）が遭難、うち三人は在島十九年三ヵ月後に帰還している。当時、鳥島には数十万羽のアホウドリが生息していたと推定され、手で掴み取りできたことで命をながらえたらしい。

タケノコに似た石とは、その鳥島にあった火山弾であったらしい。それは現在も辰巳島明神の御神体として

「下の石場」に置かれている。ちなみに、平成四年の秋、大里神社へ行くと、タケノコ石は石場の下に転げ落ちていた。拾い上げると、半分のところで折れており、一ヵ月後、当時、教育長をしていた吉田吉文さんの立会いのもと、特別の接着剤で貼り合わせた。そのとき、わかったことだが、タケノコ石は内側が若干、空洞になっていた。なぜ、石場の下に落ちていたか。銅鏡と同じく、誰かが盗もうとして石場から落としてしまい、それで折れてしまったのではないか、とおもわれる。

槍ノ坂の「半分神様」（1973年9月、撮影・著者）

⑪海神様…龍宮様ともいわれている。龍宮の乙姫様との説もある。豊玉姫のことか。

⑫流坂《ながしざか》天狗・槍ノ坂《やりのさか》天狗・住吉様…流坂天狗は流坂に、槍ノ坂天狗は槍ノ坂に、かつて祀られていた祠を遷したもの。ただし、今は通行不能になっている槍ノ坂（オカベの休戸郷と池之沢を結ぶ急勾配の山道）の中腹の通称「半分神様」には遷した後も槍ノ坂天狗が祀られていた。また、住吉様（ただし、青ヶ島のスミヨシサマはスミヨシが「炭良し」に通じることから炭焼きの守護神となっている）は槍ノ坂のオカベ（休戸郷）側の入口附近の外輪山の内側斜面に祀られている。なお、スミヨシサマについては、拙稿「青ヶ島の神々――スミヨシ様考

――」(あるくみるきく双書『宮本常一とあるいた昭和の日本〈一二〉関東甲信越②』農文協、二〇一一年、所収)を参照されたい。

【トウショウジガミ】

トウショウジガミは大里神社の玉石段を登りつめた左側の、右側に位置する「下の石場」の、大木玉神社の前側にあたる庭の片隅の、普段は草が生えたりしている場所にある。その意味では、「下の石場」の神ではないので、独立した形で採り上げることにした。しかも、この神は依代の石とか祠を持っていないのである。旧暦十一月二十五日の大里祭の、厳密にいえば、〈でいらほん祭〉と〈えんだん祭〉が行なわれるときに、そこに御幣が立てられるだけである。ただし、大里祭のときには慣習的に立てられていた。昭和四十八年の秋ごろ、初めて大里祭に参加したとき、何もない場所に御幣が一本立てられたのを思い出し、廣江次平さんに「あんの神様どうか、教えてたもーれ」と訊ねたところ、「あん(何)の神様どうか、謂れをてっつも(まったく)しょく(識)なっけどうが、トウショウジガミと言わらら」と教えてもらったのである。

わたしは咄嗟に、『八丈實記』に登場する流人《ズニン》の東昌寺のことを想起した。すなわち、この東昌寺は、『八丈實記』(緑地社)の第二巻(一八六、一九九ページ)、第三巻(四六九ページ)、第四巻(二三七、三九六ページ)、第六巻(一五四ページ)の六ヵ所に、鈴木正三郎、彦八と共に登場する。彼ら三人は元文二年(一七三七)、八丈島で発生した「不届之儀《ふとどきのぎ》」に加担して、同年十月青ヶ島へ島替えになっている。ちなみに、この「不届之儀」とは、そのころ頻発した流人騒動のことで、元文二年の騒動は八丈流人史で最大の暴動だったらしく、関係した流人十五人のうち四人が死罪、三人が青ヶ島へ島替え、八人が八丈小島へ島替えになっている。つまり、青ヶ島組三人は死罪に次ぐ重い仕置を受けたことになる。

「八丈嶋《はちじょうしま》配流《はいる》罪《つみ》存亡《そんぼう》送《そう》附《ふ》御赦免《ごしゃめん》附《ふ》死亡《しぼう》覚書《おぼえがき》」（緑地社刊『八丈實記』第四巻）によれば、三人の略歴は次のようである。

○鈴木正三郎…享保十九甲寅（一七三四年）十月流罪　元文二丁巳（一七三七年）十月青ヶ島え島替　天明五乙巳（一七八五年）十月廿三日死　小普請丹羽五左衛門支配　鈴木新三郎惣領

○東昌寺…享保廿乙卯（一七三五）四月流罪　元文二丁巳青ヶ島え島替　明和六巳丑（一七六九年）五月十七日死　葛西西領葛西川村　浅草傳法院末天台宗

○彦八…享保廿乙卯十月流罪　元文二丁巳十月青ヶ島へ島替　宝暦七丁丑（一七五七）正月十五日青ヶ島名主七太夫《しちだゆう》勘当之忰浅之助《あさのすけ》同島ニ而殺害　本多中務太輔殿領分　下総国古河町ニ罷在候《まかりありそうろう》

すなわち、三人は享保十九～二十年（一七三四～三五）相次いで八丈島へ遠島になり、元文二年（一七三七）の流人騒動に連座して青ヶ島へ島替えされたことになる。このうち彦八は島替二十年目の宝暦七年の浅之助事件（七人を斬り殺し、四人を傷つけたのち自殺）に巻き込まれて亡くなり、鈴木正三郎は流人仲間の彦八と東昌寺の〝死〟を見届けたあと、天明の〝山焼け〟（噴火）に遭って島民と共に八丈島へ脱出し、八丈島で数奇なる生涯を終えている。ちなみに、鈴木正三郎の次男の鈴木数馬も父と一緒に八丈島へ流され、数馬のほうは八丈小島へ島替えになり、父正三郎の死去八年後に亡くなっている。

東昌寺に関する記述の中に出てくる傳法院《でんぽういん》（正式には傳法心院）というのは、浅草の観音様として名高い金龍《きんりゅう》山《さん》浅草寺《せんそうじ》のことである。昭和二十五年（一九五〇）八月一日、天台宗から独立して聖観音宗《しょうかんのんしゅう》となったが、江戸時代は上野の東叡山寛永寺《とうえいざんかんえいじ》の支配にあり、東昌寺は浅草寺の末寺の一つだった。

わたしはかつて、東昌寺の所在・消息を知りたいと思って、浅草寺へ電話をしたことがある。すぐ学芸員へ繋いでくれたが、わたしが「青ヶ島の…」と言うと、「東昌寺のことですね、わたしもわからないのです。『浅草寺文書』には流人東昌寺以前の記録はなく、しかも幕末には名簿からも消えているので、明治維新のころ廃寺になっているのかもしれません」とのことだった。しかし、ずっと気になっていたので、あるとき急に閃《ひらめ》いて墨田区立花六―一九―一七の白髭《しらひげ》神社と、同六―一七―一四の東漸寺《とうざんじ》の周辺ではないか、と感じたので同地へ出かけてみた。昭和五十七年（一九八二）二月五日のことだった。

総武線亀戸駅で東武亀戸線に乗り換え、二つ目の「東あづま駅」で下車し、歩いて約一〇分。天台宗金林山東漸寺を訪ねてみて、びっくりした。境内の墓地の一角には、「板坂如春《いたさかじょしゅん》の墓碑」という墨田区の立札があり、そこには「…さらに東昌寺が東漸寺と合併した際この寺に移されました」と記されていたのである。

住職（当時）の寺田雄貞師に話をうかがうと、東昌寺と東漸寺が合併したのは昭和三十四年八月十七日。もともとは浅草寺高僧の隠居寺で、明治以降は東漸寺住職が兼務していたらしいが、終戦後のドタバタの時代、浮浪者の溜り場になる、との当局の要請で取り壊されたという。

ちなみに、東昌寺址は東漸寺とは目と鼻の先の立花六丁目二〇番。昭和四十一年、住居表示制が実施されるまでは吾嬬町東四丁目一二一番地といい、わたしが訪れたときは鉄工所の資材置場となっていた。そして、その隣が白髭神社で、さらに、そのすぐ北側には荒川の支流の旧中川が流れている。そのため、同地はしばしば洪水の被害を受け、寺も水を被《かぶ》ったり、流されたこともあるという。そのため、古い記録は残っていないが、寺田師によれば、東漸寺には東昌寺の代々の住職が祭っていたという、暴いてはいけないという守護神が伝わっているという。

ところで、『新編武蔵風土記稿』巻之二十三　葛飾郡之四　葛西川村には、白髭社・東漸寺・東昌寺に関して、

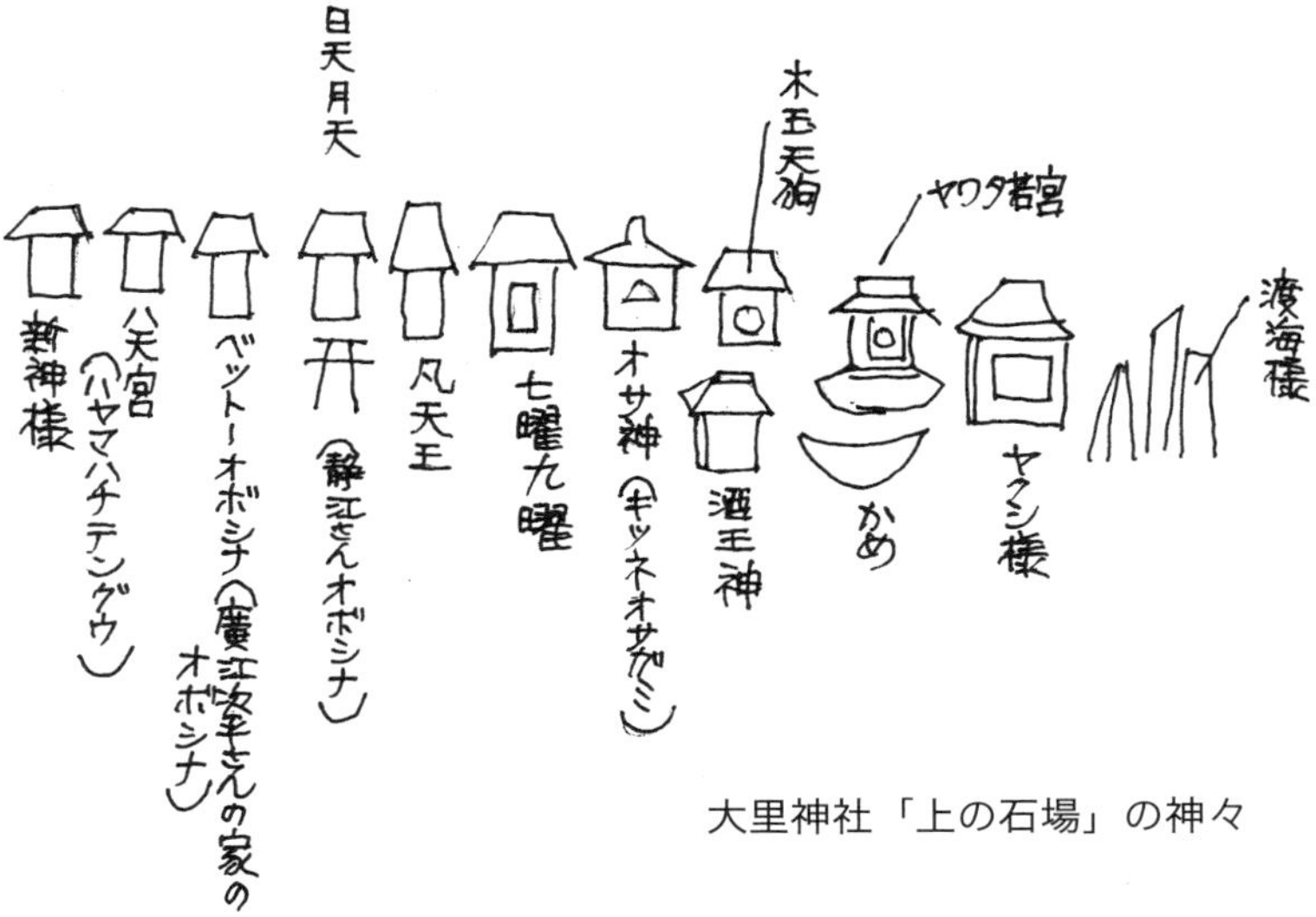

大里神社「上の石場」の神々

次のような記述がある。

白髭社　村の鎮守とす東斬寺持

東斬寺　天台宗江戸浅草寺末、金林山明了院と號す、當寺は文安元年（一四四四）秀尊といふ僧開基すと云、本尊彌陀中興圓覚寛永七年（一六三〇）十一月十八日示寂す、

東昌寺　同宗同末医王山と號す、當寺は寶徳二年（一四五〇）の起立と云、本尊薬師

（蘆田伊人編集校訂『大日本地誌大系・新編武蔵風土記稿　第二巻』雄山閣、昭和四十五年、三四ページ）

これを見ると、東昌寺址に隣接する江戸期の白髭社が東昌寺と合併した「東斬寺持」であることや、東斬寺が東昌寺より六年早く開かれていることがわかる。このことから、東斬寺のほうが東昌寺よりも若干、寺格が上だったと想像される。また、東昌寺の山号が医王山になっているのは本尊が薬師だったことに由来することがわかる。

青ヶ島流人東昌寺の名前は判明しないが、トウショウジガミが薬師である可能性や、白髭神社の祭神である、猿田彦命（芸能神でもある）だった可能性も捨てきれない。江

大里神社の「上の石場」(2010 年 11 月、撮影・土屋久氏)

大里神社の社殿内部（撮影・著者）

戸時代の浅草寺が熊野修験と交流していたことを考えると、東昌寺が何らかの形で青ヶ島の神事の成立にかかわっていたことが想像できる。

【上の石場】の神々

①新神様…大己貴《おほなむち》神のことであるという。詳細は「東台所神社」の項を参照。

②八天狗…ハヤマハチテング（葉山八天狗、早山八天狗…と記す）のことであり、ハヤムサ（ハヤムシ）と同神とする見方もある。ハチテングを「八天宮」と捉える人もいる。詳しくはこれも「東台所神社」参照。

③ベットーオボシナ…別当産土《べっとううぶすな》の意。廣江次平さんの家の守護神という。

④日天・月天…ニッテン・ガッテン。修験道の影響が濃い神と考えられる。普通、日天は大日如来、月天は勢《せ》至《し》菩薩、といわれている。

⑤凡天王…ボンテンオー。梵天帝釈の梵天（既出）。

⑥七曜・九曜…七曜は北斗七星、九曜はスバリ（スバル）。法華神道の影響か？

⑦オサ神…キツネオサガミともいう。キツネ（稲荷）のオサ（長）の意か？
⑧酒王神…酒の神。
⑨木玉天狗…「下の石場」の「大木玉様」参照。
⑩ヤワタ若宮…字句通りに解釈すれば、八幡神の若宮、すなわち大雀命（オホサザキノミコト＝仁徳天皇）ということになる。
⑪ヤクシ様…薬師如来のことで、衆生を救い、災難を除くホトケ。東昌寺との関係についてはわからない。神仏習合時代の三嶋大明神が薬師とされているので、その影響かもしれない。
⑫渡海様…「渡海神社」参照。
⑬テンニハヤムシ様…詳細は「東台所神社」を参照。

なお、これら「上の石場」の神々を祀ってある祠・立石の裏手に、個人が奉納した祠が九基（昭和六十年ごろの時点）ある。これらは祀り手がいなくなったオボシナサマと考えられ、増えていく可能性があるが、青ヶ島の信仰の歴史を考えていくための資料となると思われるので掲載したい。

▽天野早正神様（大正八年五月吉日・澄作ノ守護、小笠原中硫黄島・山下澄作建之）…これは昭和四十八年ごろ、役場に郵便小包で送られてきたもの。硫黄島出身の青ヶ島関係者が戦時中、東京へ引き揚げたあと家で祭っていた人が亡くなり、そのオボシナサマの処置に困って送りつけてきたものらしい。廣江次平さんに同行して、ここに納めた。

▽天野早正神様（大正九年五月廿三日・家内安全守神、佐々木初太郎建之）…佐々木次郎太夫に次ぐ名「名主」といわれる佐々木初太郎（文久三年十二月一日生まれ）は大正三年三月十七日、東京出張中、波乱に富んだ五十

八年の生涯を閉じているので、おそらく彼の死を知らない身内の者が初太郎の安全を祈念して奉納したか、あるいは初太郎の遺言で奉納されたのであろう。

▽奉納（昭和卅五年、浅沼昇）

▽奉納佐々木三太・佐々木ツネ（大正十一年七月吉日、佐々木定建之）

▽奉納（□□□鉄造、カナ・□□月七月）

▽奉納（大正五年八月吉日、願主向里ヨシノ）

▽天ニ早房宮（大正十五年五月吉日、佐々木ヨシノ）

▽八天狗様（昭和十一年、佐々木竹太家内一同）

なお、『八丈實記』によれば、この「上の石場」は、山焼後に開発されたものである。また、「下の石場」と「上の石場」を結ぶ細い参道の途中には抜け道があって、ひとつは玉石段を通らずに清受寺の裏手に出られるようになっており、もう一つは外輪山の尾根づたいに東台所神社まで行けるようになっていた。お正月には「年詞参り」と称して大里神社を参拝したあと東台所神社へ参拝する。ただし、この尾根づたいの道は、簡易水道の水源の吹き付け斜面の頂上付近で事実上、現在は途絶えている。

東台所神社《とうだいしょ》

郵便局のある西郷から旧三宝道を大凸部《おおとんぶ》（青ヶ島の最高点四二三メートル）方向へ進むと、左側の竹薮のところに樹木の間に隠れそうになっている鳥居がある。その鳥居をくぐると、約千九百個の玉石から成る石段が続く。大里神社の玉石段より長く急峻の石段である。大凸部の手前（北東側）の外輪山の頂上に東台所神社がある。現在、トウダイショ（東台所）は地名としてはあまり意識されていないが、『八丈實記』では「トウタヒシ」「トウダイシ」「トウダイ所」とあり、地名として登場する。また、かつて社号として「東大所」「東大処」とも表記されていたことがあった。ちなみに、八丈島の三原山（東山）山系には東台子山《とうだいし》（海抜五七〇メートル）と呼ばれる山がある。

明治八年十二月二十八日付けで、この東大所神社が足柄県令柏木忠俊から「村社」の指定を受けたとき、祭神は大己貴神《おほなむちのかみ》となっていたらしい。卜部・社人・巫女の一部は祭神がオホナムチであることを知っているが、青ヶ島では「新神様《しんがみさま》」とか「天ニハヤムシ様」の名称で知られている。『八丈實記』第二巻（緑地社）には、次のように出てくる。

「○新《シン》神　ハヤムサ

トウダイ所ニアリ是ハ宝暦七丁丑《ひのとのうし》年（一七五七―引用者）正月青ヶ島名主悴《せがれ》浅之助、斧ヲ以テ七人切殺シ四人ニ手ヲ負セ入水《じゅすい》シテ自滅セリ八丈年代記　ソノ霊タヽリヲナスニヨリテ祭ル」（同書、二〇五～二〇六ページ）

巫女の中には「新神ハヤムシャ様」という言い方をする人もいるが、「新神」と「ハヤムサ」は別々の神である。新神という呼称はもともと「トウダイ所」に祭られていたハヤムサに対してのものである。「タ、リ」をなした祟《たた》り神・浅之助を、あとからトウダイ所に祭ったから「新神」と呼ばれるようになったわけである。

『八丈實記』（第五巻、緑地社、昭和四十五年）には、次のように記されている。

「東大処

一、新神

地　三間半　二間半　祭九月十四日

一、ハヤ弁　　村持」（同書、一一四ページ）

ちなみに、「ハヤ弁」の「弁」は「ムサ」の誤植である。『八丈實記』全七巻の刊行で昭和四十八年「菊池寛賞」を受賞した緑地社の社主で、創元社版『島の人生』（昭和二十六年九月発行。ここには「青ヶ島還住記」が収録されている）の編集者だった故・小林秀雄氏に、近藤富蔵筆の原本（都重宝）のマイクロコピーを、昭和五〇年ごろルーペで確認してもらったところ、「ムサ」を「弁」と読み間違えて原稿用紙に書き写していたことが判明している。

また、〈浅之助事件〉に関しては、『八丈島小島青ヶ島年代記』にも載っている。

「同（宝暦）七丑年正月十五日、於青ヶ島、名主七太夫倅《せがれ》浅之助乱心致し、神主奥山兵庫、百姓弥右衛門、同小十郎、同兵四郎、同七左衛門、同長助、流人彦八、右七人斧を以切殺す。宮次郎、彦右衛門、七右衛門、庄次

東台所神社への登り口（2004年11月、撮影・土屋久氏）

郎右四人へ為手負。浅之助は入水致し相果る」（同書、三一書房版『日本庶民生活史料集成』第一巻 探検・紀行・地誌（南島篇）所収、六八六ページ、一九六八年）

一方、青ヶ島には、浅之助に関する〈民話〉も残されている。ここで、『青ヶ島の生活と文化』（青ヶ島村教育委員会、一九八四年）所収の拙稿「宗教と信仰」の中から該当箇所を再録したい。

【A】昔、大根ヶ沢

の名主の倅に浅之助という男がおじゃった。浅之助はある日、恋仲のおつなという女性に馬鹿にされ、とてもそのことを気にしていた。あるとき、おつなが他火（月経）になり、そのころ杉ノ沢（発電所がある）にあった他火小屋（月経小屋）で、おつなはひとりで機《はた》を織っていた。

ふつう、若い女が他火になると、トギ（伽）とよばれる介添え役の婦人を二人付けるが、そのときは、おつなには一人も付いていなかった。それを知った浅之助は、このときばかりと、女童の居る他火小屋へ出かけた。

当時、他火小屋は男子禁制で、男が他火小屋へ近づくことは〝悪〟とされた。それを知った村人は手に手に鎌や斧や竹槍を持って浅之助を追いかけた。浅之助は今の清受寺の近くにあった高倉《たかくら》（高床式の穀物貯蔵庫）まで逃げ、高倉の縁の下で七日七晩も斧を磨き続けたあと、反撃に出た。

浅之助は七人を切り殺し、四人を傷つけてから、今、駐在所がある付近の家までやってきた。浅之助はその家の人も傷つけたが、浅之助が傷つけたと思ったのは、実は、その家の人が日夜拝んでいた観音様であった。観音様には四十八ヵ所の傷が付いたが、大正時代に修理に出し、三ヵ所となった。しかし、その後、その家の子孫が東京へ転出した際、もって行ってしまった。

東台所神社

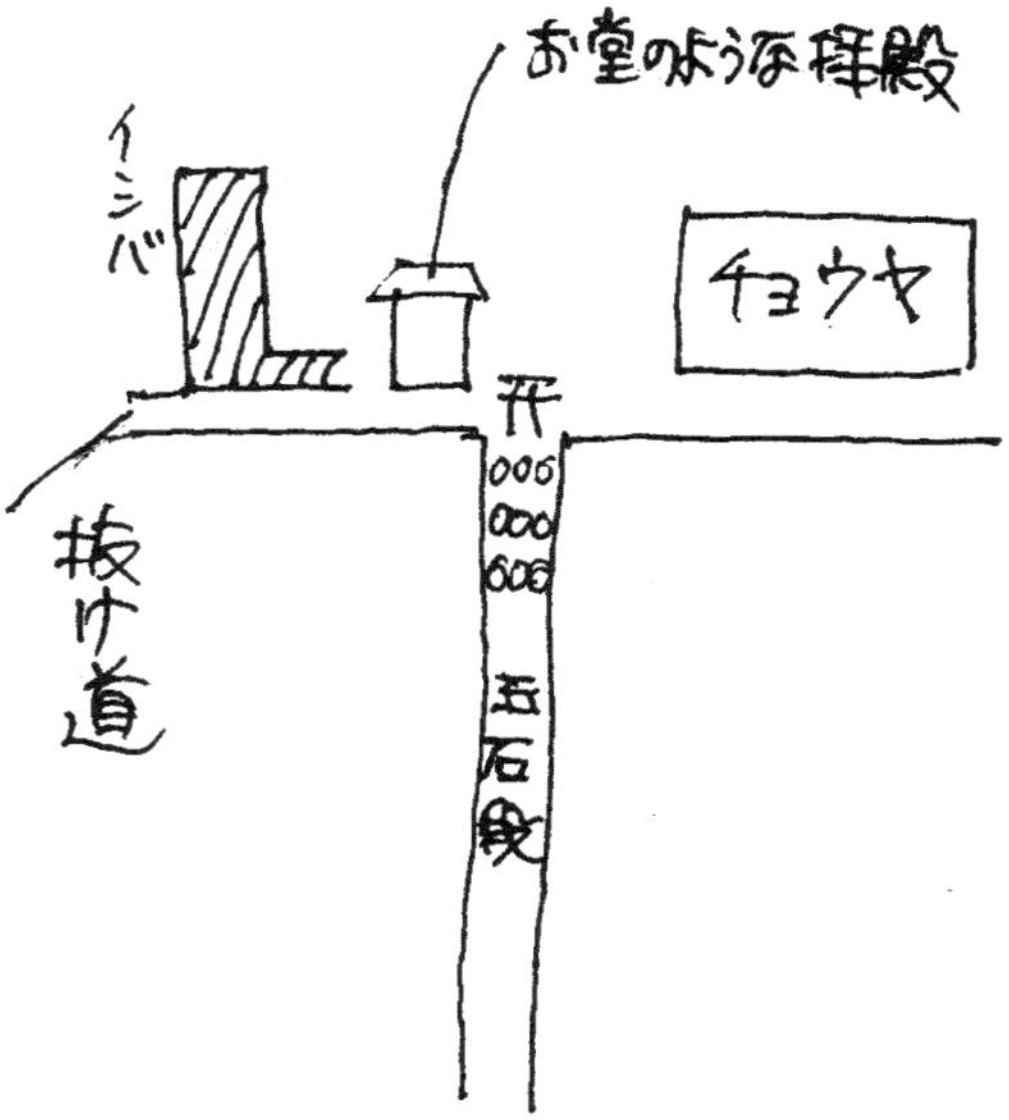

ところで、浅之助の形勢はここで逆転し、浅之助は追われる身になってしまった。そこで、浅之助は神子ノ浦《みこのうら》の沖にある岩〝神子様《みこさま》〟に向かって、「わたしが無事、神子様まで泳ぎ着くことができたら、青ヶ島は今後、立ち行くことができないだろう」と呪詛の言葉を吐いた。

しかし、打ち寄せる荒波のため、浅之助は神子様まで辿り着くことができず、浜に戻ったところを捕まってしまった。そして浅之助は、学校裏（現在は保育所裏）の高台にある浅之助の碑がある場所で、生き埋めにされ竹槍で刺し殺された。

その後、浅之助が祟るといけないというので、その霊を東台所の峯に祭った。

【B】浅之助は乱暴者であったらしく、父の七太夫から勘当されていた。名主七太夫の後妻およしは、名主が伊豆へ出かけていた留守中に、漂流者と密通し妊娠した。およしは浅之助と亭主に情事が露見することを怖れ、人にたのんでおろした。

ところが、そのことで神経過敏となったおよしは、浅之助がそのことを知ったと思い込み、先手をうって義理の息子の浅之助を亡き者にしようとした。

やがて真相を知った浅之助は、高倉の下で七日七晩、おのをとぎ、よそものを皆殺しにしようとして、六人まで殺したが、七人目は観音様が身代わりとなって果たせなかった。そして村人に追われ、海へ飛び込んだが、逃げ切れず、村人に捕まって竹ヤリで殺された。

一方、浅之助の恋人であるおつなは、彼の死を知って、首を吊って自殺した。のち、二人が祟ったので、神様として祭った。このため、新神様は縁結びの神様となった。

浅之助伝説は、概ね、この二つの型に分けられると思う。Aは一般に伝承されているもので、この話は昭和四十六年の梅雨時、腰が病《や》めて歩けんどうじゃと言いながら荒磯までの山道を上り下りした釣好きの教育長で、葬儀があると「お経」を誦むボーサマの廣江義秀《ひろえよしひで》さん（昭和四十八年没）と、平成二年九十九歳で身罷《みまか》られた元村長菊池梅吉《きくちうめきち》オウサマから聴いた話を総合したもの。Bは旧名主家に伝わるもので、昭和四十七年夏ごろ、佐々木きちゑさんからうかがったものである。まだ島言葉がほとんど理解できないこともあって、どちらも話し手の語り口を活かせなかったことが悔やまれる。

このほか、活字となった浅之助伝説としては、高津勉編著『くろしおの子』（新日本教育協会、昭和三〇年八月）に収録されている佐々木光秀さん（当時、中三）の、次のような文章（作文）がある。

【C】「島の年よりの話である。

江戸時代の頃、浅之助という人が、ちょっとしたことで怒って、一週間かかっておのをとぎ、おつなという人の親戚を片っぱしから殺して行った。七人目の家に行っておのをふりあげ、男の人を切ろうとした時、島の人が大じにたっとんでいるかんのん様が、たなの上から落ちてきて、その人を守ってくれた。かんのん様をきずつけたおののは、ぼろぼろになってしまった。そのかんのん様は、今から五十年ほど前、東京にだして修理した。（ぼくはまだ見ていない。）

浅之助のおのがだめになってしまったので、今まで逃げまわっていた村人たちは、浅之助を追った。彼は宇治浦までやっとのことでにげのびたが、神子ノ浦の方から村民がやってくる。もう、これまでと覚悟をきめて、海の中にとびこんだ。

『この島が二度とたてないように神様にいのるのだ。』

と大声をあげ、〝みこさま〟（神子ノ浦にある岩礁）めがけて泳いでいった。村人たちは、島がたたないようにとおがまれては大変と、海神さまにおねがいした。すると次第に波がでてきて、浅之助は〝みこさま〟のまわりを七回半まわったがあがることができず、とうとう舟できた村人たちにつかまってしまった。また人殺しなんかやられては困るので、相談した結果、殺すことにした。浅之助は首だけだしていきうずめにされ、竹やりでつき殺されてしまった。この時浅之助は大声で笑ったそうだ。

今、学校の上の中原に、おのをとぐ浅之助、いとをつむいでいるおつな、たび小屋がほりこまれている石が立っており、浅之助は〝新神様〟といわれ、おがまれている。」（同書、六九～七一ページ）

ちなみに、同書は友人の吉田武志さんが、東京のどこかの古本屋の店先の、百円均一のダンボールの中から見つけて送ってくれたものである。

小林亥一著『青ヶ島島史』（青ヶ島村役場、昭和五十五年）にも、「浅之助の乱心」（六八～七二ページ）として、伝説を交えながら歴史評論風に事件が紹介されている。それによると、おつなには許婚《いいなづけ》の清受寺の息子がいたにもかかわらず、浅之助とは相思相愛の仲で、勘当の理由もそこにあったという。つなが入った他火小屋の近くに名主の耕地があり、浅之助はそこへ耕しに行くのを口実に、愛するつなに自分の弁当を食べさせた。そして、「ある日浅之助は、つなに何を織っているのかと機を織っている彼女に尋ねた。つなは貴方の身につけるものと答えた。浅之助は自分のことは心配しなくていいから、自分のものを織った方がいいと言った。つなはその日首を縊って他火屋で死んでしまったのである。…浅之助の心づかいを曲解し、『おれにはかまわないでくれ』と言われたと思い、悲嘆に暮れた結果の自殺だった」と、小林氏は記している。また、浅之助の最期について、「名主・七太夫は浅之助を磔にし、村人全員に一槍ずつつかせたともいう」と書いている。

また、誰から聴いた浅之助伝説だったか忘れてしまったが、おつなが他火小屋の中から七太夫の後妻およしの不義密通を知らせようとしたのを、浅之助が父と自分を馬鹿にしているのだと勘違いした、という話もあった。いずれにせよ、公的記録は浅之助を入水自殺させ、伝説のほうは浅之助を刑死させている。その浅之助を「新神」様として、自死した恋人つなを「おつな神」として配し、トウダイ所に祭ったのが東台所神社である。

ちなみに、わたしは昭和四十七年五月、在島一年を記念し、四〇〇字詰換算約二十五枚のエッセー「祟神浅之助の面貌」を書き、午後十一時の発電停止時間以降はローソクを灯しながら鉄筆でガリを切って二十五部を発行した。それを書き改めて美術評論家で画廊主の、今は女子美の教授のほか幾つかの大学の客員教授でもある北川フラムさんが主宰する「ゆりあ・ぺんぺる工房」発行の『天界航路』第三号（一九七五年七月）に再発表、さらに同誌の第八号（一九七八年八月）には「祟神浅之助の背景」を書いた。その二つはのち拙著『祟神――ブラックホールとしての日本の神々』（コスモ・テン・パブリケーション、平成元年二月）に収録した。

ところで、浅之助が新神様と呼ばれているのは、浅之助より先にトウダイ所に祭られている神があったからである。その神がハヤムサ、すなわち、正確にいえば、テンニハヤムシサマ（天野早耳者様）と呼ばれる青ヶ島独自の固有神である。このハヤムサ＝ハヤムシのことを、巫女の一部はハヤマハチテング（葉山八天狗、早山八天狗）と〈同一神〉視する傾向がある。しかし、奥山長作翁や廣江次平さんは同神説を明確に否定していた。そこで、それを解明するため、東台所神社のイシバに奉納されている祠について、昭和四十八年ごろ、一つひとつ確認してみたところ、大小二十五基の祠のうち十一基に奉納者の氏名や建立年月日があり、そのうちの七基に次のように神名が彫られていた。

▽新神大明神（奥山かめ、大正九年一月建之）

▽天之早房宮（廣江次平、大正十四年二月吉日）

▽天野早耳者様（奥山長作寄進、昭和二年五月吉日）
▽天野早耳者様（佐々木勇右エ門、浅沼ミヨ、昭和四年五月吉日）
▽天ニハヤムサ、新神、オツナ神、渡海神（浅沼紋三郎、昭和十一年）
▽新神産土様（菊池義光、昭和二十三年）
▽天ニハヤムシャ様（佐々木ハヤ子、昭和四十四年六月吉日）

これらの七基の祠を見てわかることは、東台所のハヤムサ神には、ハヤムサ、ハヤムシ、ハヤフサ、ハヤムシャの四つの訓み方があることである。さらに、大里神社の「上の石場」裏の〈祠〉群の中の「天野早正神様」二基を含めると、ハヤマサという訓み方も出てくる。漢字の神名は音を充てたものだから、ハヤムサ神の音韻は未だ確定していないことになる。ただし、島の人は「ハヤムシャ」に近い微妙な発音をするので、「ハヤムシャ」を中心に「ハヤムシ」⇕「ハヤムシャ」⇕「ハヤムサ」⇕「ハヤマサ」⇕「ハヤフサ」の間で音韻が揺れ動いているのではないか、と想像される。

また、巫女さんの一部には、ハヤムシャの「ムシャ」を「武者」と解して、これに村役人（名主）の倅である浅之助を充てているが、これだと、浅之助がなぜ新神と呼ばれているか、わからなくなるから、「ムシャ」は別の視点から考えなければならない。

次に問題なのは、ハヤムサに冠する語が「アマノ」ではなく、「テン（天）ニ」であることだ。「天野」と書けば、ふつう「アマノ」と訓むし、廣江次平さんの祠は「天之」となっている。アマノ、あるいはアメノと訓んでもおかしくない。ところが「テンニ」と訓むのである。八丈島に「天野《あまの》」姓が見えるから、人間の姓と同じ音韻を神にたいして冠するは失礼と思ったのであろうか。そのあたりのことはわからないが、いずれにせよ、テンニと訓ませることで、ハヤムサ＝ハヤムシの出自が想像できる。すなわち、天津神《あまつかみ》の系統か、ハヤムサじしんが天から降臨したか、のどちらかであろう。あるいは、「天に坐《まし》ます……」の義か。

ハヤムサのハヤを漢字に当てはめると、「早」あるいは「速」になるだろう。建速之須佐之男《たけはやのすさのを》命の「速」である。「千早振《ちはやふ》る」のチ（霊）ハヤである。意味としては「はやい」と「威力（霊力）がある」の二義がある。青ヶ島のハヤムサ＝ハヤムシも霊的に威力のある神である。そのことからハヤムサに冠せられているテンニを、国地のアマノに対する青ヶ島流の威力ある神への美称と考えることも可能だ。

一方、ハヤムサ＝ハヤムシのムサ・ムシは、古語のウムスという語に関係があると思われる。このウムスはウム（産む）という語根にサシス…の語尾が付いて活用するが、そこからウが脱落すると、ムスになる。当然、原義の「生まれる」という意味があり、自分の男児をムスコ（息子）、女児をムスメ（娘）というのも、ここから生じたものである。

ウブスナ、青ヶ島でいうオボシナも、このウムスの派生語である。ナ行は菜《な》・丹《に》・濡《ぬ》（沼のヌ）・根《ね》・野《の》という漢字に象徴されるように、大地（土地）に関係する。江戸時代の国学者がウブスナに「産土」や「産砂」の字を充てているのは、そこからきている。さらに、ムス（産す・生す）の奇霊《くしび》なるハタラキ（作用）がムスビ（結び・掬び・産霊）につながることから、ウブスナ（産土）神を産霊神《むすびのかみ》に充てたりしている。「新神産土様」という祠は、おそらく、奉納者が「新神」をオボシナとしたことから東台所神社の石場に奉納されたものと考えられるが、ハヤムサ・ハヤムシのムサ・ムシを想起させることから、ハヤムサとして奉納された可能性もあるのではないかと思われる。

ムサ・ムシがウムスのムスだとすると、ハヤムサは天之速産霊神《あまのはやむすびのかみ》ということになるが、わたしはムサ・ムシは

「虫」ではないかと考える。もちろん、昆虫のムシも、何もない（そのように見える）ところから「生まれる」すなわち「発生する」という意味のムスの名詞である。いいかえれば、ハヤムサ＝ハヤムシは、早く速く発生した・威力ある虫ではなかったか、と思われる。

浅之助伝説によれば、かれは死後、祟りをしたといわれているが、それは浅之助の御霊《ごりょう》が虫に変じたことをさしているのではないだろうか。テンニハヤムシが天から降臨したとすると、虫である可能性は高いのではないかと思われる。ちなみに、八丈島には、豊菊《とよぎく》という女流人《おんなずにん》の怨霊が「豊虫」になった、という伝説がある。浅之助の〈祟り〉も、そうした虫害であったかもしれない。小林亥一氏の『青ヶ島島史』によれば、山焼（噴火）以前の青ヶ島にも、しばしば害虫が発生したことが記されている。この害虫が何であったかわからないが、梅辻規清《うめつじのりきよ》が三宅島の神着《かみつき》で行なったという〈神籬《ひもろぎ》の神事〉の中にも出てくる柘虫《つげむし》（ツゲノメイガ）のようなものであったかもしれない。鼠害も虫害（拓虫・蝗《いなご》…）も困るのである。

さらに、推測の域を出ないが、浅之助の乱心のよる殺人事件が山焼（天明の大噴火）の前兆のように考えられたとすると、これらの仮説が成立する余地が残されているのではないかと思われる。あるいは、テンニハヤムシが「天にハヤ（早・速）星」の義で、文字どおり流星とか、あるいは、彗星を意味していたのかもしれない。陰陽道の「星占い」の痕跡がここにもあるのかもしれない。トウダイ所が星を観る場所であったかもしれないのである。また昔、冗談半分に、ハヤムシはハヤ星でＵＦＯをさし、トウダイショはそのＵＦＯを導く灯台だ、と語ったら、それが一人歩きしてしまったこともあった。

いずれにせよ、ハヤムサは新神・おつな神が祀られる以前からトウダイ所に鎮座していたと考えられる。浅之助とおつなの悲しくも切ない荒魂《あらみたま》を鎮めるため、わが弧状列島では世間的にはまったく無名の埋没神的存在では

東台所神社の石場（2007年10月、撮影・土屋久氏）

あるものの、青ヶ島では最も霊力があると思われている青ヶ島固有の高神《たかがみ》（本来の皇神《すめ》と同義で、その地域で一番の威力ある神をさす）ハヤムサが鎮座する東大処に浅之助とおつなの御霊を祀ったのではないだろうか。柳《やなぎ》田《た》國《くに》男《お》は、『人を神に祀る風習』という論文の中で、人が死んだあと、祟りをし、それを怖れた人びとによって神として祀られるようになる場合、その神は「日本精神の系統組織に於ては、比較的低い地位が与えられ、普通には之を統御すべく、一段と高い神が在つたやうに思ふ」と指摘する。浅之助の場合にも同じ論理が作用していると思われる。すなわち、新神様・浅之助の荒魂を鎮《しず》め和《なご》める、より大きな神威を持った神として天ニハヤムシ様の存在があると思われる。

ところで、東台所神社の祭神は、奥山長作翁や廣江次平さん、廣江のぶゐさん（いずれも今は故人）などによれば、オホナムチ（大己貴神）である。これは、明治初年、官命を奉じて伊豆七島式内社官社の調査のため、八丈島へ渡航した萩原正平《はぎわらまさひら》が、東台所神社を村社とするため定めた祭神らしい。実は、わたしもまだ青ヶ島の神々についてほとんど何も知らないころ、記紀神話の神名をあてはめるとすれば、何が最も相応しいかと考えて、大己貴神を導き出した。すなわち、浅之助・おつなが縁結びの神であるという点からまず大国主命を想起し、次にハヤムシのムシから大物主神か大己貴神が適当だろうと考えたのである。ちなみに、大物主は大国主の数ある異名の一つとされ、大和国の三輪山《みわやま》の大神《おほみわ》神社の祭神の大物主神は蛇体とされている。ちなみに、『大祓詞』では蛇は「這《は》ふ虫」である。従って〈虫の中の虫〉が〈真虫〉であるマムシ（蝮）ということになる。ハヤムシが虫であれば、大物主は相応しい。しかし、青ヶ島には金毘羅神社（本土での祭神は大物主神）があるので、三輪では大国主の、これまた別称の一つの大己貴神のほうが良いだろうと考えたのである。こうした推論をした時点では、まだ知らなかったが、伊豆三島の三嶋大明神は『三宅記』の伝承に沿った形で、明治に入って大己貴神（『古事記』では大国主命の御子）とされたので、ハヤムサ＝オホナムチはより相応しいものとなったのである。ただし、青ヶ島では東台所神社の祭神はあくまでもテンニハヤムシサマ・新神様・おつな神である。なお、例祭日は旧暦九月二十一日である。

金毘羅神社

ヘリポートのある長ノ平《ちょうのたいら》（チョンテーラ）の北側の、ヘリコミ事務所を背にすると、左側の少し小高く見える森（長ノ凸部《ちょうのとんぶ》）のところに鎮座する。この金毘羅神社という社号は天明年間の山焼け以前の記録には見えないので、『八丈實記』が示すように、〈還住《かんじゅう》・起返《おこしがえし》〉の中で祈願され、天保五年（一八三四）の大願成就のとき正式に成立したものと考えられる。『八丈實記』には次のように書かれている。

「〇金毘羅大権現

テウノトンブニアリ、是ハ船頭岩松、祈願ニテ開発中渡海ノ無難ヲ欣求シテ数十年ノ間一度ノアヤマチナキヨリ其恩ヲ感シテコ、ニ勧請シ奉ル処又高橋長左エ門、佐々木次郎太夫ヲ開発成就ノ報恩ニ神霊ニ祭ルトゾ」（『八丈實記』緑地社、二〇四ページ）

すなわち、天明年間の大噴火により無人化した青ヶ島を開発するため、避難先の八丈島から帰島する際の渡海の安全を、船頭岩松が祈願したところ、数十年間の間一度も事故がなかったことから、その神恩に感じて金毘羅大権現を勧請したというのが、同社の縁起由来である。

ところで、名著の誉れ高い柳田國男の『青ヶ島還住記』（『島の人生』所収、昭和二十六年九月、創元社）は

金毘羅神社

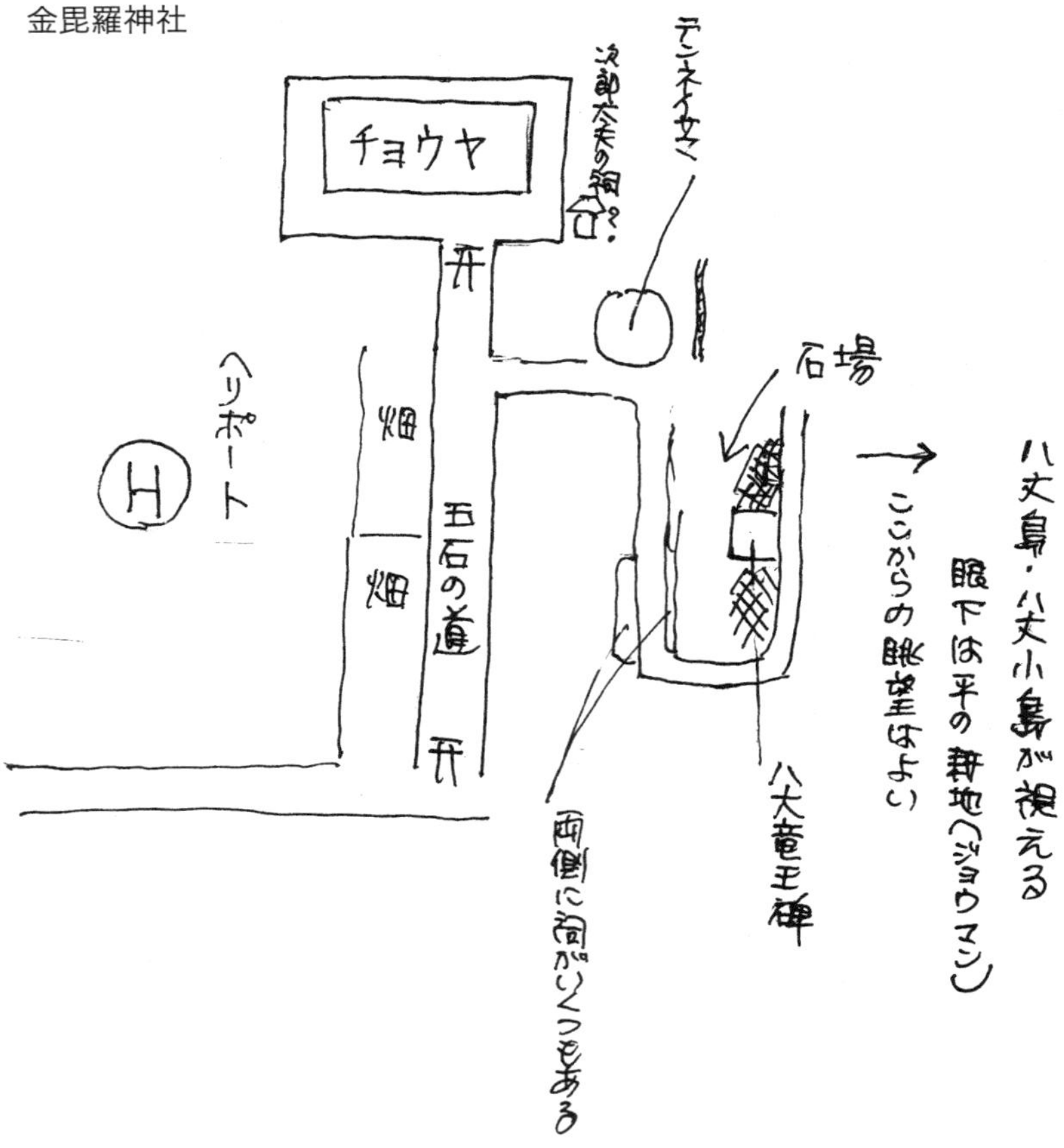

『嶋』第一巻四～六號（昭和八年八～十月）に発表されたものである。その「一七」章の中で、柳田は「今ではもう只の墓となつたかも知らぬが、次郎太夫の祠といふのは島のテラノトンブといふ頂に在つた」と書いている。青ヶ島へ渡る直前に、『青ヶ島還住記』を読んだわたしは、柳田のこの記述に惑わされた。半年以上も島中をさんざん探し回った挙句、「テラノトンブなんて、どこにもなっけどうよ」とか「佐々木次郎太夫の祠どうてぇ？　そごんどうもん、

次郎太夫の祠（ツイジロウミヤ）（2006年3月、撮影・土屋久氏）

だい（誰）も知りんなかよ」と言われてしまったのである。それでも大里神社、東台所神社、金毘羅神社などのチョウサマや、「中興開山之塔」（現在は都史跡、当時は未指定）と彫られている次郎太夫の文字どおりの墓がある「塔ノ坂」周辺を捜したものである。

柳田は『青ヶ島還住記』を執筆するにあたり、当時、東京府が所蔵していた近藤富蔵の『八丈實記』の原本を直接読んだらしい。緑地社の活字本によれば、金毘羅大権現が勧請された地は〝テウノトンブ〟である。つまり、これは今日の金毘羅神社の鎮座地である〝長ノ凸部〟の歴史的仮名遣いによる表記である。おそらく、柳田が「ウ」を「ラ」と読み間違えた可能性がある。しかも、青ヶ島の時空の感覚では、〈祠〉が消えてしまうことはあっても〈墓〉になることはありえない。ちなみに、同じく『島の人生』所収の『八丈島流人帳』（『嶋』一巻三號、昭和八年七月）の「一〇」で、柳田は

次郎太夫の肖像

「岩戸開《いわとびらき》その他の著者、賀茂規清《のりきよ》こと梅辻なども其一人であるが、是は弘化四年に来て一年足らずで死んで居る」と記しているが、梅辻は三宅島での半年間の船待ちのあと、八丈島へ来たのは嘉永元年（一八四七）のことであり、彼が中之郷の人びとに慕われながら神上がったのは在島十三年後の文久元年（一八六一）のことだった。ちなみに、青ヶ島では、テラとは土葬の時の表層部分の土のことである。

当然、柳田いうところの「次郎太夫の祠」なるものが「在つた」とすれば、長ノ凸部《テウノトンブ》になければならない。実は、それと思しきものがなかなか気付きにくい場所にあって、盲点になっていたのである。現在チョウヤのある右側が二メートルほどの石垣（ヲリ）になっていて、その上に辛うじて「金昆羅宮」と彫られているのが視える石と二基の祠、それに自然石の数基の立石からなるイシバがある。イシバシ（玉石の参道）をチョウヤへ向かって歩いてくると、その場所には草木もあり、昼間はこもれびの光線の加減や、夜は真っ暗闇になるので、そこがイシバであることがまったくわからない状態になっている。けだし、これが柳田いうところの「次郎太夫の祠」であるに違いない。

もちろん、もう一つは天保五年（一八三四）の検地竿入れの検分のため翌六年に来島した八丈島の地役人の高橋長左衛門為全《ためたけ》であろう。柳田國男は『青ヶ島還住記』の中で、『八丈實記』掲載の、その饗応の砌《みぎり》に唄われたという「ヨロコビノ祝詞《のっと》」を、カタカナの部分を「ひらがな」に換えて、次のように全文を紹介している。

天保六年

五穀熟する乙《きのと》の未《ひつじ》

青ヶ島なる新造《しんぞ》を出す
卯月十三ぱっちり日和
九人乗組や八重根に着いた
花の盛りの十六日に
波も平に風静かにて
御船首尾よく湊へ来たる
新規開發御渡海さまよ
五六三十の年月頃
御世話なされし庄屋どのの御蔭
検地とゝのひ御用も済みて
さても目出たい本望《ほんも》でござる
皐月《さつき》三六、日の大凪《おおなぎ》に
八丈八重根へ御船は着いた
青ヶ島から御年貢納め
御金賜うて御船は出来る
里は豊作、百姓は繁昌《はんじょう》
目出た《めでた》萬福の次郎太夫様や
子孫榮えて八千代の椿

島は蓬萊萬代までも
焼けず崩れず南の海に
寿祝《ことほぎいわ》ふやれおめでたや

（『定本　柳田國男集　第一巻（新装版）』筑摩書房、昭和四十三年、四三九～四四〇ページ、及び近藤富蔵『八丈實記』第二巻、緑地社、一七二ページ）

柳田國男の『青ヶ島還住記《あおがしまかんじゅうき》』は、天明三～五年（一七八三～八五）の大噴火で、全島民三百三十四人のうち辛うじて生き残った二百三人が八丈島へ脱出、〝焼け埃《やぼこり》〟（ただし、柳田はこういう言葉があった事実を知らない）といわれ、苦難の避難生活を送り、漂流・破船の繰り返しの挫折の中で、その都度幾度も船を仕立てなおしては渡海を試み、遂に還住・復興（起し返し）をやり遂げた青ヶ島島民に感情移入しながら、その五十年にわたる苦闘の歴史を見事にうたいあげている。その復興の指導者として文化十四年（一八一七）八丈島で名主に就任した佐々木次郎太夫（一七六七～一八五二）に、柳田は「青ヶ島のモーゼ」の称号を贈っている。だが、実は、柳田自身は、この「還住」という語に、ルビを振っていない。誰がそう訓み始めたのか、まったくわからないが、『島の人生』を創元社在職中に編集した緑地社の小林秀雄氏も、民俗学者で離島研究の泰斗であった宮本常一先生も、柳田在世中に「かんじゅう」と読んでいた。

しかし、岩波書店の『広辞苑』や、その他の国語辞典を見ても、「かんじゅう」は出てこない。実は、柳田の『青ヶ島還住記』以前、この語は「げんじゅう」と訓んでいたのである。実際、『広辞苑』で「げんじゅう」を引くと、「げんじゅう【還住】もとの地にかえって住むこと（日葡《にっぽ》）」とある。ちなみに、『国史大辞典』（吉川弘文館、昭和六〇年）では『吾妻鏡』の、『日本国語大辞典』第二版・第三巻（小学館、二〇〇一年）では『信長記』に登場する「還住《げんじゅう》」の語を紹介している。

つまり、「還住」という語は、鎌倉初期にはすでに成立していたことがわかる。すなわち、戦乱に巻き込まれて百姓が逃散《ちょうさん》したのを、『吾妻鏡』では頼朝がもとへ戻せと下知《げち》しているのである。そして、この語が最も高い頻度で使用されたのが戦国時代である。戦国領主はしばしば「還住令《げんじゅうれい》」を出している。

攻め入る側の領主も勝利した暁には百姓町人たちには戻ってきてもらいたい。守る側も勝てば自分たちを捨てて逃げたとはいえ帰村してもらいたい。それは長い目で見れば、税を徴収するためである。そこでは住民を安堵することが求められる。細かく言えば、いろいろな様相が存在するが、住民の安堵を目的に発せられるのが「還住令」である。こうした「還住令」は徳川政権が確立するまで各地で出されている。

青ヶ島の場合、戦乱ではなく火山噴火という自然災害による〝逃散〟である。幕府という権力機構から見れば、戦乱であろうと自然災害であろうと、集団的脱出は一種の〝逃散〟である。戦乱における〝逃散〟の場合、百姓の抵抗という側面もあった。青ヶ島の場合、自然災害だから、権力機構が嫌う〝抵抗〟ではないが、〝還住〟してもらわないと面子が立たない。統治ということでは、一時的に年貢を免除したり、あるいは、お救い米などを供しても、将来的には年貢を納めて貰う必要がある。村の大小は関係ないのである。たとえ微々たるものであっても、統治という観点では〝逃散〟を見過ごすことはできない。実際、戦国領主たちもそう考えて、土地の復興をさせているのである。

青ヶ島に対しては「還住令《げんじゅうれい》」はでなかったものの、幕府もそう考えたのではないだろうか。だが明治に入って、この語は事実上の〝死語〟になってしまう。東京帝国大学法学部を卒業後、農商務省の官吏をしながら早稲田大学で農政学を講じ、法制局参事官を経て貴族院書記官長を務めた柳田國男は、「還住《げんじゅう》」の意味を熟知していたはずである。おそらく、柳田は、流人以下の悲惨な避難生活を送っていた青ヶ島島民の「もとの所へかえり住みたい」という意思を『八丈實記』の中に読み取り、青ヶ島島民の気持ちに強く感情移入することによって、それまでの「還住《げんじゅう》」を逆手にとって、従来の意味とは全く違う新しい「還住《かんじゅう》」という概念を創出したのではないだろうか。すなわち、「もとの所へかえり住む」という意味の同じ「還住」という漢字を使っても、その訓みが《ゲンジュウ》から《カンジュウ》へと転換するとき、権力側からの呼び掛けに基づく受動ではなく、住民側の主体的、能動的な転回⇒展開としての積極的な「還住」として捉え直したのである。位相が大きく変化したのである。ちなみに、今日の東日本大震災の対応を見ていると、住民の「もとの所へかえり住みたい」という気持ちをなし崩しに弱める方向へ誘い、〝還住〟をモラトリアムにさせることによって、幕政以前の《ゲンジュウ》としての《還住》以下の状態に甘んじさせようとしているかに見えてくる。

話がそれたが、「ヨロコビノ祝詞」は、そうした中で唄われたと思われる。こうして、佐々木次郎太夫伊信《これのぶ》と高橋長左衛門為全の両人は、青ヶ島の守護神（神霊）として祀られる。さらに、ここで注目しなければならないのは、両人はこの時点では生きていることである。つまり、両人の生御魂《いきみたま》が神霊として祭られたのだ。いいかえれば、二人は生き神とされたわけである。すなわち、金毘羅神社のチョウヤの右隣上にあるイシバの祠二基は、二人を祀った生祠《せいし》ということになるはずだ。そして、しばらくして、船頭岩松も神霊に加えられることになる。ちなみに、柳田は岩松ではなく、次郎太夫の前に名主をしていた三九郎を加えているが、『八丈實記』の別の巻では次のように記されている。

「テウノトンプ

一、金刀比羅神社　社方一間　地方九尺　祭十月十日

村持

地役人　名主　船頭

高　為全　佐　伊信　岩松　合三社

整　二十ケ所　」（『八丈實記』第五巻、一一五ページ）

ちなみに、高　為全、佐　伊信は、物部《もののべ》氏を自称した荻生《おぎゅう》徂徠《そらい》のことを「物《ぶつ》　徂徠」と呼ぶ類《たぐい》。佐々木氏《ウヂ》は一般的には宇多源氏とされているので、それでいけば「源　伊信」が正しい。次郎太夫が「伊信」を名乗るのは、天保十五年（一八四四）老中真田幸貫《ゆきつら》の名で銀十枚と一代限りの名字帯刀を許されてからのようである。また、岩松の家は明治以降、佐々木姓を名乗っている。いずれにせよ、「金毘羅宮」と彫られた石碑のあるイシバは、船頭岩松に勧請された金毘羅大権現の原型であり、そこにある自然石の素朴な祠は高橋長左衛門為全と佐々木次郎太夫伊信を祀ったものであることが推定できる。

ところが、廣江次平さんによると、このイシバはツイジロウミヤだという。しかし、そのツイジロウがよくわからない。おそらく、該当者というか候補者は二人いる。一人はツイジロウの音韻とひじょうに近い、あるいは、全く同じと考えられる「忠次郎」である。天保六未年《ひつじどし》（一八三五）の「起返《おこしかえし》」見分《けんぶん》（検分）の御用で八丈島から為全が渡島したときの、御船の「竿取八丈島元年寄　忠次郎」（『八丈實記』②二八二）として出てくる。「ヨロコビノ祝詞」の饗宴の現場に居たであろう人物である。船頭岩松とは同格、あるいは、もう少し格上になるのかもしれない。さらに、安永九年（一七八〇）の池之沢の噴火のとき、八丈島から検分に来た大賀郷年寄に忠次郎という名の男がいた。同一人物とは考えられないので、忠次郎は世襲名であったかもしれない。そうだとすると、次の「追次郎」と同源の語の可能性が高くなるだろう。

この、もう一人のツイジロウは、鎮西八郎源為朝の従者である。次平さんによれば、為朝御曹司《おんぞうし》の家来で、第一の勇者でもあるのが追次郎だという。残念ながら、滝沢馬琴《たきざわばきん》の『椿説弓張月《ちんせつゆみはりづき》』にはこの名は出てこないが、青ヶ島に伝わる祭文「君のあかち」の中では、次のごとく華々しく活躍する。

「…島は島にかじ（舵）とり（取り）て、八丈余島《はちじょうよ》に、かじとりて、あれに　みかさの　つきようは、鬼の島でか　ありげなれ、鬼のじょう（城）では　ありもしろ、君がしょりょう（所領）と　思われて、五十四騎《ごじゅうよき》がその中で、まっ先かけるは　追次郎　追次郎一人《いちにん》　持つならば、六十六国《ろくじゅうむくに》おししなへ　、七つ島ばら　おししなへ…」（青ヶ島村教育委員会編『青ヶ島の生活と文化』一九八四年、五一二ページ）

かくの如く、青ヶ島の〈読み上げ祭り〉の祭文の中で、為朝主従の島渡りのとき、追次郎の先陣を切っての奮闘振りが謳われている。その追次郎が八丈島・八丈小島を望むことができる長ノ凸部に祀られるのは納得できるが、金毘羅大権現との習合の過程がはっきりしない。しかし、「金毘羅宮」が勧請される以前からテウノトンブ（長ノ凸部）のイシバの神として、ツイジロウミヤ（追次郎宮）が斎《いつ》き祀られていた可能性はあるだろう。八丈島の忠次郎という名前も、この〈為朝―ツイジロウ〉伝説から生じているのであろう。実際、八丈島や八丈小島ではツイジロウの漢字表記は「忠次郎」である。近藤富蔵の『八丈實記』を見ると、三根《みつね》村神止山《カムドヤマ》の「外道《そとみち?》ツイ沢」のところにあった石場「ツイ次郎祠」の祭神は「為朝御曹司ノ臣忠次郎」（同書第五巻九三ページ）となっており、さらに八丈小島の宇津木村廳ノ沢鎮座の「正一位八郎神社」（いわゆる為朝神社）の末社にも「忠次郎祠」（同五巻一一二ページ）があった。そういうことを考えると、おそらく、「次郎太夫の祠」と「追次郎宮」が〝次郎〟という語で二重写しになっているのかもしれない。

ちなみに、江戸の戯作者の曲亭《きょくてい》（滝沢）馬琴（一七六七～一八四八）は、全国の為朝伝説を集大成した読本の

金毘羅神社のイシバ（2006 年 3 月、撮影・土屋久氏）

長篇『椿説弓張月』(一八〇七〜一〇年刊行)を書くとき、滑稽本『浮世風呂』『浮世床』で知られる式亭三《しきていさん》馬《ば》(一七七六〜一八二二)の協力を得ている。三馬は浅草田原町の生まれだが、祖父は八丈小島の宇津木村の庁之沢《ちょうのさわ》(チョウは青ヶ島の長ノ凸部のチョウと同源)に鎮座する為朝神社の神主菊池壱岐守だった。祭神の為朝は疱瘡除《ほうそうよけ》神としての霊験を示していたことから、江戸時代、その御神体の為朝神像は江戸へしばしば出開帳をした。父の親仁が庶子として生まれたのもその出開帳が影響しているが、三馬は為朝神社神主の孫ということで伊豆諸島、とりわけ八丈三島の資料の収集をまかされたらしい。もちろん、それは為朝神社の宣伝にもなったわけである。馬琴が資料の収集と執筆をしていた時期は青ヶ島島民のほとんどは八丈島で避難生活をしていた時期と重なるので、追次郎、あるいは忠次郎が『弓張月』に登場する機会もあったと思われる。もちろん、高橋長左衛門為全《ためたけ》の「為」のは「為朝」か

金毘羅神社の内部（2006 年 3 月、撮影・土屋久氏）

ら発しているのであろう。なお、『椿説弓張月』は正式には『鎮西八郎為朝外傳椿説弓張月』というが、「椿説」は「鎮西」と「珍説」と伊豆諸島では「椿」が多くみられることの、「弓張月」のほうは為朝が「弓」の名手であったことと年「月」（歴史）との掛け言葉となっている。

現在、長ノ凸部の金毘羅神社のチョウヤ内の神々を祀っている棚（＝神床《かみどこ》）の上には、右側に金毘羅宮、中央に天照皇大神宮《てんしょうこうたいじんぐう》（太神宮《ふとじんぐう》）、左側に春日大明神、三嶋神社、須賀神社の木製の祠（宮）が置かれている。中央に置かれている太神宮（音はデージングーに近い）の宮が一番立派で、その点を考慮に入れると、金毘羅神社というより「太神宮」のほうが相応しいような気もしてくる。それもそのはず、金毘羅宮以外は大正末から昭和初年にかけて、休戸郷向里《むかいざと》の奥山神主家の屋敷内から遷座・合祀されたと伝えられている。もちろん、金毘羅宮が今日のようなかたちになったのは、それ以降のことだ。それ以前は、先程の『八丈實記』の記述や、関係者の証言によると、金毘羅宮は一間四方の小さなお宮であったらしい。ちなみに、現在の金毘羅神社のチョウヤの裏手（西側）には奥山神主家の屋敷があって、今は大正十四年生れの奥山信夫神主が住んでいる。昭和四十七〜四十九年ごろ、神主家の奥山ち宇さんが青ヶ島島内の娘の嫁ぎ先から時々様子を見に来ていたが、籠作り名人の向里新作さんが当時、ここで島籠を編んでいた。新作さんはオカベで採取した竹を担いで槍ノ坂を下り、池之沢のフンカ（現在はヒンギャの古い島言葉が復活）で竹を加工し、それをまた槍ノ坂を担いで上り、長ノ凸部の奥山神主家の天水タンクの水で再加工し、その竹で籠作りをしていた。

チョウヤ内の金毘羅宮のお宮の中には、「安政三辰年（一八五六）霜月十日建立」と墨書された木札が奉納品の赤色サンゴなどと共に納められている。これは、岩船頭という人（船頭岩松の子の岩之丞か）が青ヶ島から船を仕立てて讃岐国琴平の金毘羅大権現に詣でたとき貰い受けて来たものだと伝えられている。船頭岩松が神霊として祀られたのはこのときかもしれない。ちなみに、大間知篤三・金山正好・坪井洋文『写真　八丈島』（角川文庫、昭和四十一年）によれば、八丈小島の為朝神社には、文化五年（一八〇八）と文久元年（一八六一）との記年のある、象《ぞう》頭《づ》山金光院《さんこんこういん》すなわち讃岐国琴平の金刀比羅宮の旧別当の護摩札があることを指摘している。青ヶ島の木札が御守（神璽）だったのか、あるいは、八丈小島と同じく護摩札だったのか、実は微妙なところだ。それというのも、墨書された部分は何度かなぞられているからだ。いずれにせよ、幕末時、八丈小島や青ヶ島から金毘羅参宮がされていた事実に驚く。

一方、同神社に合祀されている他の四宮の御神体（御霊代《みたましろ》）はいずれも鏡で、とくに天照皇太神宮は円い立派な八咫鏡《やたのかがみ》である。その他は青銅製の手持鏡だが、三嶋神社の御神鏡《みかがみ》には衣冠束帯のミシマサマ（三嶋大明神＝事代主命）の黒い坐像が浮彫りにされていて、その裏面には次のような文章が刻まれている。

上・テンネイサマ、下・八大竜王碑のある海側のイシバ
（2006年3月、撮影・土屋久氏）

「天明二壬寅《みずのえとら》年就公命《こうめいにつく》
御役人壱人山下与左ェ門預御船ニ御乗
船御渡海被成依而為渡海安全之三嶋大明
神之御影造立而奉納此嶋ニ者也　　八丈嶋御船頭　山下与左ェ門」

この天明二年（一七八三）は大噴火の前年で、安永九年（一七八〇）、天明元年（一七八一）と連続した噴火もなく、年貢として絹糸を納めている。その年の四月から五月にかけて伊豆代官の手代・吉川儀右衛門らが畑地見分に来ているが、そのとき奉納したのであろう。それが還住・起し返しの噴火史を耐えて遺っているのだからひじょうに貴重なものだ。なお、須賀神社の祭神は諏佐之男命である。

この長ノ凸部の金毘羅神社にも、かなり大きな石場があって、明治初年の時点で二十基以上の祠、現在ではその倍以上の神々の祠・立石がある。その中でも特異な存在なのがテンネイサマである。チョウヤの少し手前を右に曲がる小道があるが、そこから先が金毘羅神社の石場である。その入口の中央付近に位置している。石を積み上げて形成されているイシバで、これがテンネイサマ（＝テントウサマ、すなわち太陽）を祀ったもの、といわれている。そこをさらに右に曲がる道の両側にもオデキに効き目のある神様だとか、いろいろの神様がある。

そこを再び左側に回り込むと、海が見える石場に着く。この間の距離は短いがここの眺望は素晴らしい。ここには風神（風の三郎様）や八大竜王などの天候を司る神々を祀った祠や、個人がオボシナとして祀っていた祠が並んでいる。

その中で一番立派なのは、「南無妙法蓮華経　八大竜王神　宝来日恵書」と刻まれた石碑で、本体は高さ八八・五㎝、幅五五ｃｍ、土台は縦一一六ｃｍ、横一二一ｃｍ、高さ九〇ｃｍ、その裏面には、次のように彫られている。

「本島ハ黒潮ノ中心ニ位シ近海潮流急ニシテ波高ク其ノ開拓ニ従ヒ八丈島ニ往復ノ途冷海ノ藻屑ト消エシ者枚挙ニ暇アラス。加フルニ古来屢々噴火シ殊ニ天明五年ノ爆発ノ際ハ全島殆ント火ノ海ト化シ命ヲ損セル男女百余名ニ及ベリト伝ヘラル。茲ニ碑ヲ建テ其ノ霊ヲ慰メ以テ永ク本島ノ守護神タラシメントス　菊池文三郎撰

昭和九年十一月　村民有志建之」

すなわち、単なる八大竜王碑というよりも、天明の山焼（噴火）、八丈島での避難生活、還住・起し返しという金毘羅神社の縁起の中で、犠牲者を慰霊することによって、青ヶ島の守護神として勧請しよう、という積極的な願いの碑である。

ちなみに、この石場の北側は急勾配の斜面というか断崖になっていて、その下は「平の耕地」(通称ジョウマン)と呼ばれる台地になっている。石場のすぐ下の斜面付近からは蒸気が立ち上り、土は周囲より高く地熱があることがわかる。「平の耕地」から眺めると、まさに金毘羅神社の鎮座地は「長ノ凸部」である。実は、斜面（断崖）は古い火山の外輪山で、「平の耕地」部分はカルデラの一部であることがわかる。数千年か数万年前、青ヶ島古火山の半分が吹き飛び、そのあと現在の青ヶ島火山が噴火して形成されたことがわかる地形となっている。ピラミッド状の八丈小島と八丈島が眺望できる場所であり、夜になると、八丈島の灯台の点滅が見える。

なお、金毘羅神社の祭りは旧暦十月十日で、この日は御神体を拝観することができる。また、旧暦の毎月十日には「金毘羅詣り」と称して、一種の月次祭が行なわれていて、ヘリポートの少し先という地の利もあって、チョウサマの中では最も篤く崇敬されている。

渡海神社

渡海神社は通称トカイサマと呼ばれており、社号のとおり渡海安全の神様である。だが、この神の名は『八丈實記』のどこにも見えない。昭和四十年代に役場が発行していた、ワラ半紙に謄写印刷の地図には、大里神社・東台所神社・金毘羅神社と共に、その所在が明記されていたが、他の三社と比べると、チョウヤのない、石場だけの神社である。

役場のある休戸郷方向から西郷へ向かうと、発電所の幾分か先の方に、左側へ曲がれる道がある。そこを行くと、右側にちょっと小高くなった場所があり、そこが渡海神社である。青ヶ島としては家々が密集している西郷の、ほぼ中心地といえる場所だが、ここがかなり分かりにくい。

昭和五十一年十一月二十九日の深夜、この渡海神社が何者かの手によって破壊され、石片となった大小の祠や、単なるゴロタ石となった約七十段の玉石段の丸石はジープに乗せられてアラシゲ沢付近の大千代道から約二百メートル下の氏浦《うじうら》（宇治浦）へ投棄された。それからちょうど一ヵ月後の年の暮れに、崇敬者と青年団有志によって氏浦から引き揚げられて、復原・再建された。ただし、回収されたのは全体の六〇％ぐらいと思われ、復原されたといっても、祠や灯篭の一部が欠損した状態になった。ちなみに、青年団仲間からの電話で、わたしは回収・

復原の現認のため、年末から年始にかけて滞在した。

渡海神社はチョウヤを持たないが、神社と名が付き、現在も地図に記載されているように、他の石場だけの「神社」に比べると、石場はかなり立派に整備されている。とくに、祠が祀られている部分は「斎場」と呼んでもよいくらいに、一段と高くなっていて、玉垣を形成していた。破壊されたあと、そこの箇所には壊した三人（二名は島外者）がなぜ、自分たちが壊したのか、高らかに謳ったコンクリート製の石碑が立てられたが、間もなく引き倒され、割られて消失した。この場所には大小の石の祠が点在していたが、その中には次のように彫られている祠があった（昭和四十八年当時）。

渡海神社（正面）　昭和六年八月（右側面）　佐々木慶四郎（左側面）

渡海神社（正面）　大正九年五月吉日（右側面）　奥山福平寄進（左側面）

渡海神社（右側面）　廣江平次郎寄贈　大正十五年五月吉日　人民一同建立（左側面）＝正面には記載なし。境内石場で最も大きく立派な祠だった。

何者かによって壊されたのは、これらの祠と玉石段や玉垣だが、この玉垣の頂上部分から少し右下に向かって横道がある。その横道を入ると、もう一つの石場があって、こちらは自然石の山の立石で形成されていて、元村長の奥山治《おくやまおさむ》（一九一八〜二〇〇〇）氏の、屋敷の真上あたりに位置する。

この石場にも「参道」のような道が付いており、玉石段ではないが、石組みの階段が敷設されている。それを降りて行くと、故・佐々木静喜《せいき》さんの家の裏手に出る。静喜ジィ（爺の義ではなく、青ヶ島では尊敬されるべき男性への敬称）はたしか昭和四十八年に亡くなられたが、柳田國男から同氏へ献本された柳田自筆署名本の『島の人生』（創元社初版）と柳田からの手紙を所蔵されていたが、葬儀終了後、遺品の整理に駆けつけたところ、すでに庭でゴミと共に焼却された後だった。

その静喜ジィから生前、伺ったところによれば、この道は「渡海道《みち》」あるいは「渡海様の本道」と呼ばれていて、トカイサマへの参道だったという。その下の石場が本来のトカイサマで、静喜さんの先祖が勧請したものだという。

この下の石場のトカイサマが開かれた時代は不明だが、明治の一時期、おそらく、明治国家の政策として神社合祀が盛んだったころ、青ヶ島でも現在の渡海神社の前身が金毘羅神社へ合祀されたことがあったようだ。その一つの証拠だろうか、金毘羅神社の海が見渡せる石場の八大竜王碑の右側には「奉納渡海神社（正面）大正七年八月吉日　佐々木橘之助建立（左側面）」と刻まれた石の祠をはじめとして、トカイサマと推定される数基の無刻の祠が置かれている。

しかし、こうして合祀されたものの、何時の頃か、何ヵ月も海が荒れて渡海船が出なくなったとき、ある巫女にトカイサマが乗り憑って「元の場所へ戻りたい」と託宣したため、再び元の場所に鎮まったという。

その際、オトコミコ（男巫女）と呼ばれたほど、とりわけミコケが強かったシャニン（社人・舎人）の一人が自分の土地の一部を〈村〉に寄贈してつくったのが、今日の渡海神社だったという。ちなみに、この場合の〈村〉とは、自然村としての〈ムラ〉である。青ヶ島では昭和十五年四月、「青ヶ島村」が正式に発足するまで、行政上では江戸時代の「名主」制が名目的に存続していたからである。すなわち、明治初期の「副戸長《ふくこちょう》」としての青ヶ島名主（里正《りせい》、村長《むらおさ》）は、当初は世襲だったものの、やがて寄合で選ばれるようになった。

周知のように、「市制（七章一三三条）・町村制（八章一三九条）」（明治二十一年法律第一号）は明治二十二年（一八八九）四月一日に施行された。当初の法の理念では、市制施行地域以外の全ての地域に町村制が適用される

渡海神社の石場（2004 年 11 月撮影・土屋久氏）

ことになっていたが、実際は、このとき例外的に「町村制ヲ施行セサル《せざる》」地域が存在した。それが沖縄県（離島を含めた全地域）と、「町村制ヲ施行セサル島嶼指定ノ件」（明治二十二年勅令第一号）に指定された次の島嶼地域である。

▽東京府管下＝小笠原島、伊豆七島　▽長崎県管下＝対馬国　▽島根県管下＝隠岐国　▽鹿児島県管下＝大隅国大島郡（大島、徳之島、喜界島、沖永良部島、与論島）、薩摩国川辺郡（硫黄島、黒島、竹島、口之島、臥蛇島、平島、中之島、悪石島、諏訪ノ瀬島、宝島）　▽沖縄県（全域）

それがさらに法的に具体化されたのが、明治四十一年四月一日施行の「沖縄県及島嶼町村制」（明治四十年勅令第四十六号）である。そして、この勅令に添付された「秘甲第四十二号　沖縄県及島嶼町村制制定ノ件」という表題の、内務大臣子爵芳川顕正《よしかわあきまさ》（一八四二〜一九二〇）から内閣総理大臣伯爵桂《かつら》太郎《たろう》（一八四八〜一九一三）へ宛ての、明治三十七年三月二日付「内部資料（趣意書）」には、次のように書かれている。

「方今《ほうこん》町村制ヲ施行セサル島嶼ノ町村ニ対シ新ニ自治ノ制度ヲ施行スルノ必要アルモ其ノ人文発達ノ程度各島嶼ノ間自ラ径庭《けいてい》アリテ勢ヒ同一制度ノ下《もと》ニ之《これ》ヲ律スルコト能サル《あたわざる》ニ依リ特ニ其ノ進歩ノ顕著ナル島嶼即チ島根県隠岐国ニ施行スヘキ《すべき》制度ニ関シテハ別ニ案ヲ具シテ閣議ニ提出セリ而《しこう》シテ右島嶼ヲ除ク他ノ島嶼ニ対シテハ稍《やや》其ノ程度ヲ低フスヘキノ必要アルヲ以《もち》テ専《もっぱ》ラ旧慣ヲ酌《く》ミ民度ヲ計リ其ノ実情ニ適応スヘキ制度ヲ設定セントス」

要するに、沖縄・奄美・トカラ列島・伊豆諸島・小笠原の島々は、明治国家の為政者たちから、文化の発達が遅れていて進歩もなく、したがって民度も低い、との〈お墨付き〉を頂戴してしまったわけである。もちろん、これらの島々には、固有の生活文化の伝統が強く保持されていたのである。そして、ここからわかることは、「沖縄県及島嶼町村制」が、実は、トカラ列島・奄美群島・沖縄諸島という広義の〈琉球弧〉と、伊豆諸島・小笠原諸島という〈連なり〉の島々に照準を合わせたものであることだ。

ちなみに、大正八年には長崎県対馬国と島根県隠岐国が対象地域から外され、普通町村制が施行された。大正九年には沖縄県も除外され、あくる十年には東京府の伊豆大島・三宅島・八丈島にも普通町村制が施行された。一方、利島・神津・新島・御蔵島・小笠原（父島・母島・硫黄島）には大正十二年、島嶼町村制が施行されたが、青ヶ島や北硫黄島の場合、「村」が設置されたのは昭和十五年四月一日の「普通町村制」導入のときである。しかし、無人島化した八丈小島は昭和二十一年まで、八丈島と深い関係を持つ沖縄県大東諸島は昭和四十七年の復帰まで町村制の枠の外に置かれた。

反ヤマトゥのウッナーの研究者や、とりわけ、彼らに同調するクニ（国地＝本土）の学者連は「沖縄県及島嶼町村制」という名辞に幻惑されて、「沖縄県」以下の「島嶼」を「沖縄県」の「離島」だけに、意識的に限定して読み違える傾向にある。その誤りを指摘しようとすると、彼らは怒り出すか、指摘する側の全人格を否定するか、黙殺《シカト》する。聞く耳を持ってくれない。「沖縄県及島嶼町村制」の「沖縄県」が対象地域から除外されたあとの「島嶼町村制」の地域は東京府の伊豆七島であり、伊豆七島の〈七島〉に含まれなかった式根島・青ヶ島・八丈小島などは「島嶼町村制」からも見捨てられたのである。そうした歴史的事実を踏まえて「沖縄県及島嶼町村制」の問題点を捉え直さなければならないだろう。

大分《だいぶん》、話がそれたが、ミコケが超強い男性のオトコミコの社人が「村」へ寄贈したというときの「村」は、町村制施行以前のムラである。すなわち、トカイサマの鎮座地は江戸時代の概念では「村持」である。いいかえれば、島共同体の共有地である。もちろん、昭和十五年の「青ヶ島村」の発足で「村有地」に組み込まれたはずである。

ところが、その子孫は、自分の家の〈続き〉にあるため、わが家のテイシバ（庭石場）のように思い込んでいたらしい。昭和三十二年ごろ、その家の宗旨が変わったことで、その石場の存在が次第に鬱陶《うっとう》しく感じられるようになった。そこで石場の周囲に竹を生やして外側からは渡海神社がまったく視えないように封印した。その精神的文脈の、過剰な論理的帰結の発露によって破壊行為が実行されたわけである。わたしはその破壊行為を許せないが、その宗教的心情の原理主義を、あえて否定しない旨、訪島時に直接伝えた。孤立していた、その人は目を逸らしたが、その目はにじんでいた。

これには後日譚があって、渡海神社は再建後、社有地を増やした。トカイサマに接する家々が連絡船の定期運航を祈念し、「渡海神社分」として私有地を渡海神社に、否、登記上は青ヶ島村に寄贈している。ただし、寄付した側は神社へ寄付したのであり、村へ寄付したと思っていない。実は、青ヶ島では、村で唯一の清受寺（広義の浄土宗だが、知恩院や増上寺などの宗務当局から認知されていない〝無縁〟寺）も、大里神社・東台所神社・金毘羅神社…等々も、渡海神社と同様、すべて村有地に所在している。

だからといって、ここで憲法違反だ、政教分離の原則から逸脱している、と短絡的に考えないでほしい。青ヶ島では昭和三十一年七月八日執行の参議院議員選挙まで、『日本国憲法』前文が冒頭で「日本国民は正当に選挙された国会における代表者を通じて行動し」と日本国民としての権利を高らかに謳いあげているにもかかわらず、『公職選挙法施行令』第一四七条の規定によって国政及び都政段階での選挙権を奪われていたのである。しかも、戦後のドサクサとその時代までは三〜八ヵ月ぐらいは船が欠航することも珍しくなく、国や都からの重要書類が届かなかった可能性が大である。昭和二十一年二月三日の神社本廳の発足も、昭和二十六年の宗教法人法の成立も、おそらく、知らなかったのであろう、と思われる。昭和四十七年八月、定期船あおがしま丸が就航するようになるまで、すでに数週間も前に回答期限が切れた重要書類が速達便で届く状態だった。いいかえれば、昭和二十年八月十五日の終戦にともない、いわゆる〝国家神道〟が終焉した時点で、〝寺社〟が江戸時代の〝村持〟の状態へ回帰したのである。そういうこともあって、青ヶ島には宗教法人法に基づく宗教施設は一ヵ所もなく、〝寺社〟は村有地に所在することになった。したがって、渡海神社への土地の寄付は自動的に村への贈与になる。つまり、形の上では神社（寺も）は村有地を無断で占有していることになる。

ときどき市町村などの地方自治体が神社に対して土地を無償で貸与していることが政教分離の原則に違反していると、浄土真宗系やキリスト教系の人びとによって訴訟を起こされ、大抵、神社や氏子の側が負けている。たしかに、現在の法理論では敗色濃厚となるが、そのような土地を江戸時代まで遡らせれば、「村持」か、検地の対象から除外された「見捨地《みすてち》」（つまり租税が掛からない）とか「除地《じょち》」である。ところが、明治国家は税収を確保するため、お雇い外国人の法律学者が提起した、欧州の勃興しつつある資本主義の法理論を採用した。こうして、いわゆるムラ共同体の所有や、入会地という概念は否定されたのである。そこで管理者個人の所有に変更されたが、それだと税金が掛かってくる。そこで、やむなく公有地としたところも多い。国家神道の時代はそれでもよかったわけだが、戦後、そこを衝《つ》かれて負けることになった。明治以降に創建された神社でも、創建時の氏子意識はムラ共同体の共有意識であることが多かったが、戦後民主主義は政教分離の視点から、それを否定するわけである。青ヶ島の民間信仰を見ていると、実に、いろいろなことが視えてくるのだ。

話が大幅に逸れたが、故・菊池梅吉オウサマ（翁様の義）によれば、同家のニワにもトカイサマがあり、自分のところのほうがより古いものだという。たしかに、梅吉屋敷のテイシバはかなりの規模の石場で、青銅製の鏡が朽ちたり割れたりした状態で無造作に置かれていた。ちなみに、『青ヶ島の生活と文化』の三四二ページを見ると、梅吉さんの祖父にあたる「百姓　菊池金次郎」が明治五年の時点で、鰹船一艘を持っていたことが記されており、この船が渡海に使用されたかどうか、判らないが、トカイサマを祀る必然性はあったと思われる。ちなみに、その他、鰹船を所有していたのは、名主佐々木次郎太夫持二艘、神主奥山廉蔵持一艘、百姓持一艘だった。

こうした点や、渡海神社の由緒に関する各種の伝承や、祠に刻まれた年月日を総合して判断すると、渡海神社の創建は明治三十年代以降で、現在のような形になったのは大正時代になってからのことだと推測される。もちろん、明治三十年以前に存在した可能性も否定できないが、渡海に直接たずさわる人びとの、かなり個人的なイシバサマであったと考えられる。そうしたトカイサマが結集して創建されたのかもしれない。

なお、八丈島のトカイサマは、江戸時代は「渡り明神」と呼ばれており、これは住吉神社系である。青ヶ島にもスミヨシサマが槍ノ坂の入口付近にあるが、これは炭焼きの守護神である。住吉が〝炭良し〟に通じることから、炭焼き神になったものと推測される。詳しくは拙稿「青ヶ島の神々＝スミヨシ様考」（田村善次郎・宮本千晴監修『あるくみるきく双書　宮本常一と歩いた昭和の日本〈一二〉関東甲信越②』（農文協、二〇一一年）を参照。

その意味でも、青ヶ島の渡海神社は純然たる民間信仰の神といえるだろう。もちろん、祭神は住吉神（表《うは》・中《なか》・底《そこ》の筒男三神《つつをのさんしん》と神功皇后）ではなく、トカイサマである。金毘羅神社とは神の職掌として競合することもあって、西郷というか青ヶ島の中心地ともいうべき立地に在ったにもかかわらず、チョウヤが建設されなかったのは、トカイサマの民間信仰的な要素が深く影響しているものと思われる。

向里の奥山神主家「屋敷」址の神々

休戸郷向里《むかいざと》の奥山神主家の屋敷址には、かつて神社があったと思われる場所がある。この向里という地名は、おそらく大里とか、あるいは大里居《おじゃてい》に対する地名であると考えられる。役場・学校がある休戸郷中原から流坂トンネル方向へ道路を行くと、駐在所の少し先でゆるい下り坂となり、西郷への近道となる「塔の坂」(その中間付近に佐々木次郎太夫の墓「中興開山之塔《ちゅうこうかいざんのとう》」＝都史跡がある)が右側にある。さらに、その少し先に「橋」があり、右側が「向沢浄水場」方面からの水路(通常は渇いている)で、左側はかなり深い谷(フジヤマボラサワ)になっていて、道路はそこで左側へ少しカーブしている。その谷の手前のあたりが「向里」になる。「向沢」も「向里」に対する地名であったことが想像できる。また、今は転出してしまっているが、「向里」姓は当然この地名から生じたのであろうと思われる。ちなみに、昭和四十七、八年ごろは二名の「向里」姓の人がこの向里の地ではないものの、村内には数名住んでおられた。

奥山神主家は大正か昭和の初めごろ、この向里から長ノ凸部《ちょうのとんぶ》へ移転したらしいが、長ノ凸部に坐《ましま》す金毘羅神社のチョウヤ内に祀られている神々の中で、「金毘羅宮」以外の天照皇太神宮《てんしょうこうたいじんぐう》・春日大明神・須賀神社・三嶋神社の四座はもともと、向里の奥山神主家の敷地内にあったものである。昭和四十七年ごろ、フジヤマボラサワ周辺の炭窯跡を探しているとき、この場所に入りこんでしまい、ここは何の神様だろうと思っていると、しばらくして奥山神主家のバイちゃんである奥山ち宇さん（一八九〇～一九八一）が「向里のあげ（我家）が屋敷址にも神様があろんて一緒に拝みにおじゃろごん」と誘ってくれたのがここだった。柱というよりも四本の枝の上にトタン板を覆ったようなヤシロがあった。また、かつて、ここに鳥居があったであろうと思われる箇所には、「奉納　天保八年閏九月之」と刻まれた力石があり、同地が神社の体裁を持っていたことがしのばれた。

この奥山神主家の神社に関して、萩原正夫著『伊豆七島志』（明治三十四年七月）には、次のような記述がある。

「(増)村社須賀神社　(増)向里鎮座祭神須佐之男命ナリト云　(増)社域廿六坪官有地
(増)村社東大所神社　(増)向里鎮座祭神大己貴神ナリト云　(増)宝暦七年再建スト云　社域四十坪官有地」

萩原正夫は本書冒頭の「序に代えて——孤島・青ヶ島との邂逅」で紹介した萩原正平（一八三八～九〇）の子で、父と共に伊豆国の地誌の編纂に携わった。『伊豆七島志』は正しくは『増訂豆州志稿　伊豆七島志』といい、江戸中期の国学者・地誌学者で伊豆三島生れの秋山章《あきやまあきら》（号は富南《ふなん》、一七二三～一八〇八）が寛政三年（一七九二）に編纂した『南方海島志』を萩原正平・正夫父子が増補訂正して改題したもので、(増)の部分は萩原正夫が増補したことを示すものであるらしい。ちなみに、わたしは昭和四十八年ごろ、青ヶ島小中学校で社会科の専任教諭をしていた、同世代の西川浩さん（その後、御蔵島小学校へ転任、平成十三年七月逝去）と、学校と役場が休みで、しかも定期船が来ないときの土曜日の午後や日曜日、崖を攀《よ》じ登ったり、竹薮を掻き分けながら、いしぶみを調べ、謄写印刷の『青ヶ島碑文集』を出したことがある。その西川さんがおそらく小林亥一氏から送ってもらったのであろう、『伊豆七島志』のその部分のコピーを持っていて、引用部分はそこからノートに写し取ったものである。

話が重複してくるが、萩原正夫は『延喜式』神名帳「伊豆國賀茂郡《かものこほり》　伊豆三嶋神社［名神大《みやうじんだい》。月次《つきなみ》・新嘗《にひなへ》］」の通称「三島大社」少宮司となった萩原正平の子である。父正平は国学《こくがく》四大人《しうし》の一人平田篤胤《ひらたあつたね》（一七七六〜一八四三）の門人として和方《わほう》（我国の古医道）復興に尽力した権田直助《ごんたなおすけ》（一八〇九〜九五）の弟子だった人である。この権田直助は五十四歳のとき討幕運動に加わり、維新後、大学中博士に任じられて皇漢医学道御用係となったが、文明開化の反復古派勢力の巻き返しで明治四年から一年以上も幽閉され、明治六年に許されたあと、大山阿《あ》夫利《ぶり》神社祠官《しかん》、伊豆三嶋神社宮司、皇典講究所《こうてんこうきゅうじょ》教授等を歴任した。一方、萩原父子は《伊豆学》の泰斗《たいと》というべき存在になったが、正平が伊豆三嶋神社少宮司に任ぜられたのは権田直助の〈引き〉もあったのであろう。

萩原正平は明治四年、韮山県出仕《にらやまけんしゅっし》として官命《かんめい》を奉じて伊豆七島式内社官社《いずしちとうしきないしゃかんしゃ》の調査のため、伊豆の島々へ渡海し、のち『伊豆国式社考證』『三島神社考証』『増訂豆州誌』などをあらわした。このとき青ヶ島へは渡れなかったが、八丈島には同年五月訪島し、神社ならびに旧跡を巡見し、大賀郷年寄菊池武兵、八丈惣神主奥山恭作及び奥山忠《ただ》恭《ゆき》らと会見し、彼らの案内で八丈島五ヵ村（大賀郷、三根、樫立、中之郷、末吉）の神社ならびに旧跡を巡見し、小島二ヵ村（宇津木、鳥打）へも渡島して調査をしている。そして、青ヶ島も含め、各村から「明治四辛未《かのとみ》年×月×日御改《おあらた》ニ《に》付申上候《つきもうしあげそうろう》」などの言葉で始まるか、「右之通《みぎのとおり》ニ《に》御座候《ござそうろう》以上」で終わる形式の「神社明細（記）」や、「神社古跡明細記」などを上申させている。

これらの「明細」をもとに、正平は大賀郷七社、三根村五社、末吉村四社、中之郷三社、樫立村五社、小嶋宇津木村一社、小嶋鳥打村一社、青ヶ嶋二社の計二十八社の書上《かきあげ》を行なった。すなわち——。

○

一　七社　大賀郷

大里　八小青惣鎮守　老婆《うば》神社　宝明神　岡里神社　大神宮　牛頭天王　源ノ神社　幸神
一五社　三根村
ヲニシマノ社三島明神　八幡宮　アラシマ太神宮　鞍ノ坂渡リノ神社　根田原神社弁天　〆
一四社　末吉村
三嶋神社　ツク子太神宮　住吉神社　津ヶ根八幡宮　〆
一五社　樫立村
八幡宮　稲荷社　太神宮　三嶋神社　金刀毘羅神社　〆
一社　小嶋宇津木村
八郎神社源為朝　〆
一社　小嶋鳥打村
戸隠明神　〆
二社　青ヶ嶋
大里神社　鐘馗神社　〆
惣計二十八社　（『八丈實記』第五巻、一一五〜六ページ）
〆

近藤富蔵（一八〇五〜八七）はこの「書上」にたいし、次のような憤懣を『八丈實記』の中に注記している。

「此上表《このじょうひょう》ハ大書記ナニカ謀計アリテノ偽作スル処、上ヲアザムキ嶋役人ヲタブラカス処ニ〆祠官長戸路《ながとろ》氏ハ新職故（知ラスシテ）マコト、思ヘリ、アマリ遺恨故奥山氏巡見シテ信偽ハ論セス取捨ハ御上《おかみ》ノ思召《おぼしめし》ナルヘシトアリテイニ上書シタル明細書トリカク《かき》シタレトモ守真《もりさね》（富蔵をさす―引用者）其本ノ下書ヲ写シテヂキニ明治九年渡海アル□□十等今井氏十二等岡和田氏エ進上セリ、又十一年東京府ヨリ渡海官員方ニモ八丈實記拠ニ右ノ始末上書致シ候□」（『八丈實記』第五巻、緑地社、一一六ページ）

つまり、近藤富蔵は、神社明細に記載された神社のほとんどが外されたことにたいし、素朴な怒りというか、書記の「謀計」「偽作」とまで罵っている。近藤富蔵が「神社明細」と考える神社の中には屋敷神、すなわちテイシバ（庭石場）のオボシナ祠や、明らかにトーゲサマと思われるような神まで含まれている。宗教民俗学の立場から見れば、こうした神々の中にも興味深い対象もあるが、正平はあくまでも式内社・官社の調査のため、八丈島を訪ねているのである。〈式内社・官社〉という視点から見れば、やはり取捨されるのは致し方ないと思われる。

たとえば、八丈島の場合ではないが、江戸の邸内社には久留米藩有馬家上屋敷（三田）の水天宮（現在の水天宮は明治四年、日本橋蛎殻町の同家中屋敷へ遷座したもの）や、大岡越前守忠相が下屋敷に勧請した赤坂の豊川稲荷（正式には曹洞宗妙厳寺豊川稲荷東京別院）などのように、今日も参拝者を集める有名な社も多い。東京・羽田の穴守稲荷神社の起源は江戸末期の新田開発の堤防の〝穴守〟として祀られた宇賀神《うがじん》で、鈴木新田（現在の羽田空港の一部地域）を開発した名主の鈴木家の邸内祠だった。穴守稲荷の場合、のちに「村社」となっているが、安徳天皇と二位の尼（平時子）を祀る日本橋・水天宮は「無格社」だった。どちらも「官社」でも、ましてや「式内社」ではないのである。

ところで、萩原正平が選択した二十八社の中から、明治七年六月、八丈島大賀郷の優婆夷神社・宝明神が足柄県の郷社に、明治八年十二月二十八日、小島宇津木村の為朝神社が村社に、同じ日付で青ヶ島の鐘鬼神社（大里神社）と東大所神社の二社が村社に指定されている。これを見てわかることは、一村一島の青ヶ島に村社が二ヵ所も定められるなど、八丈島五ヵ村で郷社一ヵ所、小島二ヵ村で村社一ヵ所と比べると、神道政策面ではどういうわけか、青ヶ島の場合は優遇されたことが想像される。おそらく、萩原正平は青ヶ島へ渡れなかったことを心残りに感じ、そういう措置を採ったのかもしれない。

この「二十八社」中、青ヶ島は「大里神社」と「鐘馗神社」の二社だが、村社の指定は鐘鬼神社と東大所神社である。すなわち、萩原正平は近藤富蔵いうところの、他の、もっと詳細な「神社明細」も参考資料とされたことが推定できる。『八丈實記』によれば、青ヶ島では十処二十五社が上申されているが、おそらく、それらも参考にされたのである。

近藤富蔵が「謀計」「偽作」と思い込んで、明治九年渡海の十二等岡和田氏へ「進上」したことは、流人近藤富蔵にとっては幸運な出来事だった。この「十二等」とは、明治四年七月制定の職官制度だと、下から四番目の判任官（八～十五等）の十二等で、「府県」の職制では「少属」である。ちなみに、伊豆代官の後身の韮山県令（のち足柄県令）は奏任官（四～七等）の四等である。その上に勅任官（一～三等）があった。明治九年というのは伊豆七島の所属が足柄県から静岡県へ変わり、十一年というのは東京府へ移管された年である。すなわち、十等（中属）今井信郎《いまいのぶろう》、十二等岡和田寛利《おかわだひろとし》などの静岡県官吏と出会うことができた。実は、明治維新にともなって、流人はすべて赦免の対象になったが、富蔵の場合は「謀計」か、単なる手違いだったのか、未だ赦免されずに放置されていたのである。それが、この出逢いによって、明治十三年（一八八〇）二月二十七日、ようやく赦免された。さらに、八ヵ月後には出島を許可され、同年十月二十九日、東京・鍛冶橋警視局裁判所において、元薩摩藩士でのち海軍大将となった樺山資紀《かばやますけのり》（一八三七～一九二二）から改めて御赦免の判決を申し渡される（小川武著『近藤富蔵◆物語と史蹟をたずねて』成美堂出版、昭和四十八年）。富蔵七十六歳にして、ようやく「流人」の身を脱したのである。また、岡和田に「下書」を提出したことで、富蔵の『八丈實記』の存在が世に知られることになる。

話は前後するが、萩原正平がもしも青ヶ島へ渡っていたなら、伊豆諸島における式内社の分布状況に変化がみられていたかもしれない。なぜなら、伊豆諸島には、伊豆國賀茂郡四十六座（大四座、小四十二座）の式内社のうち、大島三座（小）・利島《としま》一座（小）・新島《にいじま》一座（小）・式根島《しきねじま》一座（小）・神津島《こうづしま》二座（大）・三宅島十二座（小）・御蔵島《みくらじま》一座（小）・八丈島二座（小）の計二十三座（うち二座は名神大《みょうじんだい》）が点在している。これは周辺の駿河國廿二座（大一座、小廿一座）、甲斐國廿座（大一座、小十九座）、相模國十三座（大一座、小十二座）、安房國六座（大二座、小四座）、上総國五座（大一座、小四座）、下総國十一座（大一座、小十座）よりも多いのである。ただし、厳密にいえば、一部の式内社を除くと、伊豆半島側に論社《ろんしゃ》がある場合も多い。しかし、伊豆國九十二座（大五座、小八十七座）の半数の四十六座が賀茂郡にあって、さらに、その半数が有力な論社として伊豆諸島に点在しているらしいことは、多くの研究者が認めるところである。

ところが、八丈小島と青ヶ島には式内社がない。八丈島の優婆夷宝明《うばいほうめい》神社［祭神：優婆夷大神（八十八重姫）・寶明神（古宝丸）］は、式内伊豆國賀茂郡優波夷命《うばいのみこと》神社と同許志伎命《こしきのみこと》神社が合体した形とされているが、青ヶ島にも先の「十処二十五社」の一つとして、『八丈實記』には次のように「宝神社」及び「ウバ神社」が出てくる。

ミコノハマ
一、宝神社　石場　社地　長二間　幅一間半　村持
一、ウバ神社
（『八丈實記』第五巻、緑地社、一一四ページ）

現在、ミコノハマ（神子ノ浦）は断崖の崩落によって、浜（荒磯）へ降りる急勾配の道路（通称「神子道《みこどう》」）はほとんど消滅してしまっているが、昭和四十年代の中頃までは、三宝港の沖が時化で艀《はしけ》取りができないときは、神子ノ浦でカノー（カヌー）を使っての、乗客・郵袋・その他の雑貨類を降ろし、荷物や郵袋は牛の背に乗せてオカベまで上げていた。今は完全に失われているが、この神子ノ浦の磯のところにも数基の祠があった。現在、神子ノ浦を見下ろす場所には「神子の横原展望広場」があり、その真下の崖には、若干、崩れかけているが、かなり立派なイシバがある。ミコノハマから登ってくると、もう、その上がオカベ（休戸郷中原）という場所で、そのイシバは八丈島と八丈小島を見据えるように鎮座している。それが『八丈實記』のいうミコノハマの宝神社・ウバ神社である。

わたしは、この宝神社を、式内伊豆國賀茂郡許志伎命神社の論社の一つに数えてもよいのではないかと思っている。神子ノ浦には浅之助伝説ゆかりの岩礁〝神子様〟があるが、そのミコサマを宝神社の祭神古宝丸こと許志伎命を祀る御神体岩と考えることができるからだ。安津《あんづ》素彦《もとひこ》・梅田《うめだ》義彦《よしひこ》監修『神道辞典』（堀書店、昭和四十三年）の「人名篇」の「萩原正平」を担当した平井直房は、「事代主神が天孫に国を譲ってのち、伊豆七島に渡来し、后妃七人の腹に御子二十七人を生ませ、后妃は王子と共に該島開拓の祖となったことを考証した。八丈島や青ヶ島に伝わる始祖伝説の裏づけとなるものである」と書いている。平井氏は通称『三宅記』所載の三嶋大明神の伝説と、八丈島―青ヶ島の丹那婆《タナバ》（種婆の意）伝説とを若干ゴッチャにしている嫌いはあるものの、八丈島でいう抱艪《ろかこみ》長女《にょこ》、すなわち、青ヶ島でいうダドコニョコと、その子との関係は、〈優婆夷―宝明神〉すなわち〈八十八重姫―古宝丸〉に重なる。萩原正平は記紀神話とは異なる神話体系にも目を向ける度量を持っていたらしい。三嶋大社の明治維新以前の祭神は大山祇命だけだったが、それが事代主命になったのは萩原正平の調査が影響していると考えられる。ところが、この〈祭神変更〉は戦後、明治時代の〈国家神道〉の責任と考えられたのである。伊豆諸島の伝承を採用した国学者・神道家の説が誤解されたのである。ちなみに、戦後は事代主命・大山祇命の二神が祭神となっている。萩原正平が青ヶ島に渡れば、ミコノハマの宝神社を許志伎命神社の論社と考えたかもしれない。『延喜式』が編纂された一〇世紀前半以前に青ヶ島に人が住んでいたことが証明されれば、その可能性はより高くなるが、たとえ、そのころ無人島であっても原理的には可能であろう。

話がだいぶそれたが、正平が一枚かんでいる「明治四辛未年六月三日御改ニ附申上候」で始まる『青ケ嶋神社明細』には、向里鎮座の神社として、次の二社が記載されている。

向里

一、セウキ神社　神鏡　商貴帝

三嶋神社　金銅　中之郷山下与惣兵衛勧請

社　二間　行二間二尺　社地　表三間半　行三間

神地　池ノ沢畑二十歩

祭日　九月九日

神主持

別人別　山城ヨリ四代

奥山廉蔵重信

（『八丈實記』第五巻、一一四ページ）

これをみると、金毘羅神社に遷座・合祀された四座のほか、セウキ神社（すなわち大里神社）、東大所神社の両村社も、向里の奥山神主家の屋敷内にあった、ということになってくる。このことは何を意味するのであろうか。

おそらく、奥山神主家の神社というのは、奥山神主家に伝わる同家の守護神であるオボシナ（春日大明神、須賀神社、三島神社）と、島内各社の分祠を集めた総社としての役割を果たしていたのではないかと思われる。また、東台所神社、大里神社のチョウヤにある木製のお宮も、金毘羅神社の場合と同様、この奥山神主家の神社から移されたのかもしれない。

なお、この『八丈實記』記載の「中之郷山下与惣兵衛勧請」の「三嶋神社」の「金銅」製の神体は、金毘羅神社のチョウヤにある三嶋神社の「八丈嶋船頭山下与左エ門」奉納の「神鏡」のことであろう。

大根ヶ山の神明宮イシバ

大根ヶ山《おおねがやま》はフジヤマボラサワを挟んで東側に位置する。役場方面から来ると、流坂方向へ進む道路は沢を左に見る場所で左にカーブする。この辺りを通称タビノカドと呼んでいるが、その名はかつてこの近くに他火小屋があったからである。そのタビノカドのところに小さな道が付いている。左手にフジヤマボラサワを見下ろしながら、その小道をしばらく行くと、その先に大根ヶ山の神明宮の石場がある。この「神明宮」と思われる「神祠《しんし》」について、『八丈實記』は次のように、その由緒を記している。

「〇一二ハ神明宮

昔シハオ、子《ネ》ゲ沢ニアリ、山焼ノ後フシ山ニアリ、慶長十一丙午《ひのえうま》年ニ伊勢神用ノ材木漂着セシヲ伊勢崎次郎右エ門ト云フ者拾ヒ取テ神宮《かみのみや》ヲ造立シ太神宮《でえじんぐう》ヲ勧請セリ、其子孫《そのしそん》名主七太夫《しちだゆう》宝永三丙戌《ひのえいぬ》年社地ヲ広クシ方一丈二尺ノ拝殿ヲ建ツ由来記祭礼毎年九月廿一日〇神宝ニ浮田家茶壷アリ、是ハ当島ノ百姓金次郎ト云フ者八丈島ニテ秀家郷ノ釣針ヲ岩ニ掛テ困リ玉フヲ水中エク、リ《くぐり》テハヅセシ賞ニ貰ヒテ納メシト云云《うんぬん》」(『八丈實記』第二巻、緑地社、二〇三〜二〇四ページ)

これを読むかぎり、慶長十一年(一六〇六)、伊勢神宮の、おそらく式年遷宮ための御用木《ごようぼく》が青ヶ島に流れ着き、それを伊勢崎次郎右エ門が拾って、大根ヶ沢に御宮を造り、太神宮を勧請したが、天明年間の山焼後はフシ山に遷座して「神明宮」と社号を変更した、ということが解かる。大噴火の影響で地形もかなり変化し、八丈島へ全島避難した歴史もあるので、「太神宮」改め「神明宮」が鎮座地を変更した理由は納得できる。ところが、同じ『八丈實記』第二巻には、次のような文章が出てくる。

「…コ、ニ青ヶ島ニ於テカタジケナキハ唯太神宮ノ山バカリ火炎至ラス《かえんいたらず》、此処ニ遁レタル庶民ハカリ《ばかり》ゾ存命スト神徳ヲ尊ムベシ…」(同書、一六二ページ)

すなわち、忝《かたじけな》くも太神宮が鎮座している山だけが火炎に至らず、太神宮の御神徳の尊さによって、ここに逃れてきた人々だけが生き残ったわけである。もし、そうであるならば、遷座及び宮号の変更は行なわなくてもよいはずである。しかし、「フシ山」周辺を捜してみても該当する神社あるいは石場はなかった。にもかかわらず、「明治四辛未《かのとひつじ》年六月三日御改ニ附申上候」で始まる「青ヶ嶋神社明細」には、次のように書かれている。

「フシ山

一、神明　社方一間　地方二間　祭九月廿一日　村持

天明年中村長宅ヨリ勧請」(『八丈實記』第五巻、一一四ページ)

ここで疑問がさらに拡大する。というのも、もし天明年間に村長宅から勧請したものなら、天明年間は「山焼け」の時代であり、「山焼後」とは絶対にいえないからである。おそらく、「フシ山」に遷座したのは還住・起し返しの後の天保年間であったろう、と思われる。その神明宮は、明治四年には、たしかに「フシ山」にあったのである。

ところが、実は「フシ山」の所在が不明なのである。おそらく、この「フシ」は《フジ》と読むはずである。

池之沢中央に座る丸山（標高 273 m）。天明年間の噴火によって形成された内輪山
（青ヶ島村役場発行の絵葉書から）

すなわち「フシ山」とは「富士山」を意味することになる。しかし、青ヶ島には富士山はない。その代わり、オフジサマと呼ばれる祠がある。

このオフジサマは青ヶ島火山のカルデラ地域「池之沢」の中央部に位置する丸山《まるやま》（海抜二二三メートル）の、ほぼ頂上付近に鎮座している。「池之沢」という地名は天明の「山焼」、すなわち噴火以前に、このカルデラ地域に「大池」と「小池」という二つの火口湖があったことに因むものである。八丈島へ島民が避難した後の噴火の過程で、この地に周囲の外輪山よりも低い中央《ちゅうおう》火口《かこう》丘《きゅう》が形成され、やがて草木も生い茂り「丸山」と名付けられた。ただし、西側斜面に地熱の高い部分があって、その周辺だけが赤茶けた山膚を露出させている。

その地熱の高い部分からは蒸気が立ち揺らぎ、雨上がりの時などは強く立ち上る光景が見られる。そういう蒸気が立ち上る根もとを噴気孔《ふんきこう》といい、島言葉ではフンカとか――最近では「ひんぎゃ」という青ヶ島固有の古語が復活している――と呼んでいるが、その孔を少し棒などで拡げ、そこに卵やカンモ（サツマイモ）を草で包んで入れると、一時間ほどで茹でたり蒸かすことができる。平成四年、その付近に室温六〇度Cの村営施設「青ヶ島ふれあいサウナ」（地熱サウナ風呂）が開設され、そこでも蒸かしイモや温泉タマゴを作ることができる。また、その近くには地熱を利用した「ひんぎゃの塩」の製塩場もある。ちなみに、「ひんぎゃ」の語源は「火《ひ》の際《きわ》」が有力視されているが、わたしは噴火時の真っ赤に焼けた火山礫が飛んでいる光景を想起させる「火ぬ矢」ではないかと思っている。

八丈島では、〈お富士詣《ふじまい》り〉と称して、かつては七歳の男児が八丈富士火口内の浅間神社（祭神・木花咲夜姫《このはなさくやひめ》）へ参詣する習慣があったという。青ヶ島でも一定の年齢になると、このオフジサマ詣りをしたことがあったらしい。おそらく、八丈島での避難生活の際、そうした信仰が取り入れられたに違いない。あるいは、火山活動が静

大根ケ山の石場（2007 年 1 月、撮影・土屋久氏）

まってほしいとの願いから丸山の山頂に富士浅間神社を勧請したのかもしれない。

つまり、「フシ山《やま》」＝富士山ではなかったことになる。俗信仰では、フジ（富士）はフシ（不死）に通じるといわれているが、太神宮の御神徳の尊さで火炎が至らなかった、という『八丈實記』所載の伝説がある太神宮の鎮座地の山こそ、まさに「フシ山」の名に値する。おそらく、「太神宮ノ山」が「フシ山」だったのであろう。フジヤマボラサワという地名も、そこから生じたと考えることができるだろう。ただ、その「フシ山」がフジヤマボラサワの西側（向里）なのか、東側（大里）なのか、という点は微妙な問題として残るかもしれない。しかし、素直に考えれば、現在の大根ヶ山を「フシ山」に比定するのが論理的だが、かつて向里に存在した奥山神主家の屋敷には「天照皇太神宮」のお宮があって、現在は、それが長ノ凸部の金毘羅神社のチョウヤの中央に据えられているからである。奥山神主家の「太神宮」の起源は何だったのか、ということがわかっていない以上、即断できないからである。

現在、大根ヶ山のイシバには、金山様の祠や、梵字を彫った石や、たくさんの素朴な祠があって、今はあまり詣でる人がいないが、かなりの規模の石場であったことがしのばれる。この大根ヶ山「神明宮」について、『八丈實記』は次のように記している。

「○大根ヶ山、神明宮　末社多　　祭九月十二日　卜部持」（『八丈實記』第二巻、二〇七ページ）

「　大根ヶ山

一、神明　社石場　　社地　六間　二間

　祭　九月十二日

卜部持　　　　　　　　代々廣江佐治右衛門信宗」（『八丈實記』第五巻、一一四ページ）

この二つの記録をみると、祭祀が名主や神主から卜部へと移っていることがわかる。〈大根ヶ沢の太神宮〉改メ「フシ山の神明宮」と、この「大根ヶ山　神明宮」がイコールの関係で結ばれるのかどうか、わからないが、還住・起し返しの状況の変化で祭祀権が名主・神主から卜部へと移動した可能性がある。おそらく、それと関係しているのであろうか、例祭日が「九月廿一日」から「九月十二日」へと変化している。

ちなみに、この「大根ヶ山　神明宮」は「末社多」とあるように、多くのイシバから構成されているが、そのイシバの続きには、竹薮で遮断された感がするものの、もう一つのイシバがある。そこには巫女の浅沼キミ子バイのオボシナサマであるカナヤマサマがトタン屋根の下にひっそりと祀られている。さらに、その周辺の草むらや竹薮を「焼鎌《やきがま》の敏《と》鎌《がま》以《もち》て打ち掃う事の如く」（大祓詞）すれば、もっと広いイシバが出現する。この三つの石場がもともと一つのものなのか、あるいは成立年代を別にしているのか解からないが、この大根ヶ山の神明宮のイシバには旧名主家の屋敷内の道からも行くことができた。

これらの三つの石場は、「オ、子ゲ沢」すなわち山焼以前の伊勢崎系佐々木の名主家のあった「大根ヶ沢」の「太神宮」改メ「神明宮」の、「フシ山　神明宮」の、「大根ヶ山　神明宮」のイシバを、それぞれ指しているのかもしれない。この連続した三つのイシバを統合すると、その規模は大里神社や東台所神社、金毘羅神社のイシバを軽く凌駕する可能性が大だ。今はほとんど忘れかけられているが、明治維新期の神社政策ではここを村社に指定してもおかしくないほどの由緒と規模を持っていたと推定できる。

ところで、「フシ山　神明宮」の「神宝」の「浮田家の茶壷」は、まさに伝説の相貌を持っている。ここに登場する「浮田家」とは豊臣秀吉の五大老の一人で、備前岡山五十七万四千石の大名だった宇喜多秀家（一五七二〜一六五五）に発する家系である。宇喜多秀家は関ヶ原の戦いで敗れたあと改易され、慶長十一年（一六〇六）、死一等を減ぜられて八丈島へ流された。中間《ちゅうげん》、乳人《めのと》、下人《げにん》を連れての総勢十五名の流謫だった。「浮田」は流刑後の姓である。十五人の中には正室・豪姫（一五七四～一六三四）との間に生まれた秀高（一五九一～一六四八）と秀継（一五九九～一六五七）の二子もいた。秀高は八丈島地役人奥山縫殿之助の娘を娶って二家の祖となり、秀継も五家を興したが、豪姫は加賀百万石の前田利家の四女だったことから、前田家からは明治維新まで仕送りが続き、幕末には浮田一統は分家を含めて二十家に増えていた。

浮田家本家の当主は身分的には世襲の流人とされたが、徳川将軍の代替りのたび伊豆代官などが八丈島へ巡見に訪れるときは真っ先に浮田家の当主に挨拶に行くほどの威光を保持した。明治維新にともない、十六代続いた当主の流人の身分は解かれ、二十家中七家が明治三年（一八七〇）に上京して東京板橋の加賀藩下屋敷跡に移住。明治六年には、明治天皇から下総国の浦安に約二万坪の土地を賜わり、その後、浮田本家の当主は男爵を叙爵している。明治期・大正期生れの八丈島や青ヶ島の女性の中には、宇喜多男爵家での奉公の経験を持った人もいたようだ。

宇喜多秀家は大賀郷の南原海岸で釣りに興じたと伝えられており、「秀家郷ノ釣針」の伝説と符合する。しかし、その釣針が秀家が実際に釣りをしていたときのものなのか、秀家から伝わった釣針を子孫の浮田家当主が釣りをしたとき岩に引っ掛けたのか、ということについてはわからない。百姓金次郎はおそらく元村長で平成二年九十九歳で身罷られた菊池梅吉さんの先祖にあたる人と思われるが、この金次郎がいつごろの人で、八丈島にいたという時期も不明だ。青ヶ島には泳ぎの名人がいつの時代にもいたので、伝説のような出来事が実際にあったのかもしれない。かつての青ヶ島のイシバには相当年代物の壺などが無造作に置かれていたが、そうしたものも今はほとんど見られないようである。

池之沢・弁天神社イシバ

天明年間の噴火以前、この池之沢には周《めぐり》二十八町（約三キロメートル）の大池、その南側には周十二三丁（千三、四百メートル）の小池という二つの火口湖があった。『八丈實記』第二巻（緑地社）には「其中島ニ天女宮アリ」（同書、一五八ページ）とあるので、弁天はおそらく大池の中の島に鎮座していたものと思われる。現在、池之沢の北部には「中之島」という地名があるが、その地を指すのか、具体的には定かではない。その大池・小池の周囲には水田がひろがっていたらしく、山焼以前のかつての青ヶ島は伊豆諸島ではかなり豊な島であったらしい。ちなみに、現在の中之島の近くには、島庁出張所跡があり、そこには大きな桜の木が茂っている。

明治四年の『青ヶ嶋神社明細』によれば、池之沢には次の三社があった。

池ノ沢

一、大川戸神社　社方九尺　祭九月十七日　神主　名主持

一、小池ヶ神社　社地二間半　二間　村持

一、弁天

（『八丈實記』第五巻、一一四〜一一五ページ）

この三社の記録が山焼の以前の状態を指しているものなのか、以後なのか、はっきりしないが、現在の池之沢弁天は「大橋水源」の、かつて学校プールのあった場所の近くのイシバの中に祀られているようである。しかし、

本来は、これら三社は別々のところに祀られていた。『八丈實記』第二巻によれば、「〇大川戸明神、大池小池ノ間ニアリ〇小池明神、小池ノ傍ニアリ」（同書、一〇二ページ）と出てくる。これで池の「中の島」にあった弁天の小祠を含めて、噴火前の鎮座地の関係がおぼろげながらわかることになる。

また、還住・起し返し成就後の記録では、次のように記されている。

〇大川戸明神　池ノ沢　祭　九月十七日　神主　名主持
小池《コケイ》明神　祭　九月十七日　村持
弁天　祭　九月十七日　村持（『八丈實記』第二巻、二〇六ページ）

ちなみに、大川戸の川戸（カワド）は今日の金土《かなど》ヶ平《がたいら》に該当すると思われ、『八丈實記』第二巻には「嘉和登ヶ平」「カワトヶ平」（同書、一五五ページ）とも表記されている。とくに、前者は「嘉和登ヶ平ト申所ニ社地有レ之候」とあり、この嘉和登ヶ平に大川戸明神が鎮座していたことがわかる。ちなみに、このカワド、今日のカナドの地名は八丈島にもある。八丈島で「金土」「神土」で表記される地名がそうである。

カムド、あるいはカナドは火山噴火の際、溶岩が流出したことを示す地名らしい。すなわち、神土（カムド、カンド）は神の出現（顕現《けんげん》）を意味し、金土（カナド）のほうは溶岩の流出の様子が金属が溶けている形状に近似していることからその漢字が充てられたようだ。溶岩流で熱せられて赤味を帯びた土を「金土」と呼ぶらしい。八丈島には八戸金土、千鳥金土、金土川などの、八丈富士の山麓に「金土」の付く地名が点在している。また、三根には神止山《かんどやま》（一九五メートル）もある。

青ヶ島の金土ヶ平は檜ノ坂と流坂との間の、池之沢のカルデラ地帯の平坦な場所の地名である。ここが一〇〇%イコールの「嘉和登ヶ平」なのかわからないが、安永九年（一七八〇）子七月の噴火の際の〈御注進書〉によれば、「…小池近辺ハ小池入ト申神土ニテ」(『八丈實記』第二巻、一五五ページ)とあり、小池の周辺が〈カムド〉であったことがわかる。もちろん、嘉和登ヶ平の「カワト」が水汲み場としての、あるいは井戸・泉を意味する〝カワト(川処)〟である可能性も捨てきれない。

実際、天明元丑年(一七八一)十月の青ヶ島名主七太夫の文書には、「大川ノ沢ト申所ニ井戸有之、是ハ弥次郎掘ル由四郎右エ門代ニ井戸ヨリ川太郎出シヲ四郎右エ門切捨ル由申伝タリ」(同書、一五三ページ)とあって、大川戸が井戸であったらしいことがうかがえる。しかも興味深いのは、川太郎すなわちカッパ(河童)が井戸から出てきたので、その河童を切り捨てたという伝説があることだ。「四郎右エ門代」とあるのは、おそらく彼が名主だったからであり、名主が直々、切り捨てたということであろう。しかも、この井戸が六月から秋にかけての日照りで水がなくなったとき、井戸の底から石が一つ出てきて、その石には「伊勢之」の三字が書かれていた、という後日譚も記載されている。いうならば、神秘の、あるいは神聖な井戸だったわけである。

この嘉和登ヶ平でも噴火が起きている。その意味ではカナド(金土)であったし、カムド(神土)であった。否、青ヶ島火山の外輪山の内側のカルデラ地帯の池之沢の全体が〈金土〉であり、〈神土〉であったといえよう。そのため、溶岩の流出や、火山弾・火山礫・火山灰の堆積で、大池小池が埋まり、中央火口丘が形成されるなどの激しい火山活動で、池之沢の地形は一変してしまった。大川戸明神、小池明神、弁天の三社は文字どおり溶岩の下に埋没してしまったのである。正確な鎮座地は最早わからなくなってしまったわけである。

その中でも、池の「中の島」に鎮座していた弁天の小祠の中には、実に珍しい物が置かれていた。「青ヶ島ニ古《いにしへ》ヨリ鎮座ノ神祇四座アリ、神明、大里、辨天、巽島是ナリ」と出てくる〈弁天〉である。『八丈實記』第二巻には、次のように記されている。

池之沢弁天（2004 年 11 月撮影・土屋久氏）

「〇三二ハ辨財天
尊像ノ裏書ニ天長七年（八三〇）七月七日於江島辨財天秘密護摩一万座奉修行、以其灰此形像作也、空海ト記シアリシト云フイツノコロニヤ漂着ノ舟人将来シテ池ノ沢ニ勧請シタルガ天明三癸《みずのと》卯《う》年山焼ノ時隠没スト云々祭礼九月十七日〇又一説ニ観世音大菩薩ノ像トハ寛政年中（一七八九〜一八〇〇）漂着ノ誤ルナラン」（同書、二〇四ページ）

さらに、この像については、豆州富南秋山章《ふなんあきやまあきら》『伊豆海島記（南方海島志）』（『八丈實記』第二巻、緑地社、所収）の「青島　神祠」条に、次のように記されている。

「〇弁天宮、池渓ト云処ニ在ル小祠也、像ハ空海造ル、古瓦ヤウノ物ノ表ニ弁天及ヒ十五童子ヲ鐫刻《せんこく》ス、殊《こと》ニ精密也、裏ニハ手迹《てじゃく》アリテ文理《スジ》マテ明ニ見ユ、其指ノ迹ノ内大指ニ天長二年七月七日ノ八字アリ、食指《ヒトサシユビ》ニ於テ江《えの》島弁財天《しまべんざいてん》法ノ七字、中指ニ秘密護摩ノ四字、无名指（薬指）ニ一万座奉行ト、小指ニ以其炭此形像作者也ノ九字ヲ刻ス、手心ニ空海トアリテ下ニ印アリ、印文奇怪不レ可レ読、瓦ヤウノ物ハ千文ヲ以テ見レハ護摩炭ノ細抹シネリ固ス其未ダ軟ナルウチ空海親ラ手ヲ印シタル也、ソノ瓦ヤウノ物長尺余、濶七寸、厚寸余何レノ年代此ニ安置スルヲ不知《しらず》、按ニ此本物本洲八牧、常念寺江梨大瀬弁天ニモ有リ、与二青島物一同シ、又鎌倉ニモ有リト云」（同書、一〇二〜一〇三ページ）

この「古瓦のような物」を通称「瓦弁天《かわらべんてん》」といい、もちろん、青ヶ島には残っていないが、これと同じものは神奈川県藤沢市江ノ島に鎮座する江島神社境内の「弁天堂」で拝観料を払えば拝観することができる。この弁天堂には「瓦弁天」が二体収納されているが、正式には「弘法大師護摩灰弁財天 并《ならびに》 十五童子塑像《そぞう》」と呼ばれている。その表面には宇賀弁財天《うがべざいてん》と従者の十五童子などが配置され、表面には左手の手形と、その中に指紋状の空海の花押が記されている。そして、すでに紹介したように、手形の指の所には、親指から小指にかけて「天長七年七月七日、於江島弁財天、秘密護摩、一万座奉修行、以其灰此形像作者也」と記している。これを読み下し文にすると、「天長七年（八三〇）七月七日、江島に於て、（空海が）弁財天の秘密護摩（密教の護摩）を一万座修行し奉り、その灰を以てこの像を作るものなり」ということになる。

江島神社の調査によれば、この瓦弁天は、伝聞のものも含めて現在、全国で五十一体が確認されている。青ヶ島の瓦弁天も伝聞の一体である。ちなみに、山伏（修験者）で陶芸をかじったことがある人にこの話をしたら興味を持ち、彼が試作してみたところ、いわゆる護摩の灰だけでは作れなかったという。粘土をかなり混ぜないと難しいらしい。「瓦のような物」「瓦弁天」と呼ばれるのも、まさに、むべなるかなである。もちろん、弘法大師空海が江ノ島弁天の岩窟で一万座修行をしたときに作ったものではない。あくまでも伝説である。大師信仰の高まりと江戸庶民の江ノ島弁財天への信仰が合体した後世に作られたものであるらしい。しかし、それが遙か遠く青ヶ島にまで伝来し、そのことが噴火前の古文書に記録されたという事実に意味がある。弁天像を立体的に瓦に焼いたものも時々見かけるが、これはここでいう「瓦弁天」ではない。

現在の弁天神社は池之沢の大橋水源の、以前「学校プール」があった右奥の岩場の中に祀られている。そこは周囲を苔むした大きな溶岩に囲まれ、鬱蒼《うっそう》とした樹木の下に、ひっそりと大川戸明神や小池明神とともに祀られている。ネギノミヤ、ベットーオボシナなど、たくさんの神々を祀ったイシバによって構成され、さながら古代の祭祀空間の様相を思わせる雰囲気を醸し出している。それというのも、昭和四十年代の後半にはほとんど誰も訪れなくなってしまったからである。あたかもジャングルの木々に覆われてしまったように、隠れてしまったのである。

ところで、池之沢は周囲を外輪山で囲まれているため、冬の季節風を受けにくく、また地熱のお陰で冬季は過ごしやすい。そのため、昭和三十年代の中頃までは十一月ごろから三月ころまで、池之沢で暮らす家も多かった。オカベと池之沢の二ヵ所に家を持っていたのである。そのころは、旧暦九月十七日の祭の日には、この石場にムシロを敷いて読み上げ祭りを行なったという。時には夜っぴいって祭りをしたという。現在の池之沢は夜間、事実上の無人地帯になるが、昭和四十八、九年までは青ヶ島では当時唯一の二階屋があり、老夫婦が住んでいた。ちなみに、わたしは最低、二週間に一回は徒歩で槍ノ坂を下って訪ねた。また、池之沢には石積み・藁葺きの家があり、足腰が痛む梅雨時だけ、そこで生活する老人もいた。そうした人たちも弁天の石場に参拝した。

Ⅲ部

空から見た青ヶ島

妖怪キンチメとカナヤマサマ

青ヶ島には、キンチメと呼ばれる妖怪が棲んでいる。日本語学者の金田一春彦《きんだいちはるひこ》（一九一三〜二〇〇四）が〈万葉集東歌《あづまうた》方言〉（一般的には神代東国《じんだいとうごく》方言、あるいは、古代東国方言と呼ぶ）と名づけた〝八丈―青ヶ島方言〟によれば、キンチメのメは「小さいもの・可愛らしいもの」に付ける縮小辞（接尾語）である。そうしたやさしい語感が物語るように、あまり怖い感じを与えない。わたしはウッナー（沖縄）のキジムナー（キジムン）のように思い込んでいた。実際、キンチメはそう怖れられた妖怪ではなかったので、わたしはキンチメのキンチを「キ（木あるいは気）ヌ（の）チ（霊）」の義でないか、と思い続けてきた。まさに、キジムンの親類のように考えてきたのだった。

キンチメの気配を青ヶ島で強く感じたのは、昭和四十八年ごろ、当時、休戸郷中原にあった教員住宅でキンチメ出現の騒動があり、翌日、その噂が島ぢゅうに広がったときである。そのころ、わたしは役場職員をしていたが、「見た」という数名の教員から青年団の会合の際、直接その話を聞いた。深夜、教員仲間が酒盛りをしているとき、「白いふわふわとした人魂のようなものが飛んできて消えた」というのであった。なかには「目玉のようにも見えた」という人もいた。わたしは青ヶ島に来る前に吉本隆明（一九二四〜二〇一二）氏の『共同幻想論』を読んでいたから、青ヶ島という〈島共同体〉では、外部からやってきた人でも数年住み続けると〈共同幻視〉の体験を共有することができる土地なのだ、と思って喜んだ。神話が絶えず発生可能な土地ということである。

実は、そのとき内心、〈一目小僧〉ではないかと、と思ったほどである。しかし、メは縮小辞という固定観念のため、さらに、ご神木や、炭焼き用の木を伐採するとき、切り倒される樹木の霊を付けるために残す一本の木としての、キダマ（木玉・木霊）サマ（様）への強い関心から、キンチに一番近いカンチの音韻に気付かなかった。状況証拠的には、おそらくキンチメは〈一つ目〉系統ではなかったか、と思えたにもかかわらず、である。

一方、青ヶ島にはカナヤマサマという怖い神様がいらっしゃる。昭和四十八年当時、青ヶ島には十三ヵ所（一説では十四ヵ所、うち十一ヵ所を確認）にカナヤマサマを祀った場所がある。わたしがこのカナヤマサマに初めて出会ったのは昭和四十六年五月のことだった。

役場職員になるため青ヶ島へ初めて渡り、同《おな》い年の職場の先輩に連れられて、休戸郷の大里居《おじゃてい》の〝名主の家〟へ挨拶に出かけたときのことである。屋敷の入口の丸石の玉石垣に囲まれた苔むした祠があり、「何、この変な神様は…?」と口走ってしまったのである。すると、彼は「ワーッ、あんだらぁて、変どう神様だららって、おっかなけことぅ、金山様に目をつぶされるわよー」と、あきれながらも、とても心配してくれた。わたしは咄嗟に「鍛冶屋の神様は友達だから大丈夫ですよ」と答えたが、その時点で柳田國男の『一目小僧その他』を読んではいたものの、じつは、カナヤマサマが鍛冶の神様であることを知らなかった。単なる鉱山神と思っていたのである。記紀神話では、この金山神はカナヤマヒコ（記・金山毘古、紀・金山彦）、カナヤマヒメ（記・金山毘賣、紀・金山姫）の二神からなり、イザナギとイザナミの〈神産み〉の際、イザナミが火の神カグツチ（記・火之迦具土神、紀・軻遇突智）を産んで美蕃登《みほと》（女陰）に火傷《やけど》を負い病み臥せったとき、その多具理《たぐり》（吐瀉物《としゃぶつ》）から化生した神である。嘔吐物と金属が鎔けた状態のアナロジーである。ともあれ、これが青ヶ島の神様との本格的な

“名主の家”のカナヤマサマ
（2007年1月、撮影・土屋久氏）

出会いの始まりだった。

すなわち、このカナヤマサマは青ヶ島では〈荒ぶる神〉として怖れられているのである。今はそうでもないが、カナヤマサマを祀っている家の悪口を言うと、カナヤマサマの祟りがあると思われてきた。カナヤマサマを家々のうち、明らかに鍛冶屋だったのは昭和三十年代に八丈島へ転出した家のものだけだったが、鍛冶屋という存在は全国的に見ると、何となく怖れられていたらしい。というよりも、その守護神へ畏敬の念を人びとは強く感じていたわけである。

昭和四十六〜四十九年ごろ、カナヤマサマは島内十三ヵ所（一説では十四ヵ所、うち十一ヵ所は直接に確認）に祀られていたが、このうち明らかに鍛冶屋に関係しているのは仙太郎鍛冶のカナヤマサマだけだった。広江仙太郎は明治十四年十月十三日生まれで、戦時中、疎開先の静岡県に転籍し、戦後、青ヶ島へ帰島したが、昭和三十二年ごろ八丈島へ転出し、その後、八丈島で身罷られた。青ヶ島在島中は鍛冶屋をされていたが、昭和四十八年ごろはその廃屋がまだ辛うじて残っていた。

昭和四十八年の秋、当時、都教育庁文化課に嘱託で在職されていた民俗学者・歴史学者・仏教学者の金山正好《かなやままさよし》（一九〇五〜一九八五）氏が来島されたおり、わたしは同氏を案内して仙太郎鍛冶の、その崩れかけた廃屋を訪ねた。屋敷内には朽ちかけたフイゴや金床《かなどこ》があり、神棚にはカナヤマサマを祀った御宮もあった。まさに、ここが鍛冶の作業現場であることが偲ばれる光景であった。そのとき、金山先生がカナヤマサマの御神体を見たいというので、禊祓詞を奏上したあと、同じ「金山」の誼《よしみ》で御宮を開けたところ、御神体は一見溶岩に見えたものの、実際は金糞《かなぐそ》（鉄の残滓が溶けて石のようになったもの）であった。遠い記憶を辿ると、その仙太郎鍛冶のカナヤマサマを祀っている御宮を置いた神棚には、比較的新しい感じの御幣があったので、誰かが秘かに祭祀を続けていた可能性がある。仙太郎鍛冶の屋敷跡は今ではその跡形すらわからないほどになってしまっているが、御神体は誰かが継承しているのかもしれない。

　この仙太郎カナヤマを含めて確認された十一カ所のカナヤマサマのうち、何らかの形で鍛冶（職）と関係があるのは五～六ヵ所と思われる。菊池梅吉翁によれば、自分の屋敷でカナヤマサマを祀っているのは先祖が鍛冶屋をしたことがあるからだという。社人・巫女ではない家でカナヤマサマを祀っている場合は、どこかで鍛冶と関係があったのかもしれない。

　十一カ所の祀られている場所を見ると、神社内にあるのは大里神社の「下の石場」と大根ヶ山の神明宮の石場の二ヵ所で、屋敷内あるいは旧名主家や梅吉屋敷のように、屋敷の庭石場（テイシバ）にあるのは七ヵ所、他の二ヵ所は遠く離れた他の石場である。中村倉一さんのカナヤマサマは、自宅内の、一見すると押入れのような神床に無造作に置かれた箱の中にあった。すなわち、これはカミソウゼをした人が自分のオボシナサマを入れて拝むミバコ（御箱）である。このカナヤマサマは倉一さんが相続というか継承したものらしい。また、これらのカナヤマサマの間には《オヤーコ》関係があるらしく、どこそこのカナヤマサマはだれそれのカナヤマサマの分れで、さらに某々の孫にあたる、などもいわれている。詳しいことは当時のメモを紛失してしまったので、わからなくなってしまった。

　何度も書いているが、青ヶ島では社人・巫女になるためには、カミソウゼ（神奏ぜ・神請ぜ）という入信儀礼を受けなければならない。しかし、希望者の誰もがすぐなれるかというと、そうではなく、ミコケがあるということが前提条件となる。このミコケというのは、漢字で書けば「神子気・巫女気」のことで、ミコになりうる霊的潜在能力のことである。そして、カミソウゼを経て社人・巫女になると、そのとき守護神となった神（仏教系の場合もある）をミバコ（御箱）に入れてオボシナサマとして祀る。このオボシナサマ（オボシナはウブスナ＝産土の転訛）を対象とした個人の祭りをオボシナ祭りといい、旧暦の霜月（十一月）八日に行なわれる。普段は白い御幣だが、この日は五色の御幣を立て、オボシナサマに神饌を奉り、親類縁者を招いてご馳走をする。

実は、この日、本土では「フイゴ祭り」と呼ばれる、鍛冶屋や鋳物師の祭りが行なわれている。ただし、本土のフイゴ祭りの場合は、旧暦十一月八日、陽暦十一月八日、一月《ひとつき》遅れの十二月八日だったりしている。青ヶ島では本来「カナヤマ（金山）祭り」と呼んでいて、この日はカナヤマサマをオボシナサマとする人の祭りだった。しかし、やがてそれが他の神様をオボシナとする人にまで拡大し「オボシナ祭り」となったわけである。つまり、青ヶ島では、それほどまでにカナヤマサマは重んじられ怖れられてきたことになる。

そうした信仰の風土の中でのキンチメである。カナヤマサマの悪口を言うと、目がつぶれるかもしれない、という口碑とキンチメは関係がありそうだ。もしかすると、キンチメは鍛冶神カナヤマサマが零落した存在かもしれないし、あるいは、カナヤマサマの眷属なのかもしれない。

実は、キンチメのキンチに近い語にカンチがある。柳田國男は『一目《ひとつめ》小僧《こぞう》その他』の中で「眇《すがめ》をカンチといふのは鍛冶の義であって…」と書いている。『広辞苑』によれば、スガメ（眇）とは「①片目が悪いこと。②やぶにらみ。斜視。〈和名抄《わみょうしょう》〉③瞳を片方へ寄せて物を見ること。よこめ。流し目」とある。いうならば、「一つ目」はスガメのバリエーションである。踏鞴師《たたらし》は古代溶鉱炉のタタラの中の鉄の熔解状態を見るため、ホド穴から覗き込んでいるうちに片目を傷めてしまう。また、鍛冶師は真っ赤に焼けた鉄を打つとき、その鉄片が目に飛び込んだりして、やはり目を傷めてしまう。鋳物師《いもじ》も〝湯《ゆ》〟と呼ばれる金属を鋳型に流し込むとき、同様の憂き目に見舞われてしまう。

カンチは蹈鞴師、鍛冶師、鋳物師の総称である。『古事記』では「鍛人《かぬち》」として出てくる。カンチが鍛冶であるのは、カネウチ（金・鉄＋打ち）⇒カナウチ⇒カヌチ（その音便形がカンチ）⇒カヂ（鍛冶）と変化してきたからである。すなわち、古代、鍛冶屋はスガメの「一つ目」と見られていたのである。当然、その守護神も「一つ目」である。それが零落化して妖怪化したのが〈一目小僧〉である。キンチメのキンチがカンチの転訛だったとすると、キンチメが妖怪化するのはある意味では論理的帰結である。

青ヶ島神道には陰陽道の影響も見られるが、卜部や社人がカナヤマサマの式神として使ったのがキンチメだったのかもしれない。キンチメのキンチがカンチ系（カヌチの転訛）だとすると、メは縮小辞ではなく、キンチ（鍛冶）のメ、すなわち〈一つ目〉そのものだったかもしれない。ちなみに、わたしの青ヶ島社人としてのオボシナサマの一つは、すでに紹介したように、カナヤマサマである。

青ヶ島においても、鍛冶神はわたしの友達だったというのは、弘仁六年（八一五）奏進の古代氏族の系譜事典というべき『新撰姓氏録《しんせんしょうじろく》』の「山城国神別《やましろのくにのしんべつ》」の「天神《てんじん》」の項に、わが名字ゆかりの「菅田首《すがたのおびと》」があって、そこには「天久斯麻比土都命《あめくしまひとつのみこと》の後《すゑ》なり」と出てくるからである。この「久斯」は「奇《く》し」、すなわち、奇霊《くしび》なる能力を示す語で、麻比土都は「目一つ」の義。すなわち、両方あわせて、『日本書紀』の「神代下《かみよげ》」の「国譲り・天孫降臨」の段（第九段一書《あるふみ》第二）に登場する天目一箇命《あめのまひとつのみこと》を崇めた神名で、『古事記』の「天の石屋戸《いわやど》」の段に登場する鍛人《かぬち》天津麻羅《あまつまら》と同神とされている。すなわち、鍛冶神が零落した一目小僧はわたしの遠い親族と呼んでも過言ではないのである。

ところで、教派神道の金光教と大本を生み出した《金神《こんじん》》を祀っている本土の神社の中には、その祭神を金山彦神・金山姫神としているところがある。金神はもともと陰陽道《おんみょうどう》の方位神で、この神が艮《うしとら》（東北）と坤《ひつじさる》（西南）にいるときは怖れられた。金神七殺《こんじんしちさつ》といって、その禁忌《きんき》を犯すと、家族七人を殺すとまでいわれた。青ヶ島の人びとの中には、カナヤマサマをその金神並に怖れる人が結構いた。その意味では、金神と習合した神といえるのかもしれない。カナヤマサマと陰陽道の神であった可能性もあるだろう。

アカバン・アカマン・アカバケ考

巫女さんの中には、熊野権現アカバンフドウなる神をオボシナサマにしている人が結構いた。故・廣江次平さんによれば、熊野権現を守護している赤い色をした御不動様であるという。そこで、アカバンに「赤番不動」の字を充ててみたが、実は、その音韻は揺らいでいる。アカバンのバンのb音がp音にも聴こえるのである。実際には、その中間というか、破裂音ではあるが、無声音にも有声音にも聴こえる。というよりも、わたしにはまったく区別がつきにくい。さらに、ややこしいのは、b音がm音に転訛してアカマンに聴こえるのだ。すなわち、アカバンはアカマンとも言われることもあるわけだ。そうなると、「赤番」という漢字は必ずしも相応しいものといえなくなる。

ところで、『八丈實記』第二巻（緑地社）には、次のような記述がある。

○赤羽明神《アカバケ》　末吉村北ニ在リ　祭日九月十一日　宮守

大田明神　同処　　　　祭　九月十一日

八大竜王　同処　　　　祭　九月十一日

風　神　同　　　祭　九月廿四日　五月廿四日」（同書、二〇七ページ）

この「末吉村」とは、同じく『八丈實記』第二巻一九四ページの「弘化度島尹記《しまおさ》」、すなわち〈還住・起し返し〉成就後の弘化年間（一八四四～四八）の、実質的には三年ちょっとの期間の島役所の記録に出てくる青ヶ島二ヶ郷（休戸郷《ヤスンドゴウ》、末吉郷《セイシコウ》）の「末吉郷」のことである。おそらく、その末吉のセイシのシが脱落し、さらに、休戸郷が末吉郷の東に位置していることもあって、明治以降、セイに西の字が充てられたものと思われる。実際、島民の中には西郷《にしごう》のことを今もセイシゴウと呼ぶ人もいるくらいである。すなわち、かつては西郷の有力神社であったと考えられる。

同じく『八丈實記』第五巻（緑地社）の「明治四辛未年六月三日御改ニ附申上候」にも、同じ四座が登場する。

「　アカバケ

一、赤羽神社　末社アリ　社宮石場

一、大田神社

一、八大竜王

一、風神社

社地　五間　五間

赤

祭日　大　九月廿一日　風五月廿四日　九月廿四日

八

村持」（同書、一一四ページ）

すなわち、「赤羽」と書いてアカバケと訓む神社の社号のアカバケは、セイシゴウ、すなわち今日の西郷の地名であったことがわかる。アカバネなら音韻的にアカバンと近いが、アカバケになるとアカバンとは少し離れてしまうし、さらにアカマンになるともっと開いてしまう。

廣江次平さんが健在のころ、「赤羽神社《あかばね》って、どこにあるのですか」と尋ねたことがある。「あによ（を）、そごんどう神様、しょくなっきゃあ」とか「知りんなか」と言われてしまった。そこで「アカバケはどこでしょうか」と尋ねてみると、「アカバン どう か、孝次郎《こうじろう》屋敷にあろわよ」と教えてくれた。青ヶ島の人の耳には、アカバケはアカパンに聴こえる

「赤まんまさま」（2007 年 10 月、撮影・土屋久氏）

ようである。一方、廣江のぶゑバイに聴くと、「アカマンはカウジラウが家《へ》あろわよ」と同じ内容である。もちろん、カウジラウとはのぶゑバイの娘さん（篠原ともえさんの母方の祖母）の嫁ぎ先の廣江孝次郎さんのことで、同家は西郷のどちらかというと「北」にある。いうならば、アカバン＝アカマン＝アカバケ（赤羽）である。

ちなみに、この「あかまん様」は廣江孝次郎家の天神様（祭日は旧暦九月十八日）を祀ったイシバの左側の一角にある。この「あかまん様」を「あかまん不動様」と呼ぶ人もいるので、アカマンサマ＝アカバン不動は成り立つように思える。ただし、アカバケの音韻を持つ『八丈實記』の赤羽明神・赤羽神社がどんな神様であるか、は不明である。

ちなみに、『延喜式』神名帳の「播磨國明石郡　赤羽《あかば》神社」は兵庫県神戸市西区伊川谷町潤和《いかわだにちょうじゅんな》に鎮座し、祭神は垂仁天皇の御代、新羅のアメノヒボコ（天日槍・天之日矛）が将来した「羽赤玉」を神格化した天羽赤玉神を祀っている。一方、大田神社は埋没してしまっているが、八大竜王と風の神は金毘羅神社のイシバに祀られているので、大田神社がそこに紛れ込んでいる可能性も捨てきれない。このオホタの神には猿田彦命の系統の大田（太田）彦命、三輪（大神《おおみわ》神社）系の大田田根子《おほたたねこ》（大物主神の子）の二系統が考えられるが、京都上賀茂の賀茂別《かもわけ》雷《いかづち》神社の第三摂社で境外に鎮座する式内「山城國愛宕郡《おたぎのこほり》太田神社」は天鈿女命《あめのうずめ》を祭神としているが太田彦命の系統で、八丈島に流された梅辻規清の家が祠官をしていた神社でもある。流人《ズニン》梅辻は中之郷に割り当てられたが、隣の樫立には太田道灌の子孫と称する家も散見されるといわれている。しかしながら、太田神社がなぜ青ヶ島にあったかは定かではない。

固有信仰の島外空間への拡がり

大里神社の「上の石場」の裏手には個人のオボシナの祠を祀った場所があることや、そこに「天野早正神様大正八年五月吉日　澄作ノ守護　小笠原中硫黄島　山下澄作建之」と刻まれた石の祠があることもすでにふれた。わたしの記憶では、この祠は昭和四十八年ごろ、役場宛に郵便小包で送られてきたものだ。奥山喜久一（大正九年生まれ、故人）さんが「爆弾どうじゃ」とおどけながらちょっと重い包みを開いたように思う。それを廣江次平さんと一緒に大里神社「上の石場」に納めに行ったわけである。

青ヶ島には「山下」姓（八丈島の中之郷には多い）はないが、おそらく母方が青ヶ島の出身なのかもしれない。この祠から読み取れる情報は、大正八年（一九一九）小笠原諸島の現在の硫黄島（中硫黄島は別称）に住んでいた山下澄作という人が自分の守護神（オボシナサマ）として、青ヶ島・東台所神社のテンニハヤムシサマの祠を硫黄島のどこかで祀っていた、ということになる。大正十二年（一九二三）島嶼町村制の硫黄島村が発足し、昭和十五年（一九四〇）普通町村制へ移行し、人口も千名を超えたが、昭和十九年七月、強制疎開が実施され、昭和四十三年の小笠原返還後、米軍と航空自衛隊が常駐しているものの、旧島民の帰島は許されていない。そうしたことで、この祠は島民の強制疎開と共に本土へ疎開し、持ち主の逝去か、それを継承した人が祭祀できなくなって、「天野早正神様」の故郷である青ヶ島へ《還住》したものと思われる。

ハヤムサ（あるいはハヤムシ）のことは「東台所神社」のところでふれたが、ハヤムサ―ハヤムシは青ヶ島の固有神である。八丈島の神社の石場にもハヤムサ―ハヤムシ系の祠を見かけるが、これらも青ヶ島のハヤムサが八丈島の人のオボシナとして祀られたことを示すものである。八丈島の人口の少なくとも一割以上は青ヶ島系と言われており、そうした縁で八丈島でもカミソウゼが行なわれていたころは、青ヶ島のハヤムシ神がオボシナになることもあった。また、親たちから相続したオボシナを家の守護神として祀ることもあったようだ。そうしたモニュメントとして八丈島の神社境内の石場にハヤムサ―ハヤムシ系の神が見られるのである。なかには「南洋庁サイパン支庁テニアン島」と刻まれたハヤムサ系の祠もあったかのように思う。

小笠原村の父島の貞頼《さだより》神社の境内にもハヤムサ―ハヤムシ系の神が祀られている。昭和五十五年（一九八〇）五月、わたしは初めて小笠原の父島を訪ねたが、そのとき貞頼神社に「石場宮」というのがあることを知った。地元の人（ただし俗にいう新島民）が「多分、八丈島の石場と同じではないか」と教えてくれたのである。しかし、その石場宮なるものは、似て非なるものであった。通常、八丈島や青ヶ島のイシバは、玉石の瑞垣に囲まれた空間の中に、山の尖った岩石（八丈島では海の岩礁から採って来るというような話を聴いたことがある）や苔むした石の祠で形成されている。ところが、貞頼神社境内「石場宮」は、「石場宮」と刻まれた四角形の小さな石柱と、伊勢の二見ヶ浦の夫婦岩のように注連縄を張った大小の丸石（玉石）が置かれているだけだった。その中央に置かれた石には、次のようなコトバが彫られていた。

「貞頼様ヨリ先ノ此地ノ
先祖デアルムエンデア
ルクヨウヲシテ其後新

神ハヤムシャ様貞頼様
ヨリカタヲクラベテ上
手神ニナリマシタ　大正七年□《欠》月十五日」
これを超訳すると、次のような意味になるだろう。

小笠原父島・貞頼神社の境内にある「石場宮」（撮影・著者）

小笠原貞頼公が小笠原諸島を発見する以前の、この小笠原の島々で生活をしてきた御先祖様たちの霊は長い間、無縁の状態であった。しかし、ここに神社を建て、祖霊を供養してからは、貞頼公は新神様やハヤムシャ様と肩をならべる神様になりました。

ここで若干の補足をしておくと、信州深志城主小笠原長時の曾孫・小笠原貞頼が豊臣秀吉の命を受けて朝鮮出兵の検使役として渡海、その帰陣のとき南海の無人島に漂着し、それを地図に書き込んで秀吉に報告、のち徳川家康が貞頼の領地として安堵したという。もちろん、貞頼はその実在も疑われているから、この話は伝説である。先史時代はマリアナ文化圏の北端だったともいわれているが、天保元年（一八三〇）白人五名とハワイのカナカ人二十数名が上陸して住み始めるまでは長い間、無人島だった。英語名［Bonin《ボニン》 Islands《アイランズ》］は「無人」が訛ったものである。文久二年（一八六二）幕府の調査隊が咸臨丸で上陸、移住者に日本領であることを通告した。明治十五年（一八八二）には外国人の全員が日本に帰化した。ちなみに、古代マリアナ文化は伊豆半島まで到達していたという説や、八丈島では来ていたという説もある。

この「石場宮」は大正七年（一九一八）に建てられているから、起点をどこに置くかわからないが、この文章を読むと、その間の小笠原開発で斃れた人びとの慰霊を対象にしていることが想像される。もちろん、ここに出てくる「新神」とは青ヶ島の東台所神社の祭神の浅之助であり、「ハヤムシャ様」とは同じくハヤムシ様（天野早耳者《てんにはやむし》様《さま》）のことである。「上手神」がよくわからないけれど、青ヶ島の三宝港の北隣に唐崎《からさき》という地名があって、海抜的にその少し上のほうの地域を「上手《ワテ》」と呼んでいるが、おそらく、ここでは「上位」という意味ではないかと思う。

おそらく、青ヶ島の東台所神社の新神様とハヤムシをオボシナとする青ヶ島出身の巫女か、ミコケの強い女性に、貞頼公が憑《よ》り付いて、このような言葉を託宣させたのであろう。この「石場宮」からは、そういうことを読み取ることができると思われる。おそらく、ハヤムシ神は託宣の神だったのであろう。

ちなみに、貞頼神社「石場宮」の三つの石は、米軍統治時代（昭和二十一年～三十四年）は、神社境内の土の下に埋もれていたという。小笠原諸島は終戦直後、米軍の直接統治下に置かれ、戦時中も残っていた島民も全員が引き揚げたが、昭和二十一年、欧米系島民とその家族百二十九名が帰島した。そのとき、米軍統治時代は、ゴンザレスだったかワシントンだったかの姓を名乗った人が土中にひそかに隠し、昭和四十三年六月二十六日の返還直後、再び掘り出したといわれている。

以上は、いわば信仰のモニュメントだが、八丈島では少し前まで巫女といえば青ヶ島系の巫女を意味していた。もちろん、八丈島や八丈小島にも、青ヶ島と同様、カミソウゼが行なわれ、独自の巫女たちが活動していた。かつて八丈三島《さんとう》はほとんど同じ祭祀信仰圏の中にあった。その特徴は神仏習合の影響を受けながらも、実質的には巫女を中心に展開していた点で、きわめて古代の信仰と祭祀を彷彿とさせるものだった。

今日の言語感覚だと、ふつう「巫女」というと、緋《ひ》の袴《はかま》を佩《は》き、神社のお祭のとき神札を配布（販売）する、いわゆる〈巫女さんスタイル〉の若い女性や、あるいは、巫女舞をする女性たちのことをさしている。しかし、残念ながら彼女たちは祭祀職ではない。直接、神事に奉仕しているわけではないからである。青ヶ島の巫女さんは年齢的には高いが、神々を直接祭っている。戦後の青ヶ島の神社は神社本庁に属していないし、まして宗教法人でもない。そのあたりは八丈島とも違っている。だが青ヶ島の巫女は神社に属しているという点で〝島共同体〟においては〝公的〟な存在だが、いわゆる神社神道の概念には入らないので自由に活動できるわけである。だから青ヶ島では、神社祭祀の中で巫女が重要な役割を果たすことができた。この点、青ヶ島の巫女は、沖縄の、御嶽《ウタキ》に奉仕する祝女《ノロ》などの神女《しんにょ》に近い存在といえよう。しかし、八丈島の場合、おそらく神社では建前上、巫女が神事に直接携わることを許容することができなかったと思われる。

そういうこともあって、八丈島や、昭和四四年に無人島化した八丈小島では、戦前の段階で、すでに巫女の衰退が始まっていたのであろう。こうして戦後は最早、自前で巫女を創り出せなくなっていた。そのため、八丈島では〝巫女〟といえば、青ヶ島系の巫女となってしまった。すなわち、八丈島へ嫁いだり移住した、青ヶ島でカミソウゼを受けたことがある、青ヶ島出身の女性ばかりになってしまった。

八丈島におけるその最後の巫女さんと呼ばれていた人が平成十四年七月、九十六歳で亡くなられた廣江トミカさんだった。その前年九月には青ヶ島で〝最高巫女〟視されていた廣江のぶゑさんが九十八歳で亡くなられている。トミカさんは昭和五十年代の中頃、青ヶ島女性のカミソウゼのため、青ヶ島へ来島し、先輩巫女の一人としてカミソウゼの儀式に参加している。青ヶ島でも、青ヶ島だけでカミソウゼを行なえなくなってしまっていたのである。八丈島の人に聞くと、トミカさんの予言には驚くような内容の霊言があったという。トミカさんか、あるいは、その周辺の人に〝教団〟化の意思があれば、神道系の宗教団体が創設できるようなオーラがあったという。

おそらく、この廣江トミカさんと思われるが、昭和四十八年、青ヶ島出身の八丈島の巫女さんが八丈島の〝信者〟十数名を率い、漁船をチャーターして、青ヶ島の霊場参拝というか、チョウサマへの集団参拝へ来られたことがある。次平さんがわたしを探しているということで、訪れそうな先を何箇所か先回りしたが、重要書類を作成中ということもあって、残念ながら出会えなかった。一行はあっという間に上陸し、彼女のオボシナ関連を中心に巡拝し、休憩もまったく取らず二時間足らずの青ヶ島滞在で大急ぎで引き返した。彼女を中心とした信仰グループが形成されていたわけである。しかも、彼らにとって、青ヶ島は〝聖地〟であり〝霊地〟であったのである。

八丈島の神社境内の石場を丹念に見ると、青ヶ島系の祠が見られるのも、そうした青ヶ島系の巫女の活動の影響なのかもしれない。ただし、八丈島における青ヶ島系の巫女は、青ヶ島における巫女のように神社の神事に直接奉仕をしていなかったようである。その意味では青ヶ島の巫女は沖縄のノロあるいはウタキを祀る神女に近く、八丈島の巫女は沖縄でいえばユタとか、恐山のイタコに近いといえよう。もちろん、青ヶ島の巫女もユタやイタコのような霊力の持ち主もいる。

現在、青ヶ島の祭祀組織は、沖縄の最高霊場の、イザイホーの島として知られる久高島の場合と同じく、壊滅寸前の状態にある。久高島のイザイホーは午年の旧暦十一月十五日から四日間、クボー御嶽《ウタキ》に籠もって非公開で行なわれるが、昭和五十三年（一九七八）を最後に中断されたままである。イザイホーの対象者は久高島生れの三十歳以上の既婚女性で、このイザイホーの入信儀礼を経て初めて神女になることができる。七十歳になると〝卒業〟なので、現在、両手の指で数えられる神女は、ただ手を合わせるだけの祭祀しかできないという。ところが、数年前、母方が久高島出身ではあるものの、沖縄本島生れの沖縄本島に住む二十代の女性が突然、自分にもまったく理解できない久高島方言をしゃべり始め、久高島の神の前に行くと、聴いたことはあっても、いまや誰も歌うことができないティルル（神の歌）をうたうようになった。そのため、彼女は母方の今は亡き神女がかつて担当していた久高島の始祖神ファーガナシーとして島民から認められる、という〝事件〟が発生している。壊滅一秒前となっていた久高島の神事が少なくとも十五分前に引き延ばされたのだ。

青ヶ島でも昭和五十年代中頃のカミソウゼを最後に、カミソウゼは中断されたままで、ミコケはあっても入信儀礼としてのカミソウゼができない状態になっている。しかし、加入条件としてはより厳しい沖縄・久高島で、新しいファーガナシー誕生が《島共同体》から認められたという点を考慮に入れると、青ヶ島の場合も蘇える可能性は大いにある、と思っている。

紫陽花とカンジョシバ

ちょっと小振りの紋白蝶が四枚の羽を拡げたようなガクアジサイの花。わたしたちがその花を初めて目にしたのは昭和四十六年五月十日のことだった。背中にたくさんの荷を載せたベコ牛が息をゼェーゼェーさせながら、港とは名ばかりの三宝港の急勾配の坂を登っていく。その後を牛の屎尿《しにょう》を浴びないようにしながら車が走れる道まで出て、そのころ島には三台しかなかったジープに乗せてもらってオカベに着いたときだった。

妻が道端のガクアジサイの花を見て、一輪挿しにしようと思って摘もうとすると、「どこにでも咲くわよ…。牛メも噛みんじゃらーて（あるいは、噛みんなかよ）…」と笑われた。

たしかに、間もなくすると、島ぢゅうがガクアジサイの花で覆われた。しばらく人が通らない山道や、すこし手を抜くと畑にまでガクアジサイが押し寄せてくる。しかも、ガクアジサイは牛メもたべないほどの、〝嫌われもの〟なのである。そんな植物の花を、飾ろうなんて…というわけである。

実は、このガクアジサイはカンジョシバ（閑処柴）の別名を持っている。カンジョは「便所」の義である。昔、お尻の後始末をする時、このガクアジサイを使ったからという。といっても、アジサイの葉でお尻を拭《ふ》くのではなく、アジサイの茎で削ぎ落とす。ちなみに、紙が貴重だった時代は、日本のあちこちで、木の箆《へら》を使っていたらしい。そうしたことから、三宅島あたりでも、ガクアジサイはクソシバの異名を持っている。

さらに、カンジョシバは水洗トイレが普及していなかったころ、汲み取った屎尿をドラム缶に入れ、耕耘機に乗せて畑まで運ぶときにも使われた。わたしは、昭和四十六年から四十八年にかけて何度か、我が家の便所汲みをしたことがある。その都度、佐々木重雄さんのマグサ畑へ運んで《ぶっちゃる》のである。最初は何の道具もなかったので、ミルク缶で作った柄杓《ひしゃく》で汲み、それを石油缶二個に入れて、佐々木哲さんから借りた天秤棒で担いで運んだ。その孤軍奮闘振りを見かねた重雄さんが手伝ってくれるようになった。石油缶を天秤棒で運んでいるときもそうだったが、ドラム缶を耕耘機に乗せて運んでいるときも、しばしばチャポンチャポンと跳ねて身体に降り掛かった。そのようなとき、カンジョシバを石油缶やドラム缶に入れて、屎尿の飛沫を被らないようにするのである。ちなみに、学校のトイレは、教頭の山田常道先生（のち村長）がわたしと同世代の教員の神子省吾、渡辺章宏のふたりの協力を得て汲んでいた。彼らもドラム缶にカンジョシバを放り込んでいた。

このガクアジサイにはカンジョのほか、別の用途もあった。それは、カンジョとはまったくの対極にある《神事》のときに使われる。

イシバサマやトーゲサマに御洗米、塩、鰹節を供えるときの折敷として使われるし、屋外での直会《なおらい》のとき、神々に供えるときと同じように、我々もガクアジサイの葉に載せて戴くのである。そうしたことから、カンジョシバは「閑処柴」の義ではなく、「勧請柴」ではないか、といわれている。実際、クソシバの異名を伝える三宅島では、ガクアジサイをゴクシバ（御供柴）とも呼んでいる。さらに、三宅島では山の中で水を飲みたくなったとき、このアジサイの大きめな葉を二枚重ねて漏斗《ろうと》状にして沢の水を汲み、コップ代わりにも使う。すなわち、ガクアジサイは三宅島・八丈島・青ヶ島などでは〈神聖なるもの〉と〈汚穢《おわい》なるもの〉という、まったく相反する二つの名称を持っていたことになる。

このほか、伊豆諸島では、アジサイの葉を手向け草として用いるところが多い。大島・利島・新島では、山仕事（ヤマは畑を指すこともある）のとき、寂《さみ》しい気分に襲われると、山の神に御洗を上げるが、そうした用意がないときは、アジサイの葉をむしり取って捧げる。山の神に食物（神饌）を供えるときは、シバハナの別名を持つアジサイの葉を、やはり供物の折敷に利用している。このシバハナの語源だが、シバをハナ（華、花）として神に供えたことから生じたものと思われる。シバ（この場合アジサイ）を神に捧げる神饌を載せる折敷として使う点で、勧請柴とまったく同じである。伊豆諸島では、ガクアジサイの葉が神への御饌津物《みけつもの》を載せるための神聖な台（容器）であったことがしのばれる。

さらに、青ヶ島では、芋焼酎（青酎）をつくるとき、このガクアジサイか、あるいは、オオタニワタリの葉をエイガ（ハチジョウマグサ＝ススキの一種で編んだ簾《すだれ》状の容器）の上に一面に敷きつめて醗酵《はっこう》させるが、ここにも《勧請柴》の貌がほの見えてくる。すなわち、カビ（カミと同源という説もある）である麦麹菌を勧請するからである。

現在、青ヶ島ではイシバの前のニハ（斎庭《ゆにわ》）のゴザやムシロを敷いて祭りを行なわなくなってきているが、伊勢神宮など伝統を重んじる古社では古式に則《のっと》って斎庭に莫蓙《ござ》や筵《むしろ》を敷いて祭りを行なう。おそらく、そういう場面でも、ガクアジサイとかオオタニワタリなどの葉が使われたのであろう。『古事記』下巻の仁徳天皇記に、大后《おほきさき》（皇后）石之日賣命《いはのひめのみこと》が木國《きのくに》（紀伊国）へ豊樂《とよのあかり》（御酒宴）に使う御綱柏《みつながしは》を採りに行った話が出てくるが、一説ではこの御綱柏はオオタニワタリのことだといわれている。それを酒宴のときのケ（笥《ケ》＝食を入れる容器）＝折敷として使ったのである。また、このミツナガシバは新嘗祭《にいなめさい》のときゴザの上に敷き詰められたらしい。まさに、青ヶ島の青酎造りの際の、エイガの上での麦麹菌の〈勧請〉と同じである。

ともあれ、青ヶ島に限らず、伊豆諸島では、各種の紫陽花の原種であるガクアジサイを、祭祀と便所の御用の両方で使っていたのである。役牛から黒毛和牛へ転換して久しい今日、かつて島ぢゅうを覆ったガクアジサイも、ひところに比べると、勢いがなくなってきたように思える。こんなところに何故、と思われる山道に、改良品種の紫陽花が咲いていていてビックリすることがある。

話が前後するが、青ヶ島では、ふつうシバというと、牛の飼料となるマグサ（八丈ススキ）を指す。イネ科の多年草で、サトウキビにも似ている。実際、齧《かじ》ると少し甘い感じがする。ただし、このシバを、青ヶ島ではシボウ、あるいは、シバウと発音する。そして、そのシボウ草を刈ることを「シボウカリ」という。牛メがハチジョウススキを食べてもガクアジサイを食べないのは、ガクアジサイには青酸配糖体が含まれていて、それを食べると死んでしまうということを知っているからだ。もちろん、人間が食べても、同じである。にもかかわらず、折敷として使うのは、おそらく雑菌に対する殺菌効果があるのであろう。

ところで、現代人はシバというと、芝生とかゴルフ場の「芝」を想起するにちがいない。この芝は繁草《しげくさ》の義だが、昔話の桃太郎の話にあるように、「おじいさんは山へシバ刈りに、おばあさんは川へ洗濯に行きました」と言うときのシバがある。こちらのシバは「柴」の意で、『広辞苑』によれば「山野に生える小さい雑木。また、それを折って薪や垣にするもの。そだ。しばき。ふし」とある。語源的には「芝」も「柴」も同源といわれているが、青ヶ島のシボウ＝シバウは「芝」のほうに近い。おそらく、シバのシはシ・ク（敷く・布く）のシで「一面に物や力を広げてすみずみまで行きわたらせる意」（広辞苑）、もしくはシ・ク（頻く）のシで「動作がしばしばくりかえされる」（同）で、バは「葉」であろう。ちなみに、青ヶ島での柴刈りは、お爺さんの仕事ではなく、どちらかというと、お婆さんの薪木《たきぎ》拾いである。廣江のぶゑバイの脚がまだ大丈夫たったころ、山の小道で薪を背負った姿に何回か出くわしたことがある。風が強く吹いたあと、山へ行くと、枯れ枝があちこちに落ちている。それを拾い集めて、囲炉裏《いろり》（ヂロ＝地炉の義）の燃料にするのだが、その薪木拾いを邪魔するのがあちこちに繋ったカンジョシバだった。一方、かつて荷物運び専門の役牛を飼っていたころの、シボウカリの仕事は子どもが担い手であった。

「牛メも噛みんなかよ」の〝嫌われもの〟のカンジョシバだが、神の前では、その語源を想起させてくれるのである。

民俗学者・坂口一雄氏と青ヶ島の奇しき関係

便所の意のカンジョ（閑処）を冠するカンジョシバのカンジョの語源がカンジョウ（勧請）であることを明らかにしたのが伊豆大島出身の民俗学者、坂口一雄（一九〇一〜一九八六）氏である。坂口氏は昭和五十五年（一九八〇）、未来社から『伊豆諸島民俗考』を上梓されたが、そこに収録されている「シバハナ小論」（『民俗』二六号、昭和三二年一一月）の中で、カンジョシバが「勧請柴」であることを示されたのである。わたしは、かねてから抱いていた疑問が解け、とても嬉しく思ったのだが、同時に、坂口氏は著書に「伊豆諸島」を冠しているのに、なぜ八丈島や青ヶ島のことについて触れようとしないか、ということが気になった。そこで、未来社気付で手紙を出してみようと書きかけたが、先学に失礼かと切手を貼る瞬間、思いとどまってしまった。

それから十一年後の平成三年（一九九一）五月のことだった。そのころ、わたしは青ヶ島村の助役をしていたが、ある日、大島町長の清水長治氏から電話が掛かってきた。それは、清水町長の親しい友人の坂口純さんという人のお爺さんが青ヶ島の出身で、先祖の墓参りをしたいと言っているので協力してほしい、という内容だった。

わたしは、大島町長からの電話であることや、そして坂口という姓から「その方は、民俗学者・柳田國男の弟子だった坂口一雄氏とは、どのような関係なのでしょうか」と、思わず尋ねてしまった。すると、清水町長は「余分な説明をしなくてすむので助かりますよ。その坂口一雄先生の息子さんなのです」と答えた。

坂口一雄・鶴子夫妻（1967年2月、撮影・増田和彦氏）

それは衝撃だった。あの坂口一雄氏が青ヶ島の血筋を引いているとは、いままで、まったく考えたこともなかった。ほんとうに頭をガーンとやられたような気がした。

それから数日後、坂口純氏からかなり分厚い手紙が届いた。そこには祖父の戸籍調査、縁者訪問、墓参り…等々についての希望が記されていた。そして、「東京府伊豆國大島波浮港六番地」を本籍地とする坂口一雄氏の戸籍抄本（除籍）も同封されていた。

それによると、坂口一雄氏の父は、明治十年（一八七七）十月二十日「東京府八丈島青ヶ島拾貳番」で中澤七三良・御朝の参男として生れ、旧姓を中澤甚之烝（一八七七～一九三五）といった。ちなみに、甚之烝が生まれる前年の明治九年の青ヶ島の人口は六百九十七人で、その五年後の明治十四年（一八八一）は青ヶ島における最大人口の七百五十四人を記録している。すなわち、甚之烝が生まれた年代というのは、青ヶ島の人口が最も活況を呈していたころであり、明治という時代の背景もあって、青雲の志を抱く若者の中には新天地を求めて積極的に島外へ出ようとする者もいたようだ。なお、明治初期に編成された戸籍で五十番以内に入る家は還住・越し返しのときの功労があった家とされ、十二番である中澤家はかなり上位にあったと考えられる。

甚之丞が漁師になるため、伊豆大島へ向かったのがいつだったかわからないが、壮丁検査を受けてからのことであったろうと思われる。明治三十七年（一九〇四）六月、二十六歳のとき、漁師としての素質を見込まれ、大島波浮港の網元・信吉丸の菊地信吉・かめ夫妻と養子縁組し、夫妻の弐女せんの婿となった。

民俗学者坂口一雄氏は、この菊地甚之丞・せん夫妻の長男として明治三十四年十二月一日、波浮港で誕生。大正十三年（一九二四）十月、東京・神田の坂口家に養子入婿している。長年、教育者として大島などで学校教育に尽くし、戦後は最後の職場である大島第三中学校（波浮村立大島第四中学と差木地村立大島第三中学が大島町の発足で統合合併したもの）など島内の中学の校長を歴任した。そして退職後は大島町の教育長もされた。

その一方、若い頃から柳田國男に師事して、その影響のもとに伊豆諸島の民俗学の研究に一生を捧げている。口の悪い人の中には、柳田民俗学の伊豆大島通信員、現地駐在員などと揶揄《やゆ》する向きもあるが、柳田國男は全国津々浦々に、そうした弟子を持っていた。そのような弟子たちの中で、坂口一雄は研究者として一際、光っていたのである。その成果は『伊豆諸島の塩と生活』（一九七七）『伊豆諸島民俗考』（一九八〇）の二冊として未来社から上梓され、柳田賞を受賞されている。

実は、清水大島町長から電話を頂き、坂口純氏のお父さんの坂口一雄の、すなわち坂口純氏から見れば、祖父が青ヶ島の出身であることを知ったとたん、わたしは、坂口一雄が自身の著書に〝伊豆諸島〟を冠し、〝伊豆諸島〟の名称にこだわり、にもかかわらず、八丈島と青ヶ島のことを書こうとしなかったことが一瞬のうちに理解できた。

奥山治・青ヶ島村長（撮影・伊藤幸司氏）

それというのも、伊豆大島では、〝伊豆諸島〟よりも〝伊豆七島〟という言葉のほうを使うからである。三宅島や八丈島、さらに、新島や神津島でも、同様な傾向がある。しかし、新島村に属する式根島や、今は無人島の八丈小島、そして青ヶ島は〝伊豆七島〟には含まれないのである。青ヶ島の血を引く者として、〝伊豆七島〟なる差別的言辞を認めることはできないのだ。

八丈島風にいえば〝青ヶ島《あおがしま》胤《だね》〟である坂口一雄は、父祖の地を民俗学の対象として捉えるかぎり、絶対に〝伊豆七島〟ではなく〝伊豆諸島〟でなければならず、しかも父祖の地である青ヶ島の土を一度でも踏まないかぎり、一度でもいいから青ヶ島を実際に目にしないかぎり、どんなに文献を調べ尽くしても、関係者からの聞き書きを取ったとしても、書くことはできないと思ったにちがいないからである。

坂口純さんが青ヶ島へ来られたとき、わたしは坂口一雄氏に手紙を書こうとして出しそびれてしまったことを告げた。坂口さんは残念がった、悔しがった。

「なぜ、出してくれなかったのですか。父は怒るより、きっと喜んでくれたはずです。もちろん、父は何度も八丈島へ出掛けています。青ヶ島へ渡るためです。でも、一度も夢がかないませんでした。

ずいぶん船待ちをしたようですが、いつも海が荒れて、結局、断念せざるを得なかったようです。一ヵ月近くも船待ちをしたこともあったようです。そのようなときは八丈島で調査をしたようです。しかし、青ヶ島へ渡るまでは、八丈島のことも発表できない、と言っていました。それだけ、父・甚之烝の故郷青ヶ島への想いはつのるばかりだったと思います。晩年は青ヶ島とそこに住む人たちのことを気にしていました。菅田さんが父に手紙を出していてくれていたなら、若い後継者が出てきたといって喜んでくれたにちがいありません。」

わたしは坂口さんの話を聞いて、おもわず涙ぐんでしまった。そして、今、これをあらためて入力し直しながら涙がとまらない。八丈島で遙かに霞む青ヶ島のおぼろげな島影を眺めながら、坂口一雄が青ヶ島を想う気持ちがいかばかりだったかと考えてしまうのだ。

坂口さんの、否、甚之烝の父の中澤七三良や、そのあと中澤家を継いだ兄の中澤佐五吉などの中澤家の墓は結局、見つけることはできなかった。わたしは長ノ平と塔ノ坂（ここには名主佐々木次郎太夫の墓もある）の墓地群と、大里神社・東台所神社・金毘羅神社、清受寺を案内した。坂口さんはそれだけでも充分すぎるほど感動したといい、「父も満足してくれているでしょう」と言ってくれた。たしか、坂口一雄氏の位牌を持参していたはずである。また、戸籍の調査では、わたしが平の役場職員だったころの青ヶ島村長・奥山治（一九一八～二〇〇〇）氏の奥さんのフミさんの親類であること、さらに、謎の「双丹」姓とも繋がっているらしいことが判明した。

いうならば、坂口氏の家系じたいが、青ヶ島の、というよりも伊豆諸島の歴史・文化・民俗と深い関係があった、ということが判ったのである。そして、わたしは、伊豆諸島における民俗学研究の先駆者が実は青ヶ島の血筋を引くということを知って、大いに勇気づけられたのである。

（本稿は八丈島で発行されている週刊のローカル紙『南海タイムス』平成一三年三月二日号に掲載されたものを書き改めたものです。）

八丈島の固有神「要留様《ヨウドメサマ》」考

その一

三根川向の郵便局の裏手を山側へ川づたいにのぼってゆくと、ダム状になった場所に出る。昭和四年五月、昭和天皇は八丈島を行幸されたとき、その近くまでお出かけになっているらしい。生物学好きの昭和陛下はそこで何かを採集されたともいわれている。

その少し手前の沢の崖の下に「要留様」と彫られた石の祠がある。この神様のことを知らせてくれたのは、『八丈實記』の刊行で菊池寛賞を受賞された緑地社の故・小林秀雄氏である。

たぶん、八丈町からの表彰を受けるため渡島をされたときのことなのであろう、「要留様という『八丈實記』にも出てこない神様の祠を見つけたのだけど、どういう神様だかわかりますか」と、電話をされてきたのである。そのとき、わたしは「青ヶ島の神祭りの祭文の中に『八乙女』(ヨウトメと発音)というのがあるのですが、それと関係があるのかもしれませんね」と答えた。

わたしはこの「要留様」祠に平成二年九月と同五年七月の二回、参拝しているが、その都度、その祠の調査を行なった。しかし、そのときのノートとメモを紛失してしまったので、ここではそれにこだわらずヨウドメサマについて考えてみたい。(数基から成る「要留様」祠に彫られていた年代は、はっきり覚えていないが大正か明治中期以降だったと記憶する。)

最初、ヨウドメが八乙女ではないか、と考えたとき、わたしは直観的に八乙女=星神を想像した。詳細は差し控えるが、八乙女を八人の天女とし、北斗七星とその第六星の外側にある輔星《ほせい》(和名ソヘボシ、陰陽道では金輪《こんりん》星《せい》)を合わせた八つの星々の精《スピリット》であろう、と思ったのである。あるいは、冗談半分に「要留」の「要」を「西」と「女」に分解し、「留」のほうも二つに分解して逆さにすると「田」と「卯」になる。これは何となく「昴《すばる》」を想起させる。

にもかかわらず、「要留」という漢字の意味が気になっていた。実際「要留様」の祠が鎮座している場所は、沢のほとりの崖を背にしている。いかにも崩れやすそうな場所である。おそらく、要留様を祀り始めた人は、まず、この地の安全を最初に考えたであろう。「要留」——すなわち、カナメを留める、という一種の神号は、そうした祈願の心から生じているように思える。

このヨウドメという音韻によく似た言葉として、沖縄にはヨウドレがある。沖縄学の泰斗の伊波普猷《いはふゆう》(一八七六~一九四七)の名著『古琉球』(岩波文庫、二〇〇〇年)の一六二ページを見ると、「『ようどれ』は極楽山ともいう。琉球語『よう』は世または国、『どれ』はしんとしてしずまりかえる状態をいう」とある。伊波はドレの語源について触れていないが、「しんとしてしずまりかえった状態」という語感は貴重な指摘だ。そのことからも、ドレという語はトドム(留む)∧トメ(止め)から派生した言葉であろう、と想像できる。すなわち、ヨウドレは「世をとどめる」というのが原義であろう。これは八丈島の「要留」という言葉の感覚に意外と近いのではないだろうか。ちなみに、伊波自身は、ヨウドレを古代琉球語の墓の意であった、と想像している。

おそらく、八丈島の要留様が斎き祀られている小さな聖地と沖縄のヨウドレは、同じ黒潮文化の中で通底しているのであろう。

（『南海タイムス』平成14年7月19日号）

その二

本紙七月一九日付けの拙稿「要留様」考に対して、「八丈島郷土研究会」の山田平右エ門氏から早速、回答が寄せられた。それを要約すると、次の三点になる。

①昭和初期、小宮山才次氏が後輩育成の熱意に燃え、師範学校入学希望者に対して自宅を開放し面倒をみていたが、受験期になると合格祈願のため要留様詣りを勧めた。

②三根の水道係の山田忠春氏が伝えていた口碑＝「某大家の奥方は、年中機織に精を出していたが、あるとき糸輪を数えてみると、どうしても一輪足りない。何時も屋敷内を通り道にしている某女の仕業ではないかと疑い、近所の者に話したことが某女の耳にも入り、某女は『あらぬ疑いをかけられた』と半狂乱となって自殺した。その後、奥方が糸輪を確かめると、自分の数え違いとわかり、申し訳ないと思って祀ったのが、この要留様である。」

③小宮山才次氏の子息の小宮山建氏の伝承＝「三根・大川の水を、稲葉周辺の水田へ引く水路工事のさい、水路の高低を測るため、夜間、タイマツを持たせて移動させ、その動きを沢の対岸から見たが、その指導者が小宮山家の先祖・要留様だった。」

さらに、山田氏の手紙の中で興味深かったのは、要留様が大賀郷の優婆夷神社や、末吉の渡り明神と並ぶ「島の三大尊神《たかがみ》」であった、という伝承である。尊神は高神とも書き、神道では普通「皇神《すめがみ》」という。皇神と書くと、

「皇祖神《こうそしん》」を考える向きもあるかもしれないが、本来はその地域で最も尊い神という意味である。つまり、要留様は今はほとんど忘れられている小祠《しょうし》ではあるが、かつては流行神《はやりがみ》として八丈島の三大尊神の位地に昇っていた可能性があることだ。

伝承の古さからいえば、②→③→①の順であろう。①の場合は、その時点で、すでに要留様は鎮座している。一方、②と③は要留様創建の縁起となっている。そして①と②の伝承は、要留様が尊神、あるいは流行神として賑わったであろうことを感じさせてくれる。

とくに②は、要留様が祟神《たたりがみ》として祀られ始めたことを想定させる伝承で、要留様という名称には某女の怨霊を封じ込めた感じがあらわれているように思える。一般的には、祟神という存在は、怨念や祟りが強ければ強いほど、逆に、その守護は強力になるという傾向が全国的に見られるので、三根におけるこの「民譚」もそのパターンを踏んでいるといえる。

ちなみに、わたしは前号でもふれたが、「要留」の音韻から「八乙女」を想起した。『丹後国風土記』逸文によれば、「八乙女」伝説は、天上で機織をしていた八人の天女が泉に降りてきたとき、末の娘だけが天《あめ》の羽衣《はごろも》を隠されてしまって、天へ戻れなくなってしまった、という話である。その天女はのち伊勢の外宮に祭られるトヨケ(豊受大神)になるが、この伝説は白鳥伝説や、北斗(あるいは妙見)信仰とも結び付いてくる。山田氏が知らせてくれた②の話は、日本民話の中ではありがちの話ではあるものの、「機織り」神話特有の影もちらついていて興味深い。

③は工事の「恩人」説で、それによると「要留」は工事を指導した小宮山家の先祖の名前だった可能性がある。そして、①はその小宮山家の先祖の「要留様」への参詣だったかもしれない。いずれにせよ、②と③との縁起の

違いは大きい。同じ名称でもまったく違う神のように思える。一方、山田氏は古文書の「御用留」（お上の文書を書き留めておくこと）の「御」が脱落した可能性を指摘しているが、その場合は「用」が「要」へ変化した点を説明できないのではないかと思う。もしかすると、工事の「要石《かなめいし》」を留める意であったのかもしれない。その場合は、祟神・某女の怨霊を、その石に「留」めることは信仰上ありえると思う。

いずれにせよ、要留様は、青ヶ島のハヤムサ（新染み・ハヤムシャ）が青ヶ島の固有神であったように、八丈島の固有神であったといえよう。しかも、要留様は『八丈實記』にも記載されていない神である。このことから、要留様は近藤富蔵以後の比較的新しい神じあったか、あるいは〈隠されていた神〉であったといえよう。とにかく、八丈島の三大尊神という伝承が正しければ、この忘れられた〈隠された神〉の由緒・来歴への浪漫の夢がますます深まってくる。

要留様につていの新情報を教えてくださった山田平右エ門氏の厚情に深く感謝したい。

（『南海タイムス』平成14年7月26日号、ただし、若干の加筆あり）

青ヶ島の〈浜見舞〉の饗宴——初めて島へ渡った日の匂いのこと

艀が小さな突堤に近づくと、突堤は意外に高かった。どうやら引き潮の時間帯だったらしい。ときどき波がガクンと艀を突堤に打ちつけた。その波が高くなったときを見計らって、慣れた者は艀から突堤へ飛び移り、それができない人や女性たちは島の屈強な男たちから引きずり上げてもらうのだ。しかし、そのタイミングが難しい。わたしは差し出された腕をことわって、勢いよく突堤へ飛び移った。なにしろ、まだ二十六歳だったし、平衡感覚には自信があった。ところが、突堤の上の濡れた海草（ハンバノリ）があり、それに足をとられてツルツルと滑ってしまった。

「おめえ、だいどう?」

青ヶ島へ上陸した瞬間だった。もちろん、島民から発せられた、その第一声は初めて聴く島言葉であった。そして、わたしは自分の名前を名乗った。

「ああ、役場げぇ、おじゃろう人どうか?　一盃、呑《の》もごん?」

後《あと》から名前を知ったが、菊池功さんだった。そのとき、その言葉とともに、彼の周囲から異様な臭《にお》いが漂ってきた。深呼吸をすると、海の香りに交じって、さまざまな、ちょっと形容し難い臭いが漂ってきた。今思うと、その一つひとつが青ヶ島の匂いだった。島酎や、クサヤや、ニンニクと唐辛子入りの塩辛…等々が入り交じった

著者が在島当時の三宝（シャンパウ）港全景（1977 年、撮影・著者）

独特の匂いであった。もちろん船作業の汗の臭いも混じっていたかもしれない。

そして、ゴツゴツした岩だらけの、決してお世辞にも港とは呼べそうにもない突堤。見上げると、屹立《きつりつ》した断崖にしがみつくようにつくられている道。青ヶ島の表玄関の三宝港《さんぼうこう》（島人の発音だとシャンバウカウとなる）は、まさに〝鬼ヶ島〟の異名にふさわしい怖ろしそうな貌《かお》をしていた。

当然、かなり不安もよぎったが、わたしの心はすっかり開放されていた。なにしろ、それまで八時間ちかくも、定員四名の船室に実は二十人以上が閉じ込められていたのである。もちろん吐く人もいた。

だが、〝青ヶ島〟という強烈な異文化は、わたしにカルチュアショックを与えるどころか、ある種の懐かしさを伴った、わが精神の故郷《ふるさと》ともいうべき、原郷的雰囲気へと誘《いざな》ってくれたのである。

何度も書いているが、わたしはこの青ヶ島に、昭和四十六年五月から四十九年一月までと、平成二年九月から五年七月までの計二回、住んだ。一度目は青ヶ島村役場職員（庶務民生係主事）として、二度目は青ヶ島村助役として生活した。

その間に三宝港の様相も大きく変貌した。しかし、わたしにはその最初の衝撃を与えてくれた光景がたまらなく懐かしいのだ。それはたんなる懐古趣味からではない。そこには青ヶ島のすべてが凝縮されて展開されていたからである。

実は、三宝港の荒磯のわずかな空間は、船が入港したときには、祝祭の場となったのである。なにしろ、当時、青ヶ島には東海汽船の船が月二便しか就航しなかった。それもちょっと風が吹いて港が時化《しけ》たり、汽船会社の配船計画が狂うと、月にゼロ便ということもしばしばだった。だから船が来ると、三宝港は人口の八〇パーセント以上の人びとが入れ替わり立ち代わり参加する饗宴の場と化すのである。

すなわち、艀から小さな突堤へ荷物が降ろされると、その中の幾つは解かれて食料品が取り出され、いっぽう島民たちは思い思い重箱にご馳走を詰めてやってくる。一ヵ月ちかくも船が欠航して、今頃こんな食べ物がどこに隠されていたのかと思われるようなときにも、必ずご馳走は出てくるのだ。また、荷役作業の合間には磯から採りたての魚が刺身になって運び込まれ、島独特のタレとともに供される。さらに、あの強い刺激臭の青ヶ島独特の芋焼酎〝青酎〟（ただし当時は半合法の密造酒時代だった）や、艀から降ろされたばかりのビールも回され、ひさびさの入港を祝う、文字どおりの祝宴《しゅくえん》となる。これを〈浜見舞《はまみまい》〉というのである。そして、あのニオイもここから生じてきたのである。

この〈浜見舞〉は、ある意味では、〝神事〟である。かつての八丈島や青ヶ島には〈アラヒト好み〉という言葉があった。アラヒトとは「新人」の義で、〈アラヒト好み〉とは島の外からやってくる人を歓待する風のことである。いうならば、一種のマレビト信仰以上の人びとである。そのマレビトを歓迎して共食するわけである。ご馳走を重箱に入れてハマへ降りるのもそのためである。

一方、貨物船は常世国《とこよのくに》（沖縄ではニライカナイ）からやってくる宝船である。何日も何日も船が来ない。時には配船スケジュールの手違いで、港は凪なのに船の気配もまったくない…ということもある。青ヶ島に来るべき船が八丈島へ着くころ、案の定、海は時化出す。暫《しば》しそれが繰り返される。循環が狂い出すと一ヵ月も船が来ないという事態が発生する。それが梅雨時だったりすると、じめじめとした乳濁色が霧が家の中に入り込んで戸棚の戸を開けづらくさせたり、すべてに黴《かび》が付着したりする。そういう状態のとき、島民は「きめえがめえてしにさうにならら」（気が滅入って魂が萎《しぼ》んだ気分になります）という言い方をする。青ヶ島なんか忘れられた存在の島なのである、という諦めが蔓延し始めたころ、ようやくやってくる船はまるで神なのだ。

三宝港の荷揚げ風景。浜見舞いの饗宴はこの空間で行われた
（1967 年 6 月、撮影・伊藤幸司氏）

学校や役場のある休戸郷中原からは視界がよい日は八丈島を出た船が次第に近づいて来るのが見える。波の間に間に沈んだり浮かんだりする点が黒くなったり光り輝いたりしながら近付いて来る。それは鳥にも船にも見える。『古事記』神代の段に「天鳥船神《あめのとりふねのかみ》」という神のことが出てくるが、鳥とも船ともつかないものが天翔《あまが》け＝海駆《あまが》けしながらやってくる、という光景を目にしたときはまさに天鳥船神が顕現したように思われた。もちろん、船から下りてきた人は一瞬かも知れないが、限りなく神に近いのだ。

その宝船の如き、天鳥船の如き貨物船を見て、メラネシアのカーゴ信仰［cargo《カーゴ》 cult《カルト》、積荷信仰］が直感できた。カーゴ信仰は我国のマレビト信仰や常世信仰、沖縄のニライカナイ信仰とも通底するらしく、〈海の彼方の豊穣な世界から神がやってきて福をもたらす〉という信仰である。一九世紀から二〇世紀にかけて、近代文明の利器を知らなかったメラネシアの人びとは、西洋人（＝白人）が持ち込んだ製品類を目の当たりにして、これらは祖先神が変身して自分たちの前に現われ、自分たちに《積荷》を送ってくるようになった、と考えた。異界（他界＝死者の国）に坐します祖霊神は白い顔をした異形の貌を持っていると想われていたから、白人はまさに祖霊神だったのである。すでに千年王国関係や、文化人類学関係の本を読んでいたので、そういう信仰があったことを知っていたが、そういう気持ちもすぐ了解できた。

もちろん、この祝祭の空間は、神聖なる労働の場でもあり、時には恐ろしい修羅場でもあった。労働力になる中学生や、小・中学校の教員も手伝いにやってきた。とくに、中学生の女子には働き者が多かった。ロープと薪のような木切れを使って、荷物を役牛（ベコ）の背に黙々と取り付けるのだ。その生き生きとした表情は今なお忘れられない。三宝港の荷揚げ場は、神社のチョウヤの内で巫女が乱舞する光景とはまさに〈ネガ―ポジ〉の関係にある《聖空間》だった。

彼女たちの手振りは芸術的ともいえる技術だった。いろいろな物品が見事に積み上げられ牛の背にオブジェのように括り付けられる。その動くオブジェが尿《ゆばり》する飛沫を被らないように避けながら、牛を追って三宝港の急勾配の坂道を登って行く。もちろん、集落のあるオカベまで歩いて行くのである。牛は箪笥《たんす》や机などを運ぶのである。

一方では、艀作業の手順をめぐっての、男たちの喧嘩《けんか》も生ずる。波や風の音に消されないように、荒い調子の島言葉が飛び交う。そうした喧騒《けんそう》の中で、歓送迎者が入り乱れての〈浜見舞〉の祝祭が繰り広げられるのだ。そこでは、青ヶ島という島共同体を構成する人たちの、本当の実力とか、本当の心の豊かさ…等々が試《ため》されていたのである。

その光景を初めて目にしたのは、昭和四十六年五月十日のことだった。その後、四十七年八月から村営連絡船「あおがしま丸」が〇と五の付く日に就航するようになり、いまでは伊豆諸島開発KKの「還住丸」が凪《ない》でいさえすれば毎日運航される。貨物船も荷役作業が機械化されて、以前は人力で丸一日がかりでやっていたのが二時間もあれば終了する。そのため、かつての〈浜見舞〉の古風は消え、今はときどき親しい仲間同士で行なうバーベキュ風の〝浜遊び〟へと変貌しているが、わたしはあのときの光景と匂いがたまらなく好きだ。

マツリ（祭り）という言葉の語源が〝待つ〟に関係があり、その〝待つ〟は《間ツ》に関係がありそうだ、と思うようになったのはずっと後《のち》のことだが、その発想の手掛かりになったのも青ヶ島での《船の到来を待ち焦がれる》という体験だ。船が来なくなると、食料も欠乏しがちになる。それは一種の潔斎《けっさい》でもある。真っ先に食料が欠乏し始めるのは我家のような外来者だが、そういうとき、「ここんどうもの、クニの人は噛みほうなっけどうかも…」と遠慮がちに、だが大袈裟に言えば青ヶ島古来の固有食を持ち込んでくる。それらは先祖たちが食べてきた食品である。おそらく、それを食べることによって、青ヶ島の神々に世界に近づくのである。
明日は　船が一〇〇%確実に入港すると考えられる天候のとき、残っていた食材を使い切って御馳走を作り、重箱に詰め込んで三宝港へ降りてくる。船がやってきて最初の艀が人びとを下ろすと、それまでの〈船を待つ〉〈神を待つ〉マツリ（祭り）のマツ（待つ）時空の〈間〉が一挙に短縮された《間ツ》の状態になる。御馳走は神々と人びとへの神饌《しんせん》となり、三宝港の磯場は《浜見舞》の聖空間へと変貌する。「あげぇのも噛《か》みやれ」（我家のも食べてください）と誘われる。まさに、《浜見舞》は《祭り》であり、一つの神話空間なのだ。マツリの語源を解明してくれる。ただし、今は昔の、青ヶ島の、ちょっとだけ〈神世〉の時代の話である。

この文章は、（財）日本海事広報協会の隔月刊の雑誌『LA　MER（ラメール）』（一九九九年一月・二月号）に発表したもので、今回、かなり書き改めました。なお、この原稿の依頼主はわたしが助役をしていた頃、青ヶ島村役場に一年だけ在職した淡路栄一さんでした。

追い書き

目をつぶると、わたしの横で、否、左右前後のあちこちで、巫女さんたちが踊っている。ときどき目を開いても、その残像はくっきりと動いている。「ワーッ、嫌だらぁ。あが顔、写すと命が縮まろんて…。駄目だら」と、はや子さんが飛び入りのカメラマンに向かって叫んでいる。でも、その顔を見ると、実に、にこやかな表情だ。

わたしは平成九年（一九九七）からもう一六年間、年に一度だけの七夕みたいな関係だが毎年、千葉大学の普遍科目の総合科目「伊豆諸島の文化と自然」の中で「青ヶ島の神々と自然」を講じさせていただいている。十二度目の平成二十年五月二十九日のことである。話し終えると、一人の女子学生が「わたしのおばあちゃん、青ヶ島で巫女をやっていたらしいのですが…」と駆け寄ってきた。わたしは彼女の顔を覗き込むようにして、「エッ、はや子さんのお孫さん？」と尋ねた。彼女は「エッ、何でわかるんですか。嬉しい。私の顔を見ただけで、おばあちゃんの名前までわかってしまうのですね」と驚いた。

初対面の彼女は園芸学部の学生だった。在島時代のはや子さんの巫女ぶりを、ぼくは一方的に三分間ほど話した。彼女は嬉々として、それを聴いてくれた。もちろん、わたしのほうがずっと嬉しかったのだ。わたしが助役に就任する以前、はや子さん一家はすでに青ヶ島を離れていたからである。その、はや子さんが元気であることを知ったからだ。

青ヶ島では、ふつう、名字を呼ばないで、直接、名前を呼ぶのが習慣だ。島の外から来た夫婦の夫のほうは「姓」

で呼ばれるが、奥さんや子どもは原則的に「姓」を外されて呼ばれる。子どもの場合、それでも「誰々さんのところの何々ちゃん」と呼ばれたりするが、島で生まれた子どもや、島で生まれなくとも小学校に入れば、名字では呼ばれなくなる。

青ヶ島の有力な姓で今日も伝わっているのは廣江（広江）、佐々木、菊池、奥山の四姓だが、昔はもっと沢山あった。しかし、その時代もそうだったが、青ヶ島の人たちは名字にはあまりこだわらない。極端に言えば、自分の姓を知らない人もいるほどだ。祖父・祖母四人の生まれたときの本姓がこれら四つの姓ということもありうる。昔、役場職員だったころ、書類に記載した名字の違いを指摘され、結婚した兄弟姉妹を含めて、何故、自分だけが違うのか、わからない、という人もいた。名字で呼ばれないから、時々、自分の名字がわからなくなる人も出てくる。島共同体が狭いということもあるが、要するに、青ヶ島の人びとは、あまり姓（名字）というものにこだわらないのである。

青ヶ島の有力四姓の一つである「廣江」姓は、島の草分けで古くは里正《りせい》（村長）・神主・卜部・寺僧を独占していたらしい。もともとは神奈川氏だったとされている。神奈川県の神奈川（横浜市神奈川区）、すなわち、武蔵國橘樹郡の神奈川が出自だったらしい。八丈島には同じ音韻の「金川」姓が今も続いている。

『八丈島誌』（八丈町教育委員会、昭和四十八年）には、次のように記されている。

「十五世紀の末期にはしだいに諸家の勢力が入り、一時は坂下と小島とを神奈川の奥山宗林《そうりん》が支配し、中之郷は相州の三浦道寸《どうすん》が、そして末吉と青ヶ島は小田原の北条早雲が支配した。

北条氏の代官として、一四九八年（明応四）に長戸路七郎右衛門真敷（末吉の長戸路家の祖）が、つづいて一五〇三年（文亀三）に菊池馬之助武信（大賀郷の菊池家の祖）が来島し、他家の勢力を制圧するようになった。

北条早雲は、一四九一年（延徳三）に伊豆の堀越公方足利政知の子茶々丸を殺して韮山へ移り、一四九五年（明応四）に相模の小田原城主大森藤頼を襲ってここに進出した。相模の三浦半島には古くから威勢を誇っていたが、たまたま三浦家の後嗣問題が起こったのを機会に、早雲はしばしば出兵して三浦氏と戦った。一五一四年（永正十一）八丈島においても国地の延長戦として、北条早雲の代官八郎次郎と、三浦道寸の代官弥三郎とが戦った。」（同書、一二三ページ）

奥山宗林（宗麟）は関東管領上杉氏の家臣で神奈川の領主だったことから、奥山氏は八丈代官になってからは神奈川氏も称したらしい。奥山氏はのち小田原北条氏に降ったが、北条早雲の代官八郎次郎は奥山氏である。青ヶ島の廣江氏がもとは神奈川氏だったとすると奥山氏の系統になるが、初代が弥次郎だったことを考えると、三浦氏の系統だった可能性も捨てきれない。三浦道寸（義同《よしあつ》、一四五一？〜一五一六）の父は上杉氏からの養子だが、道寸は相模三浦氏の事実上の最後の当主である。すなわち、フンクサ祭文の中に登場する「三浦の大助」の家系上の子孫である。実際、小田原―三浦―神奈川の地縁は深い。「青ヶ島のモーゼ」佐々木次郎太夫は、その神奈川氏を本姓と称する廣江氏から出ているのである。一方、次郎太夫以前の名主家佐々木氏の本姓は伊勢崎で、八丈島には「伊勢崎」姓や、そのバリエーションとおもわれる「磯崎姓」もある。そういう歴史もあるからなのか、青ヶ島の人たちはあまり名字にはこだわらないのである。

前説が長くなったが、そこで、わたしの周りで、踊っている巫女さんの名前だけを、名字抜きで順不同に列挙してみよう。のぶゑさん、静江さん、はや子さん、キクミさん、八千代さん、キミ子さん、ソメさん、清子さん、マツさん、ち宇さん…操さん…。そして、卜部・社人では長作さん、次平さん、勉二さん、孝次郎さん、寛一さん…。

懐かしい顔、顔、顔…。みんなの顔を思い出しただけでも、おもわず涙が溢れそうになってくる。そのほとんどが今や鬼籍に入っている。まず、この人たちに、深い感謝の意を捧げたい。

わたしは青ヶ島に住み始めたころ、青ヶ島の風土と歴史に興味を持った。そして、いろいろのことを訊ねてみたが、島言葉が理解できないこともあって挫折した。そうなれば、ふつう、文献からのアプローチということになるが、これもいろいろの状況の中で門戸が閉じられていた。第一次在島時代、わたしは『写真 八丈島』と『八丈実記』だけが頼りだった。仕方なく、わたしはイシバ（石場）に出かけて、イシバの神々の前で対座した。物言わぬ、石の神々のはずだったが、まさに「神様がとりでに教えてけろろわよ」であった。そして、神様たちが次平さんやのぶゑさんらの「拝み仲間」参入への手筈を整えてくれた。そうした人びととの交流の中で、いうならば「問わず語り」の形で、大いに学ばせていただいた。わたしのほうから、とくに疑問点を投げかけなくても、少しずつ教えていただいた。

民俗学では、フィールド・ノートが重要といわれる。日記を若干、付けたこともあるが、いわゆるフィールド・ノートのようなものを、わたしは取っていなかった。あとから付けておくべきだとおもったが、実際のところ、そうした余裕もなかった。

その代わりとなったのが昭和四十六年（一九七一）十二月から始めた葉書による謄写刷り個人通信『でいらほん通信』である。月一～二回の刊行で在島中（四十八年一月）は二十一号（二十八回）、その年の七月の終刊号を含めると計二十九回を出した。本来は、柳田國男の『遠野物語』のような《青ヶ島物語》を書いてみたい、と思ったことから始まった。それを読み直すと、当時のいろいろなことが思い起こされ、『でいらほん通信』が一種のインデックスとなって、フィールド・ノートが自分の頭の中にあることがわかった。その意味では、本稿の内容のほとんどはわたしの第一次在島時代（一九七一～七四）に聴いた話に依っている。目を閉じると、わたしの周囲で踊ったり舞ったりしている人たちがそうである。

実は、わたしは、第二次在島時代（一九九〇～一九九三）にも『でいらほん通信』というか『青ヶ島物語』を書きたかったし、第一次と同じように、社人の一員として神祭りに参加し、「拝み仲間」との交流を復活させたかった。しかし、それは、青ヶ島村助役という《公職》の、他者にはそのようには見えなかったかもしれないが、過度の激職ぶりの結果、その淡い願望は断念せざるを得なかった。しかし、わたしは大里神社、東台所神社、金毘羅神社には参拝するようにした。実は、祈らざるをえなかったのである。そういう状況に、しばしば追いつめられていた。

とくに、わたしのオボシナサマであるテンニハヤムシサマを祭神とする東台所神社には、毎週、時には週に三～四回ぐらい参拝した。深夜の午前二時とか、そういう時間帯に、突然、呼び出されるのである。もちろん、そういう気がするだけだが、どしゃ降りの雨とか、霧々舞のときが多かった。懐中電灯も持たず出かけた。足の裏が道や玉石段の感触を憶えているのである。こうして、祓詞を奏上したあと、チョウヤの外へ出ると、しばしば天候が回復していた。辛うじて神様とは繋がっていたことになる。しかしながら、いつも、たった一人での、しかも深夜の、チョーヤの内ではローソク一本ぐらいの参拝のため、調査というものをすることはできなかった。

第二次在島時代には『でいらほん通信』を書くことができなかったが、その頃、教育長をしていた吉田吉文さんの勧めの協力の下に、平成十四年（二〇〇二）九月から始めたホームページ『菅田正昭のシマ論 でいらほん通信』(http://www.yoyo.ecnet.jp/SUGATA/）の中の「でいらほん通信拾遺」では、〈第一次〉のときに書けなかったことや、〈第二次〉時代の《想い出》を綴っている。興味のある方は、ぜひご覧になっていただきたい。

今回、ここに発表する論考の中の、とくに、第II部に含まれるものは、一九八四年刊行の『青ヶ島の生活と文化』の中の拙稿「第4章　宗教と信仰」を大幅に改稿したものである。しかし、『青ヶ島の生活と文化』の中で採り上げているのに、今回は触れなかったものもかなりある。それは〈第二次〉のとき、そこへ出掛けられなかったからである。そういうものがあるので、『青ヶ島の生活と文化』のほうも、興味のある方は、できれば参照していただきたい。

この本を書くとき、当初は学術論文っぽく書こうと思った。十年以上前のことになるが、あるところに青ヶ島の神々についての原稿を書いた。それを読んだ一読者から「あなたは大里神社と東台所神社の玉石段の石の数について書いているが、それは作家の何々先生からの剽窃だ」というような注意を受けたことがある。そのとき、編集部はわたしの肩書きを民俗学者としていたが、読者は「学者なら出典を明らかにしなければならない」というものだった。その作家はおそらく、青ヶ島村役場発行の観光パンフレットか、チクマ離島シリーズ『東京の島青ヶ島』(昭和61年版か、平成4年版)の記事を見たのである。そして、そこには表記されていないものの、その数字は『青ヶ島の生活と文化』の記事を典拠にしている。もちろん、その記事はわたしが書いたものである。その玉石段の石の数のことは、昭和四十七年十一月二十九日発行の『でいらほん通信』第10号にも書いた。

最初、わたしはただ玉石の数を単に数えればよいと思っていた。ところが数えている途中で、何かの調子で目をずらしたりすると、どこまで数えていたのか、わからなくなってしまうのである。そこで、役場のナンバーリングを持って行って数え直した。しかし、数は間違えなくても、どの石まで数えたのか、わからなくなってしまう。そこで、最終的には、白墨を持参して、石の上に数字を書いて調べたのである。それでもかなりの遺漏があるはずだ。本当は、石場の石も数え始めたのだが、石場を破壊しないかぎりわからない、と思って断念したのである。

そのことに象徴されるように、否、青ヶ島の神々に関するかぎり、わたしは自分の方法で書いたほうがよい、と思った。しかし、創土社の社長で、かつて『朝日ジャーナル』の編集者でもあった酒井武史さんは、「内容は学術書であり、青ヶ島の神々についての一級資料。だから、索引を充実させたい」と言ってくれた。ありがたいことである。

青ヶ島と出合って今年（平成二十四年、二〇一二年）で四十二年目となる。離島問題、離島文化の勉強を始めて四十五年になる。この間、平成七年に三交社から『日本の島事典』を上梓しているが、離島に関する書籍としては、わたしにとって、この本が事実上の処女作となる。

実は、〈第一次在島時代〉のころ、何人かの編集者が《青ヶ島体験記》を書くよう勧めてくれた。しかし、そのとき、いわゆる〈第一次オイルショック〉と、その後の狂乱物価が発生し、わが理想と計画はすべて〈ご破算〉となった。しかし、その数年後までは、ときどき声を掛けてくれる出版社や編集者もいたが、その話は稔らなかった。

たしか昭和五十五年ごろのことだったか、ひじょうに熱心な編集者が現れ、刊行することがほぼ決まりかけた。営業・販売と最終的に打ち合わせをして決めるが、吉報を待ってほしい、とのことだった。ある夜、編集者から呼び出されて打ち明けられた。「販売が言うんですよ。青ヶ島の人口はどのくらいか、と…。たしか二百人前後ですかね、と答えたら、営業・販売のトップがたった二百冊しか売れないのか…と。そういうことで中止になりました。すみません、この話、なかったことにして下さい。」

わたしは答えた。「人口分しか売れない、というのは間違いです。世帯数と言い換えてください。二百冊なんか売れません。営業・販売の論理を使えば、せいぜい五十〜六十冊も売れれば最高です。」

そういう中で、酒井さんの、世間的に見れば、何と〈粋狂な〉大人《たいじん》の器量よ。おそらく、酒井さんは文化の本質というものを正しく理解している。ちなみに、広義の青ヶ島関係者はおそらく数十万、そして青ヶ島ファンも数万はいると思う。

離島文化や、離島振興に興味を持ったり、考えたりする人にとっては、青ヶ島を抜きにすることはできない。そのことが理解できない人は、日本が島国であることを、否、南北に長く連なる弧状列島である事実に目を向けない者である。外海孤立小型離島の典型としての青ヶ島は、そんなに古い歴史を持つ島ではない。しかし、天明の〈山焼け〉による全島避難と、五〇年にわたる苦渋に満ちた〈還住・起し返し〉と、「鳥も通わぬ」八丈島の、さらに南方洋上の絶海に浮かぶ孤島性によって、「離島の中の離島」的存在になっている。

周囲はたえず荒波に洗われているにもかかわらず、明治維新の神仏分離の荒波や、終戦後の宗教改革というか、宗教行政の網の目からこぼれてしまったことから、青ヶ島では、明治以前の神仏習合の神道が民間信仰として保持されたのである。本書はその民間信仰についての聞き書きをもとにした論考である。もちろん、「神様がとりでにおしえてけろろわよ」とはいうものの、実際は、それらのことを教えてくれたのは、当時の卜部・社人・巫女たちである。あらためて、ここで謝意を表したい。そして、わたしを青ヶ島村役場職員として採用してくれた当時の奥山治村長には何よりも深く感謝したい。その独特の、たとえば、青ヶ島は宇宙の中心であるという思想は、わたしの胸に深く突き刺さっている。

ここではいちいち名前を挙げないが、わたしの二度の在島期間に、同じ時空を共有した全ての人にも「ありがとう」と言いたい。とくに、平成十九年七月十五日・十六日、東京・赤坂の草月ホールで開かれた「第23回〈東京の夏〉音楽祭2007」の「青ヶ島の神事と芸能」に出演してくださった人びと—名前を挙げないと書いたばかりだが—奥山信夫さん（神主）、佐々木宏さん（社人、元村長）、浅沼キミ子さん（巫女）、奥山タカ子さん（巫女）、佐藤おとゆさん（巫女）、菊池正さん、荒井良一さん、小本晃子さん、奥山京子さん、手柴ひろみさん、奥山直子さんや、そして青ヶ島出身の実業家の佐々木ベジさんには、篤く御礼申し上げる。また、青ヶ島関係の写真を提供してくださった土屋久さん、伊藤幸司さん、坂口啓子さんにも深く感謝したい。

平成二十四年七月　　とほかみ　ゑみため　拍手　　菅田正昭　拝

年　表

元和 2 年（1616）…記録上の最初の漂着船（讃岐国高松浦の喜兵衛船、熊野灘で遭難し青ヶ島へ漂着）

正応元年（1652）…小規模噴火活動。

元禄 8 年（1695）…八丈島の宗福寺の末として清受寺創建（開基・宗喜）。

元禄 9 年（1696）…人口およそ 200 人。

元文 2 年（1737）…八丈島の流人史最大の流人暴動が発覚し、この「不届之儀」で 4 人が死罪、3 人が青ヶ島へ、8 人が八丈小島へ島替え。10 青ヶ島への島替えは鈴木正三郎（？～ 1785）、東昌寺（？～ 1769）、彦八（？～ 1757）。

宝暦 7 年（1757）…1・5 名主七太夫の倅浅之助が乱心し、斧で 7 人を切り殺し 4 人に手傷を負わせたあと入水自殺。このとき流人彦八も犠牲となる。その後、祟りを怖れて浅之助を東台所に新神様として祭る。

安永 3 年（1774）…人口 328 人、家数 53 軒、寺 1 ヶ所、小船 1 艘（『伊豆国付、島々大概帳』）。

安永 9 年（1780）…池之沢で噴火活動。大池・小池が沸騰。

天明元年（1781）… 4・11 池之沢で噴火。火山灰が激しく降る（改元は 4・2 だが御注進書は安永 10 年である。ちなみに、青ヶ島では大正は 16 年の晩秋まで続いたという）。

天明 3 年（1783）… 3・9 池之沢で噴火口を形成し、のち中央火口丘（現・丸山）を形成。男女 14 人が死亡。7 浅間山が大噴火。

天明 5 年（1785）… 3・10 大爆発。このときの噴煙は八丈島からも遠望できた。4・27 八丈島からの 3 艘の救い舟で 203 人が八丈島へ避難。

天明 7 年（1787）…噴火後、島民による最初の青ヶ島見分。以後、苦難の再開発が始まる。

寛政 5 年（1793）…八丈島役所が「起返」を決定。以後、遭難者が相次ぐ。

寛政 9 年（1797）…青ヶ島在島者 9 人。6・13 吉村 昭『漂流』のモデルとなった、鳥島からの 14 人乗りの「舟」が着き、7・8 吉三郎、七三郎が水先案内人になって八丈島八重根に着く。7・29 名主三九郎ら 14

人乗りの船が八重根を出帆後、遭難し紀州二木島（三重県熊野市二木島里町の辺り）へ漂着。三九郎ら 11 人が死亡。

寛政 10 年（1798）…幕臣近藤重蔵守重（『八丈実記』の近藤富蔵の父）がエトロフ島に大日本恵土呂府の標柱を建てる。

文化 2 年（1805）…滝沢馬琴『椿説弓張月』刊行。鬼ヶ島＝男ヶ島としての青ヶ島の存在が知られたはずである。5・3 近藤富蔵誕生。

文化 14 年（1817）…名主・佐々木次郎太夫、名主に就任。20 人の先発隊が青ヶ島に上陸し、還住・起し返しが本格化。八丈在島の青ヶ島人口 177 人。

文政 9 年（1826）…近藤富蔵、目黒・槍ヶ崎で隣家塚越半之助一家 7 人を斬り捨てる。

文政 10 年（1827）…近藤富蔵、八丈島へ遠島。父・重蔵（1771 ～ 1829）は近江国大溝藩に預けられる。

天保 5 年（1834）…全員の還住を果たす。

天保 6 年（1835）…5・1 再開発の大願が成就し、八丈島地役人高橋長左衛門が検地竿入れを行なう。高橋為全・佐々木次郎太夫・船頭岩松の 3 人を神霊としてテウノトンブ（長ノ凸部）に祀る。

天保 8 年（1837）…幕府大筒役佐々木卯之助、その長子菊次郎が流人として着島。

明治 2 年（1869）…韮山の伊豆代官が廃止され、伊豆七島は相模府に属す。

明治 3 年（1870）…韮山県に属す。4・？青ヶ島で大地震。

明治 4 年（1871）…伊豆七島式内社官社の調査のため、韮山県出仕の国学者・神道家の萩原正平（1838 ～ 90）が島づたいに、5 八丈島まで来る。6・3『青ヶ島神社明細』を上申。11・4 足柄県の管轄になる。

明治 5 年（1872）…名主制度が廃止され、2 代目次郎太夫は副戸長となる。ただし、通称として名主の名称は昭和 15 年 3 月まで存続。

明治 7 年（1874）…1・15 青ヶ島小学校創立。

明治 8 年（1875）…12・28 足柄県令柏木忠俊から大里神社と東台所神社が村社の指定を受ける。

明治 9 年（1876）…4・18 足柄県が廃止され、静岡県に編入。西賀茂郡となる。

明治10年（1876）…5・？流人の佐々木父子の民籍編成（ただし、卯之助は前年12月、82歳で死去）。

明治11年（1878）…1・11東京府へ移管（郡制を敷かず）。

明治13年（1880）…2・27近藤富蔵、赦免される。

明治14年（1881）…4伊豆七島に島制を設置。この年、青ヶ島は最大人口754人を記録。

明治20年（1887）…6・1富蔵、死去（83歳）。

明治22年（1889）…4・1明治政府は市制及び町村制を施行したが、沖縄県と東京府伊豆七島（伊豆諸島・小笠原諸島）、長崎県対馬国、島根県隠岐国は除外された。

明治26年（1893）…5・3壮丁検査のため八丈島へ向かう17人乗りの青ヶ島船が神子ノ浦沖で破船し全員死亡。11・2名主佐々木初太郎、高木正年代議士の支援で帝国議会で青ヶ島の航路問題で演説。

明治28年（1895）…11小笠原航路「マミノエ丸」が寄港。

明治33年（1900）…池之沢に島庁出張所が設置される。ただし、建設は34年、執務の開始は35年。

明治37年（1904）…日露戦争で佐々木惣七が戦死。のち、神として祠に祀られる。

明治41年（1908）…4・1沖縄県及島嶼町村制を施行（青ヶ島は昭和15年の普通町村制の施行まで圏外に置かれた）。

明治43年（1910）…初太郎、東京湾汽船（東海汽船の前身）と年3回の就航の契約を締結。

大正5年（1916）…2・26西沢吉治（戦後の「うたごえ運動」の詩人ぬやま・ひろし＝本名・西沢隆二1903～1976、日本共産党の幹部だったが、のち毛沢東主義者として除名の父）が新天地を夢見て来島し、甘藷栽培を始めるほか、各種事業を計画。

大正10年（1921）…伊豆大島・三宅島・八丈島に普通町村制が適用される。ちなみに、沖縄県はその前年に普通町村制（大東諸島は圏外）が適用されている。なお、大正12年には八丈小島と青ヶ島を除く東京府の島々に島嶼町村制が適用された。

昭和4年（1929）…4・？東京湾汽船が八丈航路を延長して月1回の就航を決める（ただし、実際は昭和47年まで月0回も珍しくなく、便船が半年以上も来ない年も多かった）。

昭和10年（1935）…10・1国調人口452人（世帯数95戸、男253人、女199人）。

昭和15年（1940）… 4・1青ヶ島を含む伊豆七島（八丈小島は除外された）に普通町村制が施行され、東京府（昭和18年7·1東京都）八丈島青ヶ島村が発足。人口407人。小笠原の父島には大村、扇村、袋沢村、母島には沖村、北村、硫黄列島には硫黄島村が設立。なお、硫黄島は昭和19年7全員が強制疎開となった。

昭和19年（1944）…3・25輸送機帆船海俊丸（210.3トン）が東浦で海難、泳ぎの達人でト部の奥山長作が大活躍の人命救助。4・？疎開命令が下り、5・？小学校校舎は海軍通信隊50人余の宿舎となる。陸軍通信兵12人も来島し、村の男子約20人から成る特設警備隊が編成され、軍の指揮下に入る。

昭和20年（1945）…5·29空襲で校舎が全焼。そのころ、神子ノ浦に米国軍艦2隻が現れ、翌日、空軍6人が上陸し武装解除。応対に出た奥山治（のち村長）が青ヶ島村の代表に任命された。このことから「アメリカ村長」と呼ばれた（本人談）。

昭和21年（1946）… 1・29連合国軍総司令部（通称GHQ）はSCAPIN677「特定外周領域の日本政府よりの政治的行政的分離に関する件」で伊豆諸島の全域が3·22まで本土から行政分離されている。この時点で伊豆諸島は鹿児島県トカラ列島（下七島昭和26年12·5復帰）·奄美群島（昭和28年12·25復帰）、小笠原諸島（昭和43年6・26復帰）、沖縄県（昭和47年5・15復帰）と同じ位相に置かれていた。この年の世帯数94戸、人口386人。

昭和22年（1947）…4·1青ヶ島中学校が創立（青ヶ島小学校に付設）。この年の世帯数99戸、人口441人。10·1八丈小島に初めて村制が施行され、宇津木村と鳥打村が発足したが、宇津木村は人口が100人以下だったので、地方自治法第94条の特例で有権者の村民総会を議決機関とする直接民主制を採用した。

昭和27年（1952）…4・9日航機もく星号が伊豆大島・三原山の山腹に墜落し、乗員・乗客37人が全員死亡。このとき吉田保恵女医（のち青ヶ島村国保診療所勤務昭和37年9・14～50年3・31在職）が検死にあたった。9・17明神礁噴火（焼津の漁船「第十一明神丸」が発見したことに因み命名）。9・24海保測量船「第五海洋丸」（31人乗り）が爆発に巻き込まれて全員殉職。翌年9月にかけての火山活動で何度か島を形成したが青ヶ島三宝の大岩から遠望できた。

昭和29年（1954）…11・？都派遣の学術調査団（厚生省、資源・民俗関係、東大人類学教室、新聞各社の同行取材の新聞各社）が来島し18日間滞在。この年の人口362人（男192人、女170人）。10・1八丈島の三根・樫立・中之郷・末吉、八丈小島の鳥打の各村が合併して八丈村を設立（翌30年4・1八丈村・大賀郷村、小島の宇津木村が合併して八丈町）。

昭和31年（1956）…3・25超短波無線電話の建設工事が始まり、5・16役場に電話1台が設置。7・8参議院選挙の投票。これが青ヶ島における初めての国・都レベルでの選挙だった。公職選挙法施行令第147条の「東京都八丈支庁管内の青ヶ島村においては衆議院議員、参議院議員、東京都の議会の議員若しくは長又は教育委員会の委員の選挙は、当分の間、これを行なわない」という規定によって、日本国憲法が規定する国民的権利を奪われていた。

昭和32年（1957）…7・31青ヶ島で初めての、中学生全員24人を対象とした修学旅行出発。総理官邸を訪問し、岸信介首相と会う。朝日新聞が大きく報道。

昭和33年（1958）…4・19金環日食観測。5・22初めての衆議院議員選挙。

昭和34年（1959）…5・23村長のリコール（解職請求）が成立（日本で最初）。世帯数99、人口375人（男195、女180）。

昭和35年… 4・19森繁久弥夫妻セスナ機で慰問品を投下。9・4第2回中学生修学旅行出発（八丈小島と合同で実施）。

昭和36年（1961）…11高津勉著『黒潮のはてに子らありて』刊行。

昭和39年（1964）…東京オリンピックの開催にあたり、文部省は全国の僻地の小・中学校にテレビを送ったが、青ヶ島には2キロワットの自家発電機しかなかった。そこから電力の確保が急務となった。この年、プロパンガスが初めて入る。世帯95、人口327人（男182、女145）。

昭和41年（1966）… 7・4 NHK文化財ライブラリー取材班が文化庁の委託を受けて来島し、神事（でいらほん祭・えんだん祭など）を中心に撮影（7・23まで滞在）。のち「牛とかんもと神々の島」として放送された。7・27民俗学者・離島学者の宮本常一が調査のため漁船で来島し小林亥一（当時、青ヶ島中学の国語の教諭）宅に1泊。11・1東京で唯一の無灯火村だった青ヶ島村が農協経営の発電所で全村灯電（ただし1日6時間送電）。村内有線放送電話施設完成。

昭和44年（1969）…12・1発電所が農協から東電へ移管され1日16時間送電（午前5時〜午後1時、午後4時〜12時）となる（実際は役場の運営）。

昭和45年（1970）…5・？無認可保育所として青ヶ島村保育所が旧駐在所を利用して開設、児童数13人（翌年4僻地保育所と正式認可）。11・27ソ連科学調査船の船員2人が上陸し、2日間滞在。ヘリで巡視船に収容し、事情聴取のあとソ連船へ帰す。世帯74、人口232人（男127、女105）。

昭和46年（1971）…12・1有線放送電話、役場の公衆電話（旧・特殊公衆青ヶ島東）と都内及び伊豆諸島と接続（ただし1回線のみ。このため輻輳が激しくなる）。

昭和47年（1972）…8・24村営連絡船あおがしま丸が処女航海（八丈島八重根港－青ヶ島三宝港2時間40分）。12・15都消防庁ヘリゆりかもめ（行政ヘリ）テストフライト（仏人機長）。世帯74、人口224人（男126、女98）。

昭和48年（1973）…2・2美濃部亮吉、都知事として初めて青ヶ島を視察。その前夜、青ヶ島青年団では知事宛のガリ版刷の陳情書を独自に作成した。3・19 NHK総合テレビ新日本紀行『還住のうた』放送。8・1発電所増強、24時間送電となる。8・8 19年ぶりの投票による村議会選挙（定数6、立候補者7）で20代の3人が当選。

昭和50年（1975）…6村議会補欠選挙（6議席中4議席が32歳以下の青年団員で占められる）。

昭和51年（1976）…11・29深夜、渡海神社破壊事件が発生。

昭和52年（1977）…7・24復活第1回牛祭りを開催（現在は8月10日）。

昭和53年（1978）…1・11領海3キロ宣言（これは漁業権の回復と漁場の保全を目的に、東京都移管100周年を記念して発表したもの）。マスコミの関心を集めた。

昭和54年（1979）…6・7簡易水道施設運用開始。

昭和55年（1980）…9・30小林亥一著『青ヶ島島史』(青ヶ島村役場）刊行。

昭和57年（1982）…3・31午後1時ごろ教育委員・菊池伴夫（34歳）が三宝港で事故死。翌4・1朝6時半ごろ黒根ヶ浦で遺体で発見されるが、当日予定されていた鈴木俊一都知事の来島が中止された。

昭和58年（1983）…7・29ダイヤル加入電話、午後2時、加入111、公衆電話5をもって運用開始。それまでの島外電話3回線が大幅に改善。これは伊豆諸島で初めての電子交換機の採用。一方、同日、有線放送電話交換の運用が閉鎖された。

昭和59年（1984）…6・28村章制定。7・1青ヶ島村教育委員会編『青ヶ島の生活と文化』刊行。

昭和60年（1985）…4・17三宝港と池之沢を結ぶ青宝トンネル（505m）開通。

昭和63年（1988）…10・1村名称表示統一（東京都八丈島青ヶ島村⇒東京都青ヶ島村）。

平成2年（1990）…1・10～11渡部恒三自治大臣が来島視察。10・5～9鈴木都知事も参加しての大掛かり避難訓練を実施。10・31世帯数143、人口197人（男123人、女74）。

平成3年（1991）… 4・1青ヶ島テレビ共同受信施設の運用開始（難視聴地域の解消のための衛星放送の導入）。4・30世帯数113、人口199人（男123、女75）。10・22仁平警視総監他5人来島。11・18元村長の奥山治氏、平成3年秋の叙勲で勲五等双光旭日章が内閣から贈呈されることになり、都知事室から2人、指導課から1人が来島して伝達。11・20自民党離島振興委員会顧問・谷洋一他6人来島。12・14児玉清司会の東京都提供NTVテレビ番組『スペシャルとうきょう』放送（11・8児玉清が来島し1泊、スタッフは前後1週間の取材）。

平成4年（1992）… 1・16新連絡船「還住丸」就航（伊豆諸島開発運航）、村営連絡船「あおがしま」を廃止。5・9平成流坂トンネル開通。6・30世帯数119、人口203人（男124、女79）。7・20池之沢の丸山の地熱地帯に「青ヶ島ふれあいサウナ」が営業開始。これは「ふるさと創生1億円」資金を利用したもの。8・24～26日印国交樹立40周年を記念してインド古典音楽（ダーガル家）現代舞踊団（ママタ・シャンカール）青ヶ島公演。26人の外国人ほか島外から数十人の観客が来島。インド料理講習会も開かれた。この年7月のヘリコミ特別運航のあと、大里神社などの石場から和鏡が消える。

平成5年（1993）…4・30世帯数117、人口209人（男130、女79）。8・25ヘリコミューター「愛らんどシャトル」正式就航（大島―利島―三宅島―御蔵島―八丈島―青ヶ島：東京都島しょ振興公社、運航事業者東邦航空）。

平成11年（1999）…10・1青ヶ島村製塩施設（ひんぎゃの塩）営業開始。

平成17年（2005）… 8・19飯島夕雁教育長、9・11執行の衆議院議員選挙に自由民主党公認で北海道10区から立候補表明（比例北海道ブロックで復活当選）。

平成18年（2006）…4・1世帯数115、人口195人（男118、女77）。

平成19年（2007）…7・15～16第23回〈東京の夏〉音楽祭2007「青ヶ島の神事と芸能」（東京赤坂・草月ホール）開催。青ヶ島の秘祭が初めて海を渡ったとして注目された。

平成22年（2010）…12・5篠原ともえ「コンサートと星空観望会」（午後7時から青ヶ島小中学校体育館）開催。10・1国勢調査人口では201人となっているが、同日の実際の人口は177人（男104、女72）、世帯数104。もちろん、不動の全国最小村である。

平成23年（2011）…4・1「ひんぎゃの塩」民営化。

平成24年（2012）…1・1世帯数109、人口177人（男101、女76）。

※年表中のゴシック数字は月日

参考文献一覧

刊行年は西暦に統一した

八丈實記刊行会『八丈實記』第一巻〜第七巻、緑地社、一九六四〜一九七六年
高津勉編著『くろしおの子（青ガ島の生活と記録）』新日本教育協会、一九五五年
高津勉著『黒潮のはてに子らありて――青ガ島教師十年の記録――』鏡浦書房、一九六一年
大間知篤三・金山正好・坪井洋文『写真　八丈島』角川文庫、一九六六年
大間知篤三著『伊豆諸島の社会と文化』慶友社、一九七一年
蒲生正男・坪井洋文・村武精一『伊豆諸島――世代・祭祀・村落――』未来社、一九七五年
太田典礼『生きている原始宗教』人間の科学社、一九七八年
小林亥一『青ヶ島島史』緑地社、一九八〇年
青ヶ島教育委員会・青ヶ島村勢要覧編纂委員会編『青ヶ島の生活と文化』一九八四年
東京都島嶼町村一部事務組合『伊豆諸島・小笠原諸島民俗誌』ぎょうせい、一九九三年
田村善次郎・宮本千晴監修　森本　孝編　あるくみるきく双書『宮本常一とあるいた昭和の日本《　》関東甲信越二』農山漁村文化協会、二〇一一年
校訂　樋口秀雄『伊豆海島風土記』緑地社、一九七四年

羽倉簡堂（校訂・訳・解説　金山正好）『南汎録――伊豆諸島巡見日記』緑地社、一九八四年
永久保満編著『趣味の八丈島誌』吉田南光園、一九七三年再版
小川武著『黒潮圏の八丈島（改訂版）』吉田南光園、一九七一年
小川武著『近藤富蔵◆物語と史蹟をたずねて』成美堂出版、一九七三年
筑波常治『近藤富蔵』国土社、一九六九年
久保田暁一『波濤――近藤重蔵とその息子』サンブライト出版、一九八一年
浅沼良次『流人の島――八丈風土記――』日本週報社、一九七〇年改訂八版
浅沼良次編『八丈島の民話』未来社、一九六五年
上野登史郎『黒潮に吼える男』三彩社、一九七二年
竹内秀雄校注『神道大系　神社編十六　駿河・伊豆・甲斐・相模国』神社大系編纂会、一九八〇年
松本一著『神津島の神々』クオリ、一九八〇年
池田信道著『三宅島百話』島の新聞社、一九七三年
池田信道著『三宅島の歴史と民俗』伝統と現代社、一九八三年
坂口一雄『伊豆諸島の塩と生活』未来社、一九七七年
坂口一雄『伊豆諸島民俗考』未来社、一九八〇年
安津素彦・梅田義彦監修『神道辞典』堀書店、一九六八年
新村出編『広辞苑　第四版』岩波書店、一九九八年七刷
大倉精神文化研究所編『神典』一九三六年

茅ヶ崎郷土会『ふるさとの歴史散歩』一九八三年
仲田正之『江川坦庵』吉川弘文館、一九八五年
和歌森太郎『修験道史研究』平凡社東洋文庫、一九七二年
行智（五來重編注）『木葉衣・踏雲録事他―修験道史料1―』平凡社東洋文庫、一九七五年
（財）日本離島センター監修　菅田正昭編著『日本の島事典』三交社、一九九五年
拙著『日本の神社を知る「事典」』日本文芸社、一九八九年
拙著『古神道とエコロジー　＊梅辻規清とその霊的系譜』たちばな出版、一九九七年
拙著『アマとオウ――弧状列島をつらぬく日本的霊性』たちばな出版、一九九九年
拙著、イラスト森本清彦『FOR　BEGINNERSシリーズ（　）神道（Shintoism）』現代書館、二〇〇三年
拙著『第三の目――消された古代神「天目一箇命」の謎――』学習研究社、二〇〇八年

＊ら行＊

＊わ行＊

＊や行＊

＊ま行＊

＊は行＊

＊な行＊

菅田首《すがたのおびと》　181

眇《すがめ》　180

杉ノ沢　15, 115

スサノヲ　46, 96

須佐之男命《すさのをのみこと》　121, 151

鈴木数馬　105

鈴木正三郎　104, 105

ステップ　36

炭焼きの守護神　103, 148

スミヨシサマ（住吉様）　103, 148

住吉神《すみよししん》　148, 149, 153

流人騒動《ずにんそうどう》　104, 105

流人彦八《ずにんひこはち》　113

西王母《せいおうぼ》　83, 84

臍下丹田《せいかたんでん》　54

生祠《せいし》　132

末吉郷《せいしごう》　16, 184

清受寺《せいじゅじ》　16, 94, 111, 115, 118, 146, 203

セウキ　94, 158

説教節　28, 62

節分の鬼　78

浅間神社《せんげんじんじゃ》　163, 165

仙太郎鍛冶《せんたろうかじ》　178, 179

船頭岩松《せんどういわまつ》　125, 132, 133, 137

善見城《ぜんけんじょう》　94

双丹《そうたん》　48, 52-57, 203

ソウタンボラサワ　53, 55

相地《そうち》　51

惣鎮守《そうちんじゅ》　94, 153

ソヘボシ　205

蘇生の祭り　26

祖霊神　70, 74, 78, 215

村社《そんしゃ》　7, 8, 49, 112, 123, 151, 154, 155, 159, 166

村有地　146, 147

造化三神《ぞうかさんしん》　100

象頭山金光院《ぞうづさんこんこういん》　137

『増訂豆州志稿　伊豆七島志』　151

＊た行＊

平《たいら》の耕地　140

手置帆負命《たおきほおひのみこと》　36

高神《たかがみ》　73, 123, 206

高倉《たかくら》　45, 115, 116

高津勉　42, 87, 117

タコトンゴ　90

高橋長左衛門為全《ためたけ》　128, 132, 133, 135

高御産巣日神《たかみむすひのかみ》　100

高群逸枝《たかむれいつえ》　5

宝神社《たからじんじゃ》　156-158

宝明神　7, 96, 97, 99, 153, 154, 156, 157

薪木拾い　197, 198

か行

120, 187
宇賀弁財天《うがべんざいてん》 172
浮田家の茶壷 166
宇喜多男爵《うきただんしゃく》 167
宇喜多秀家 166, 167
『牛とかんもと神々の島』 23, 25, 26, 45
氏浦《うじうら》 141
歌垣《うたがき》 74
御嶽《うたき》 191, 192
宇津木村廰ノ沢 134
優婆夷《うばい》 7, 96, 99, 154, 156, 157, 206
優婆夷神社 7, 154, 206
優婆夷命神社 96
優婆夷宝明神社 96, 99, 156
ウバ神社 156, 157
優婆塞《うばそく》 96
姥婆明神《うばみょうじん》 96
産小屋《うぶごや》 41
ウブスナ（産土） 14, 35, 121, 180
ウムス 121
梅田義彦 157
梅辻規清《うめつじのりきよ》 72, 100, 122, 186
浦島太郎 80, 81, 83, 84
卜部《うらべ》 6, 11, 14, 16, 22, 25, 27, 30, 33-37, 48-51, 54, 58, 59, 61-65, 68, 97, 112, 165, 166, 181
巫覡《うらべ》 50
エイガ 196
江川太郎左衛門英龍《ひでたつ》 7
江島辨財天《えのしまべんざいてん》 172
『延喜式《えんぎしき》』神名《じんみょう》帳 152, 186
縁談神《えんだんかみ》 14, 100
縁結びの神 116, 124
オーストロネシア系 90
大神楽《おうかぐら》 67
大池《おおいけ》 92, 163, 168-170
大川戸《おおかわど》神社 168
大川戸明神 93, 169, 170, 173
大木玉様《おおきだまさま》 97-99, 110
大木玉神社 98, 104
大国主命《おおくにぬしのみこと》 100, 124
大里祭《おおさとさい》 18, 23, 25, 58, 60, 94, 104
大里神社 7, 13-16, 18, 20, 21, 30, 36, 49, 58, 60, 69, 78, 87, 89, 91-94, 96, 97, 99, 103, 104, 111, 112, 120, 127, 141, 147, 153, 155, 158, 159, 166, 179, 187, 203
大里明神 94
大島 41, 65, 71, 75, 143-145, 156, 196, 199-202
大正月《おおしょうがつ》 78
大田神社 184, 186
オオタニワタリ 196

索引

＊あ行＊

菅田　正昭（すがた・まさあき）

1945 年生まれ。宗教学・民俗学・離島問題の研究者。青ヶ島には 1971 年 5 月～ 74 年 1 月（青ヶ島村役場職員）、1990 年 9 月～ 93 年 7 月（青ヶ島村助役）の 2 度、在住。その間、青ヶ島の神々についてのフィールドワークを精力的に行った。 著書、『第三の目　消された古代神「天目一箇命」の謎』(学習研究社、2008 年)、『古神道は甦る』(タチバナ教養文庫、1994 年）、編著『日本の島事典』(三交社、1995 年)、『よく分かる祝詞』（創土社、2010 年）など。

青ヶ島の神々

〈でいらほん流〉神道の星座

2012 年 8 月 20 日　第 1 刷発行

著　者　菅田　正昭

発行人　酒井　武史

発　行　株式会社 創土社

〒 165-0031　東京都中野区上鷺宮 5-18-3

TEL　03（3970）2669

FAX　03（3825）8714

http://www.soudosha.jp

カバーデザイン　神田昇和

印刷　モリモト印刷株式会社

ISBN:978-4-7988-0212-1 C0039

定価はカバーに印刷してあります。